回歸後的澳門政治營銷理論與實務

徐勁飛 著

太平書局

商務印書館

此書獻給我的父母

序　一

　　回顧歷史就可以發現，現代選舉的空間發展基本趨勢是，從西歐一隅逐步擴散至全球各地。在現代選舉的空間擴散過程中，澳門因其特殊的歷史和地理位置，機緣巧合地成為了華人社羣中最早實踐現代選舉的場所。

　　如果以 1583 年澳門議事會成員選舉作為澳門現代選舉的開端，澳門地區經歷的選舉實踐已經長達 440 年。在 440 年的選舉史上，除了短暫的一段時間外，澳門代議機構成員產生的一個基本趨勢是，由官守成員、委任成員和選舉成員的共存，過渡到委任成員、間接選舉的成員與直接選舉的成員共存。與此同時，澳門的選舉制度（electoral system）則經歷過選舉團制度、相對多數決制和封閉名單的比例代表制幾個階段。同樣是在封閉名單的比例代表制下，選舉公式又從"漢狄法"（d'Hondt method）變更為"改良漢狄法"。此外，為了防止選舉宣傳對選民的過度影響，澳門立法會選舉制度中很早就融入了"冷靜期"制度。

　　澳門的選舉制度是在封閉名單制的比例代表制中使用"改良漢狄法"。這一選舉制度的基本原理是，參加選舉的各團體根據得票比例而分配選舉席位。在選票轉化為席位的過程中，排名靠前的團體會獲得一定比例的"紅利"，即席位比會略為高於選票比。排名越靠後的團體，其席位比會越低於選票比。根據這兩大基本原理，在選票轉化為席位的過程中，一方面不太可能出現選舉席位被少數團體瓜分的局面，另一方面各個團體也都希望能夠排名靠前。在參選團體獲得一定數量的席位之後，則根據團體內部競選名單中的候選人排名順序來決定誰最終當選。由於封閉名單制與"改良漢狄法"的結合的效應由一套穩定的制度所決定，因此澳門立法會的選舉過程和結果會比較像採用同類制度的地區。

但是，與其它地區不同的是，澳門直選席位是按照組別參選。參選組別的運作並不完全類似於政黨選舉。與此同時，澳門的立法會又由直接選舉、間接選舉和委任的議員組成。無論是參選組別還是選民在投票之時，都不可能完全按照比例代表制的原理來充分展開，從而導致澳門立法會選舉的制度效應又不同於採用同類制度的其它地區。正是基於這兩套制度的結合，或者說基於委任制度和間接選舉制度可能對直接選舉過程產生影響的基本前提，澳門立法會直接選舉制度中的參選組別會採用一些不完全符合比例代表制原理的競選策略。

另外，雖然澳門的立法會直接選舉的參選組別不同於現代政黨，但是，在一個資訊高度發達的全球化時代，澳門立法會選舉中的參選組別既有可能會根據澳門獨特的社會結構和政治制度而採用一些獨特的競選手段，也有可能為了提高選票比例而借鑑其它國家和地區近年來出現的一些新的政治行銷方法。因此，這些參選組別的競選手段也帶有很強的傳統與現代結合的特徵。

從上述關於澳門立法會選舉制度和選舉競爭過程的基本特徵的簡要介紹中可以發現，基於制度原理，尤其是就比例代表制的原理而言，澳門的立法會選舉制度與過程都是現代選舉制度中的一種獨特形態。比例代表制通常是作為國家層面的選舉制度，而在澳門比例代表制是在地區層面展開，而且是在一種與委任制度和間接選舉制度共存的背景下運作。對這一獨特的制度與過程的研究，無疑會大大豐富當代選舉制度研究的理論視野，同時也有利於我們通過選舉制度及其展開的過程的觀察，從一個側面來了解澳門的政治與社會生態。

《回歸後的澳門政治營銷理論與實務》一書在現代政治行銷的基本框架下，將澳門立法會直接選舉中的政治競爭視為一種現代的政治行銷過程。從選舉前的策略、選舉中的策略和選舉後策略三個環節相結合的"永續行銷"（permanent marketing）框架下，分別考察了澳門立法會直接選舉各個環節中政治行銷現象。在選舉前策略中，重點考察了選舉策略對候選人的影響和議題取向對選票地域分佈的影響。在選舉中策略研究中，既考察了候選人形象、選舉宣傳片、選舉宣傳物和告急晚會這些通用的環節，也專門突出了只有在特定地區才會出現的"樁腳效應"。在選舉後策略中，則主要研究了影響議員履職的因素和女性候選人參選的相關問題。

閱讀本書就可以發現，儘管各章節的內容差異明顯，但寫作策略則基本一致。都是基於特定主題，先進行文獻綜述，然後說明自己的理論框架與研究方法，並且實證部分都是利用定量模型分析相關資料後得出自己的研究發現。正是基於這樣一種理論性的研究設計，我們在閱讀各章節的過程中，就可以從他們的研究發現中識別出澳門立法會選舉競爭過程中的普遍與獨特之處。本書作者的上述努力標誌着澳門本地的選舉研究者們，正在盡力將澳門立法會選舉的研究從整體上的描述階段推向分析階段。

整體而言，本書採用的是一種非常大膽的研究設計。其大膽的核心之處在於，用了一套當代選舉行銷中前沿的一些理論框架來分析被認為是帶有較強傳統色彩的地區立法會的選舉過程。這一大膽的設計無疑存在着較大的理論風險，不但是在理論框架的提出和模型識別方面可能出現偏頗之處，其研究發現也有可能引出各種激烈的爭論。不過，我們除了需要鼓勵這種嘗試之外，還應該肯定的是，本書各章節的研究發現確實可以在某些方面與現有理論研究形成新對話點。同時也可以啟發我們對澳門立法會選舉過程進行重新認識。

　　本書能夠在香港出版，還意味着澳門立法會選舉研究的傳播範圍已經超出了澳門。希望本書的出版能夠讓澳門之外的觀察者更為深入地了解澳門立法會選舉過程。希望相關的研究設計和策略能夠與其它地區的相關研究形成新的對話空間，從而對擴展選舉制度和政治行銷研究的新空間有所助益。

何俊志

全國港澳研究會副會長

中山大學政治與公共事務管理學院教授

中山大學粵港澳發展研究院研究員、副院長

2023 年 6 月 10 日於廣州

序 二

1928 年，一位名叫弗蘭克·肯特 (Frank Kent) 的美國記者在其所著的《政治行為》中指責當時的政治學者們"甚麼問題也解決不了"，連一次總統大選的結果也預測不出來。因為當時的政治學研究基本停留在制度主義與規範研究方面，學者們埋頭於應該怎樣進行統治的規範化問題討論，而完全忽視了對現實生活中的政治問題的研究。最早對記者疑問回應的是瑞典政治學家哈伯·丁伯根 (Haber D'Bogen)，其於 1937 年出版了《政治行為：歐洲選舉的統計研究》，對歐洲各國的選舉行為進行了專門研究和個案分析。丁伯根的研究引起了美國政治學界尤其是芝加哥大學的政治學教授與年輕學者的密切關注，直接推動了美國學者對於政治行為的研究。自此，政治學研究開始從制度主義研究轉向行為主義研究。所以，有人稱行為主義的出現是回應"一個新聞記者的挑戰"。

選舉研究作為政治學研究的核心領域議題，經歷了與政治學研究相同的行為主義範式轉向。也就是說，現如今的選舉研究基本遵循了制度與實踐或者制度與行為的兩種研究路徑。

澳門是兩岸四地中最早有直接選舉的地區，因此，有關選舉研究的歷史也較為長久。可是，在此書之前，現有的澳門選舉研究基本上都屬於制度主義研究範疇。不同的研究探討了澳門選舉制度的由來、價值取向、內容和特徵等議題，雖然也有選舉實踐研究的論著，但是仍然屬於規範性研究，即從實踐來探討選舉制度在未來需要發展的內容，甚少有關於選舉因素與選舉結果之間因果關係或公民投票行為等的相關研究。

而此書以澳門的選舉行為作為研究對象，從政治營銷學視角切入，詳細研究了影響選舉結果的各類因素以及相互之間的關係。可以說，某種程度上填補了澳門選舉研究的一個重要研究領域的空白。

首先，本書展現了對選舉過程幾乎是全鏈條、全因素的研究。本書按照選舉過程來構建章節安排，將選舉劃分為選舉前、選舉中與選舉後三個階段，並對不同階段涉及的選舉因素展開研究，包括競選議題、選舉策略、樁腳及選民動員、候選人形象、選舉宣傳片、告急晚會以及當選議員的履職表現等。其中，許多選舉要素都屬現有選舉研究不曾涉及的議題。而且，本書能夠以不同維度對不同選舉要素進行定位與測量，從而增強研究結論的可靠性。

其次，研究設計與研究方法科學新穎。本書的研究設計極具問題意識與規範價值，大部分的章節採用假設與驗證的方式，研究不同因素之間的因果關係，並導入數量模型，通過採集大量資料進行相關性驗證。同時，採用定性研究與定量研究相結合的方法，通過文獻分析、內容分析甚至詞頻統計等分析方法對政綱及議題進行分析。通過多元回歸分析建立多個變量之間線性或非線性數學模型，並利用樣本資料進行分析，探討選舉政綱、選舉宣傳活動以及選舉策略對候選人得票率的影響。不同的研究方法在保證研究品質的同時提升了研究結果的可信度。

再次，研究資料具一定的稀缺性。資料與數據是研究的基礎，作者在本次研究過程中，除了採用一些公開的可獲性資料之外，還通過不同手段自行收集資料。比如，委派人員在選舉投票日前往不同票站直接觀察與統計相關資料，從而能夠較為準確地獲得不同地區的選票統計資料。此外，作者還通過抽樣調查等方式以問卷形式獲取研究資料。不同來源的資料在豐富研究內容的同時，可以進行互相參照與比較，從而增強了研究結論的可靠程度。

最後，研究結論具有啟發性。研究注重選舉因素與選舉結果的相關性，其中的一些研究結論具有開拓性與啟發性。例如，在選舉政綱議題方面，民生議題始終佔據主導地位，從中可以看出澳門居民的民生訴求強烈。因此，以提升澳門居民幸福指數作為選舉政綱的主要策略，能夠獲得更多選民支持。在選舉宣傳模式方面，網絡社交媒體的發展給選民帶來全新體驗，影音號等網絡宣傳媒體逐漸替代電視節目和廣播電台等傳統平台。但是，派宣傳單、貼海報以及參加造勢大會等宣傳活動仍是選民瞭解立法會選舉的主要途徑。在政綱色系方面，發現落選女性候選人所在組別政綱版面色系與勝選女性候選人所在組別存在差異。其中後者偏向以暖色系版面為主，而前者則傾向冷色系。在版面表現形式方面，後者在版面形式方面是較為傾向以圖片結合文字的文宣風格。而前者更多地選擇文字方式。上述研究結論某種程度上對參選組別與候選人具啟發性。

毋庸諱言，儘管研究取得了值得稱讚的進步，但是，仍然留下一定的遺憾。一是研究導向存在偏頗。研究是以候選人視角切入，而非以公民視角切入。某種程度上削弱了客觀性，同時更強調指導參選者的意圖。二是未能區別政黨選舉與社團選舉的差別。與政黨選舉不同，澳門選舉的參選形式是社團。在組織形式上，社團與政黨存在顯著差異。而研究借用的工具與方法一般是用於研究政黨選舉的。因此，如何反映澳門社團選舉的特徵，是研究需要注意的。三是行為與實踐是依託制度進行的，也就是說，選舉制度是規範選舉行為與實踐的基礎。研究注重於選舉行為，卻缺乏對澳門選舉制度的介紹，對於不瞭解澳門選舉制度的讀者來講，不能說不是一個缺憾。

為彌補此一缺憾，在此不吝筆墨，對澳門選舉制度特徵略作介紹。澳門現行選舉制度涵蓋選舉活動的全過程，包括選民登記、選舉資格、選舉標準、選舉程式、競選活動、投票、選票核算、選舉管理和選舉不法行為規管等各環節。其制度特徵可以概括為五個方面。

一是多元代表制而非單一代表制。澳門特區立法會與行政長官的產生方式遵循了民主原則，並特別考慮了政治結構的均衡參與原則。配合均衡參與原則，立法會選舉制度採納多元代表制，為議員結構的產生安排了三個途徑，即直接選舉、間接選舉與委任。直接選舉體現的是普遍民主原則，遵循的是地域代表制。間接選舉則兼具民主與均衡參與原則，遵循的是職業代表制。至於委任議員因其產生於立法會直、間選之後，事實上具平衡立法會議員結構的功能。至於以選舉委員會來選舉行政長官同樣是一種間接選舉制度，是經由利益組別方式進行的。

二是混合結構而非單一形式。與多元代表制相一致，選舉制度為立法會設計了混合結構，即議員產生方式是混合的。其次，選民結構是混合的，既有自然人選民，也有法人選民。再次，提名方式是混合的，既可以是政治社團，也可以是提名委員會。至於行政長官選舉制度需要經過"兩層選舉"與"兩輪投票"的過程，實質上同樣具混合選舉色彩。

三是多名制單一選區及分區投票制。由於澳門地域面積不大，故而在直選方面，採用單一的多名制選區形式。同時，選民投票實行以傳統天主教堂區作為選民投票區域的分區投票制度。

四是參選工具為"擬政黨化"社團而非政黨。澳門沒有政黨，因此，參選工具是"擬政黨化"的社團而非政黨組織。在立法會選舉中，直選方面，從選民登記、候選名單的提出、選舉經費的籌集、選舉政綱和選舉動員等各個直選環節，無不由社團直接參與。而間接選舉就是以利益界別社團為基礎、由法人選民選舉產生議員的制度。與立法會選舉一樣，行政長官選舉同樣離不開社團。因為行政長官選舉委員會的絕大部分成員是通過界別選舉產生的，而界別選委的提名與投票均是由獲確認界別社團領導成員中的代表行使的。因此，沒有社團的參與就無法產生選委，相應的，選舉程式也不可能進入行政長官選舉環節。因此，無論是行政長官選舉，還是立法會選舉，都離不開社團的參與。

五是混合選制及計票方法。鑑於立法會追求均衡參與的價值取向，現行立法會直選採用比例代表制及改良漢狄計票法。此選制無疑更有利於人數較少的選組參政，從而達到議席分散及多元參與的目的。而立法會直接選舉的規則、方式與計票公式適用於間接選舉。也就是說，間接選舉也是沿用比例代表制、名單投票與改良漢狄法計票。行政長官選舉則實行絕對多數當選制，追求的是行政首長儘可能地獲得社會廣泛認可，從而達到便利施政的目的。

應該説，上述選制既尊重了澳門歷史，也符合澳門社會特徵。因此，在實踐中，取得了較好的政治效果。總之，選舉行為與選舉實踐是基於選舉制度而進行的。因此，選舉行為研究不能脱離選舉制度。可以説，選舉行為研究應有利於選制改善，如果本次研究能夠反觀澳門選制並提出針對性完善與修訂建議，無疑更能使研究增色。

很久前就與徐勁飛博士相識，其具有敏鋭的學術思維與新穎的學術視角。長期以來，其傾心關注澳門選舉。現在，其帶領指導的學生寫出一部彌補學術空白的專著也是值得稱讚的。其囑本人為書寫序，拉雜寫些感想，祈能為讀者閱讀此書提供少許思路與幫助。

是為序。

婁勝華
全國港澳研究會理事
澳門理工大學人文及社會科學學院教授
2023 年 6 月 22 日於澳門

自序：回顧初心，展望未來

本書探討的政治營銷是營銷和政治之間的"聯姻"，政治團隊和候選人能通過政治營銷策略生成政治產品。營銷和政治在這方面的融合創造了一個政治市場。在這個市場中，政治家及其團隊是營銷者，選民是消費者[1]。

本書研究的對象是澳門立法會選舉。如果以 1999 年澳門回歸作為澳門現代選舉的新階段，在過去的 23 年中澳門特區立法會已經成功完成了七屆選舉。澳門特區立法會的前身即葡屬澳門政府立法會，在 1976 年的第一屆選舉中產生了 17 名議員，其中 6 席是直選議席，6 席是間選議席，5 席由當時的澳門總督直接任命，而當時登記選民數為 3647 人。離本書寫作最近的 2021 年第七屆澳門立法會選舉中，議會議席已經增加到 33 席，其中直選議席為 14 席，間選議席為 12 席，由澳門特首任命的議席為 7 席，登記選民數則已經達到 325,180 人。無論議會議席還是登記選民，數量都有大幅提升，本質上符合多元民意代表性理論強調的代議制政府在代表多元化的民意方面的重要性。選舉是實現多元民意代表性的主要機制之一，代表必須來自不同的社會羣體和利益集團，代表不同的政治觀點和意見。

---

1   J. Lees-Marshment. "The Marriage of Politics and Marketing." *Political Studies*, vol.49, no.4, 2001, pp.692-713.

這其實就是以政治營銷的範式研究澳門立法會選舉的宏觀制度的原因：在大規模民主之中，組織的重要作用是不容忽視的，人們需要通過組織來進行集體決定的機會。民主對於過程是有要求標準的，但是每一個公民個人接近組織和表達自己偏好的可能性顯然並不能夠做到平等分配。即使每個選民都能充分運用自己所掌握的機會表達出偏好，也即便這種機會能夠做到平等分配，由於組織的規模不同、影響不同、傾向不同，所獲得的資源就會有很大的差異。由此導致不同組織對於最終決策的影響力也大相徑庭。而在過往澳門立法會選舉相關的研究中，通過實證方法去系統研究"在澳門立法會選舉規則下為何不同的候選人及組別得票率不同"的似乎不多。

從微觀的組織及選民的選舉行為上看，基於澳門政治營銷市場的"選舉工程"研究也是欠缺的。一般認為，選舉工程研究有兩大範式，即理性選擇範式和文化現代化範式。按筆者的觀察，過往澳門立法會選舉相關研究，更多屬於文化現代化範式研究的成果，比如對社會制度、政治文化、社會身份等方面對選舉整體結果的影響的分析較多。但基於"選舉工程"理性選擇範式的研究總體上是欠缺的。該範式強調應該以五個自成閉環的步驟去實證分析競選過程，包括：

第 1 步，選舉規則塑造了政治行為者面臨的激勵機制。

第 2 步，候選人及黨派會理性地追求得票最大化。

第 3 步，候選人及黨派針對選舉激勵作出戰略反應：根據選舉門檻，各黨派決定是採取搭橋還是搭線的策略；根據選票結構，政治家們計算着是提供特殊性的利益還是方案性的利益。政黨考慮是選擇社會同質化還是社會多樣化的立法候選人。

第 4 步，公民對候選人及黨派採取的選舉戰略作出反應。

第 5 步，"選舉工程"過程，即通過改變政治家、政黨和公民的戰略行為而影響結果的過程。

綜上，在前人研究基礎上，筆者圍繞澳門立法會選舉這個主題，系統地運用多種質性和定量規範性研究方法，在政治營銷框架下探討選舉制度對選舉結果的影響過程。特別是相關的因果關係及公民投票行為，可以作為"選舉工程"理性選擇範式在澳門的首次突破。

而本書策劃的初心，其實源於筆者在復旦大學求學期間選修的四門課程，正是這四段經歷的啟蒙讓本書從 0 走到 0.1。

在本科階段，筆者修讀了何俊志老師的"政治學原理"這門必修課。記得何老師在課上除了系統梳理了政治學發展歷程及各個理論流派，還特地介紹了從蘇維埃到中國人民代表大會制度的代議制的制度傳承，以及各級人民代表，特別是縣級人民代表的選舉形式。何老師透過人大制度觀察中國政治的權力關係和運作，特別是從比較政治學的維度研究人大代表的選舉機制，無論從研究選題到研究方法都對筆者影響至深。

筆者還修讀了蘇長和老師的"國際關係導論"這門專業必修課。記得蘇老師當時還兼任我們國際政治小班的班級導師，偶爾還和我們一起踢足球。我們私底下把蘇老師戲稱為 "Long Peace"。這個稍顯晦澀的諧音梗其實就源自他上課讓我們精讀的一篇 John Gaddis 寫的文章 *The Long Peace: Elements of Stability in the Postwar International System*。當時他在課上的感覺，某種程度上和何老師類似，儘管熟讀西方學者的理論，但從不盲從西方中心論。蘇老師後來也通過〈民主的希望和未來在中國 —— 談談中國式民主與美國式民主〉〈兩種民主傳統與中國民主的學術表達〉等幾篇重量級論文系統闡述了中國民主是以社會和人為本，而不是以資本和金錢為本。這一點具體而又現實地體現在我們民主建國、制度設計以及對民主政治發展實踐道路的指導上。

在碩士研究生階段，筆者師從陳志敏老師，同時作為助教，協助他完成中、日、韓：復旦大學—慶應大學—延世大學三校的聯合課程"東亞外交研究"。陳老師以他的博士論文〈次國家政府與對外事務〉在國內開創了一個針對魁北克等國外次國家行為體和港澳台等國內次國家行為體對外事務研究的全新領域。在他的指導下，筆者將自己的碩士論文研究對象鎖定在澳門，本意就是研究"一國兩制"模式中澳門特別行政區和中央政府在對外事務上不同的權力安排。同時將其對外事務的實踐放到次國家行為體對外事務理論框架中進行分析。而這應該就是本書構思澳門政治營銷作為一種"道"的初心了。通過閱讀大量澳門本地學者如婁勝華老師、陳建新老師、蔡永君老師等在澳門社團、澳門立法會選舉及澳門社會治理方面的論文和專著，不僅為筆者在那之後的研究埋下伏筆，又讓多年後與他們在澳門相遇和合作多了一份神交已久的情意結。

筆者還選修了趙可金老師當時在美國研究中心開的一門新課"政治營銷學導論"。當時趙老師以他剛完成的同名新書作為教材，系統介紹了政治營銷學的學科基礎和理論體系。他提出了涵蓋環境分析、目標體系、戰略規劃和戰略實施等諸多環節的政治營銷分析框架。並在此基礎上，對選舉營銷、政治遊說和國際政治營銷等進行了專題分析。那個學年，筆者正在一家國際管理咨詢公司的中國總部實習，對趙老師分享的那種結合政治邏輯和商業邏輯的全新學科深深着迷，自然在這門課上花的功夫也是最多的。上課期間還曾給政治營銷領域的國際知名學者，遠在新西蘭的 Jennifer Lees-Marshment 老師寫過電郵，至今也保持着聯繫。回想起來，這段經歷應該就是本書構思澳門政治營銷作為一種"術"的初心了。

隨着筆者畢業後來到澳門工作，通過在過往幾屆澳門立法會選舉第一線的觀察和參與，結合之前關於澳門政治營銷在"道"和"術"兩方面的思考，拙作歷經多年得以成書。而展望未來，澳門政治營銷研究無論從理論還是實務都有廣闊的提升空間，從 1 走向 N：

從研究方向上看，隨着粵港澳大灣區的發展，政治、經濟、社會、文化的相互融合為澳門立法會選舉乃至整個澳門社會治理提出了新的課題。以筆者目前工作所在地橫琴粵澳深度合作區為例，合作區秉持"共商共建共管共用"的理念，聯合建立管理機構，共同開發建設，收益雙方共用。這是在原有"一國兩制"基礎上的"機制再創新"。從中央地方協同看，中央支援合作區以清單式申請授權方式，在經濟管理、營商環境和市場監管等重點領域深化改革、擴大開放。廣東省將合作區上升到由廣東省管理，並成立廣東省委和省政府派出機構，履行屬地管理職能 —— 傳統的只針對本地政治市場的澳門政治營銷將如何消化整合粵澳融合過程中的新的制度摩擦和需求有待今後深化研究。同時澳門和香港、澳門和台灣兩組特別行政區之間的政治營銷對比研究，以及其在"一國兩制"架構下體現不同的中國式民主的示範作用的研究也是筆者重點關注的方向。

從研究議題上看，由於對公民意識的模糊不清，年輕人不願意參與政治活動。他們有一種共同的信念：政治行為被一些"大商家"、"大資本"控制。以至於人們喜歡直接為某個自己感興趣的議題投票，而不是投票給代表他們的政治家。同時政治機構在公眾中的信任度明顯下降，不僅如此，包括投票率、社團／政黨參與率、簽署請願書、志願服務、參加集會和在社交平台上和競選團隊互動等方面的各種政治參與度指標都在不斷下降。因此，可以預見的是今後的政治營銷將更加注重個性化的營銷數據，迎合不同的人和羣體的政治需求，同時會利用大數據挖掘和人工智能，預測選民的投票行為。今後也將減少對政黨的關注，而更多關注候選人，也會有更多女性參與競選並贏得選舉。越來越多的候選人將使用社交媒體作為其競選活動的關鍵，政黨或社團的行銷活動將更加注重候選人的個人故事和願景，而不是攻擊對手或對方的政策議題。競選活動將專注於品質而非數量，創造更少的廣告，但這些廣告必須是經過精心打磨和研究的。

從研究方法上看，儘管越來越多的人願意相信政治營銷的實證研究結果，但不少人認為研究成果中缺乏行業洞察，寄希望於今後的研究能為政治家提供資訊豐富的見解，以幫助制定符合選民要求的政策。本書作為一本以實證方法系統分析澳門立法會選舉過程中的政治營銷實務的專著，難免囿於筆者的水平和數據的局限以及選舉政治自帶的"黑箱效應"，無法洞察整個澳門立法會選舉的真相。對此，筆者認為政治營銷是一門特別需要知行合一的學問，放眼世界該領域的學者越來越多地參與理論和實踐相結合的工作。今後隨着更深入地參與到選舉工程的第一線，學者以求真務實為基礎開展調查的同時，也需要通過動態化的數據分析，及時處理不斷變化的選情問題。最終在實現對選民投票行為更為敏銳的理解的同時，協助選民獲得更好的政治產品，協助社會實現更好的良治。

在拙作出版之際，筆者要感謝在澳門科技大學帶領的研究團隊。包括王宇軒先生、范真源小姐、朱婧小姐、賴樹帥先生、譚梓煒先生、潘越小姐、孫靖松先生、傅焰紅先生、吳小麗小姐、江旭純小姐、程順明先生和黃俞杰先生等多位碩士研究生和筆者合作完成的成果和共同分享的思維火花是本書堅實的基石。

同時感謝陳建新博士、蔡永君博士，以及 24 位澳門科技大學 2020 屆"慈善與公益管理碩士專業"同學。他們和筆者一起在第六、七屆澳門立法會選舉票站數據整理中通力合作，在投票日當晚分頭到遍佈全澳的 36 個票站，記錄各直選參選組別的原始得票情況，然後再用一個通宵整理好完整的數據集，這些一手數據連同扎實的觀選田野調查是本書實證分析的重要保障。

同時感謝我們澳門港澳台發展研究協會傅承哲博士、葉振東博士、霍偉東博士等幾位領導架構成員和祕書處陳紫芸小姐的大力幫助。也感謝在出版過程中陳正偉先生等人的斧正和協助。

最後也是最重要的，要感謝我的家人和伴侶，在他們一直以來的默默理解、關心和支持下，筆者才得以完成這個策劃多年的項目。

筆者水平有限，作為一本開拓性的著作，書中難免有不足甚至錯誤之處，敬請各位讀者不吝賜教和批評指正。

是為序。

徐勁飛
澳門港澳台發展研究協會會長
2023 年 6 月 12 日於橫琴

目　錄

導　論

第一部分：選舉前策略

第二部分：選舉中階段

第三部分：選舉後階段

導　論

澳門立法會選舉中的
政治營銷理論和策略

0.1 政治營銷理論發展簡述

在市場經濟飛速發展的時代，民主化和現代化的同時出現必然會導致激烈碰撞，因而才會產生出政治營銷。在西方國家的政治選舉中，政治營銷被最先運用，同時還受到了國內外專家學者的高度關注，政治顧問由此應運而生。隨着媒體的廣泛傳播，政治營銷的發展走向了新的高度，Bruce Newman 和 Philip Kotler 等專家學者先後提出了政治營銷的分析模型和界定，隨着時代的發展以及後期國際政治營銷學會的成立，政治營銷也逐步走向成熟。

政治營銷的第一個且最具權威性的定義的誕生和 20 世紀 60 到 70 年代的"營銷學擴展"大辯論密不可分[1]。布魯斯·紐曼認為：在政治營銷中，候選人通過在競選過程中所承諾的政策和利益等內容去向選民交換選票。若成功當選，則需在之後的時間裏為其承諾做出相應的行動。候選人為了能立足於選民市場並在選民心中建立自身形象，就必須通過政治營銷的手段來推銷、宣傳自己。因此政治營銷是候選人形象表達的一種方式，候選人形象則是政治營銷的重要內涵，政治營銷的過程就是候選人形象塑造的過程。

到了 20 世紀 90 年代，Lock 和 Harris 的定義反映了政治營銷從以交易為基礎到以關係為基礎的發展[2]。Lock 和 Harris 將政治營銷定義為一門學科和一項活動。作為一門學

1　P. Kotler & S. J. Levy. "Broadening the concept of marketing." *Journal of Marketing*, 1969, pp.10-15.

2　Andrew Lock & Phil Harris. "Political marketing-vive la différence!" *European Journal of Marketing*, vol. 30, no.10/11, 1996, pp. 14-24.

科，政治營銷研究政治實體與其環境之間的交流過程，特別是關於這些實體及其溝通的定位；而作為一項活動，政治營銷關注政治實體的定位和其與環境之間的溝通策略，以及實現這些策略的方法，包括搜索目標受眾的態度、意識和反應資訊。因此，該定義承認政治營銷不僅僅與政治行為者通過永久性競選活動有關，其潛在機制是政治實體與環境之間在總體和個人層面上的價值交換。其他學者提出的政治營銷定義還包括：

表 0-1 不同學者對政治營銷的不同定義

作者	政治營銷的定義
布魯斯·紐曼	不同類型的個人和組織通過營銷原則和程式使其在政治競選過程中當選的過程。在此過程中，政黨候選人、政黨和利益集團等為了增加公共輿論，提升意識形態，選舉獲得勝利，立法提案得到通過和公民投票率上升，通過戰略性的眼光對選戰進行分析、執行和管理，進一步對社會中特定民眾和集團的需求做出相應的反應。
菲力浦·科特勒	通過雙方之間交易的過程來滿足需求和欲望的政治活動。
蓋瑞·毛瑟	兩種模式：說服性溝通與符合現存的行為模式。
道密尼克·萊因	利用輿論研究和環境分析提供競爭性策略，幫助政黨和政黨候選人實現其目標。同時滿足選民需要，進而獲取選民選票支持的過程。
鄧尼斯·卡瓦納夫	把選舉工程學當作政治營銷。
馬丁·哈羅普	政治營銷不僅僅是關於政治廣告、政黨政治廣播和選舉演講，而且涵蓋了政黨在選舉市場定位等所有領域的事務。
尼古拉斯·奧肖尼斯和斯蒂芬·漢尼伯格	建立、維持和提升長期的選民關係，來謀取社會和政黨的利益，實現個體和組織的目標。

而隨着美國營銷協會（American Marketing Association）

將政治營銷定義為"旨在影響目標受眾投票給特定的人、政黨或提議的營銷",政治營銷定義的爭論似乎告一段落。該定義基於商業營銷的延伸,即"為客戶、合作夥伴和整個社會創造、交流、交付和交換有價值的產品的活動、制度集和流程"[3]。

綜上,對政治營銷的性質和範圍的解釋可以分為"狹義"和"廣泛"兩種[4]。狹義的解釋側重於政治營銷管理,也就是如何利用商業營銷文獻中的工具來實現政治行為者的戰術和戰略目標。是一種通過專注於營銷活動,對營銷在政治背景下的性質和作用的狹義解釋。這種解釋將政治營銷從一個研究領域縮小到政治行為者的可觀察行為。這種狹義的解釋,再加上採用商業營銷領域的過時概念和模型[5],導致這類研究機構受到營銷者和政治科學家的批評[6]。

另一方面,對政治營銷的性質和範圍的廣泛解釋,強調了對商業營銷文獻中的理論和概念的使用,這些理論和概念是為了適應政治背景的特異性而發展的。市場營銷在政治組織中的作用集中在促進價值交換和與各種利益相關者建立關係上,如選民、競爭政黨或候選人和媒體[7]。對政治營銷的

3　M. G. Jennifer. "Creativity in Organizations."*Academy of Management Annals*, vol.1, no.1, 2007, pp.439-477

4　R. Brennan & S. C. Henneberg. "Does Political Marketing Need the Concept of Customer Value?"*Marketing Intelligence & Planning*, 2008, pp.559-572.

5　N. J. O'Shaughnessy, S. C. Henneberg. "The selling of the President 2004: a marketing perspective."*Journal of Public Affairs*, vol.7, no.3, 2007, pp.249-268

6　S. C. Henneberg. *Political Marketing Theory: Hendiadyoin or Oxymoron*. University of Bath School of Management Working Paper Series. 2004.

7　Andrew Hughes & Stephen Dann. "Political Marketing and Stakeholder Engagement."*Marketing Theory*, vol.9, no.2, 2009, pp. 243-256.

這種廣泛解釋，提供另一種理論透鏡來觀察政治行為，有助於理解政治背景。例如，政治學在研究選民行為時集中於結構性或羣體性特徵，而政治營銷的視角則有助於理解個人選民如何做出決定，如何成為離散羣體的一部分，如何理解政治品牌等。

政治營銷學是營銷學、政治學和傳播學等學科的交叉學科。一直以來，專家學者們一直沒有放棄將政治營銷學科化的努力。就目前而言，政治營銷學中普遍的理論沒有確立，完整的理論體系也沒有建立，整體發展仍處於待完善的階段。

0.2 澳門立法會選舉中的政治營銷策略

選舉，指選民或者代表根據自己的意志，在法律規定的原則、程式和方式的基礎上，選出國家代議機關代表和國家權力機關組成人員的行為，也是一種能夠讓公民更好地實現他們自己的政治權利的基本途徑。約瑟夫・熊彼特（Joseph Alois Schumpeter）認為只有決策者通過公平、公開和定期的選舉競爭才能夠有效衡量其所在的政治體制是否民主[8]。

澳門立法會的來源始於 1976 年，當時澳門頒佈了《澳門組織章程》並組成了第一屆由民主選舉產生的立法會。立法會中議席分配為三三制：直接選舉議席 6 個、間接選舉議席 16 個、委任議席 5 個，各佔三分之一。但依舊是總督

8　熊彼特：《資本主義，社會主義與民主》，上海：上海譯文出版社，2020 年。

在其立法自治的範圍內享有一切立法權，立法會議員只不過是總督的立法顧問。在此之後的兩屆立法會選舉中，議席數目和議員數目均沒有改變。1987年簽署《中葡聯合聲明》之後，中葡雙方成立了"中葡聯合聯絡小組"，以解決澳門回歸所涉及的"三個緩和"問題。立法局肩負着修改舊法律、制定新法律以及將所制定的法律雙語化的職責。《澳門組織章程》在1990年進行了修訂，自1992年起，立法會選舉的計票方法更改為"改良漢狄比例法"。通過改變計票方式，讓一些過去實力較強的社會人士及組別難以在一個組別的名單中獲得3個席位。這樣才能讓選舉實力較弱的團體更有可能進入立法會，有機會捍衛自己的權益，大大提高了參選的動力和積極性。1991年中期補選過後，增加了第五屆立法會議員的人數。根據《中華人民共和國澳門特別行政區基本法》的規定，第六屆立法會議員選舉認定後，可直接過渡成為首屆澳門特別行政區立法會議員，其就任期限到2001年。

自此之後，2001年至2021年每隔四年舉行一次澳門特別行政區立法會選舉，即第二至第七屆立法會選舉。在直接選舉方面，澳門立法會採用"改良漢狄比例法"計算每一組候選人的得票情況。基本規則是將每組候選人的選票數除以1、2、4、8，並依此類推。最後，選舉中得票數量排在前14名的候選人獲得最終的勝利。在間接選舉方面，12名立法會議員將由工商及金融界、勞工界、專業界、社會服務及教育界和文化及體育界五個界別中符合資格的法定代表在選舉組別候選名單中投票選出。關於澳門立法會早期的研究文獻可參考的並不太多，隨着立法會體制與法制的完善，研究的學者在逐步的增多。隨着澳門立法會選舉的日益完善，學者們對於選舉策略的專門研究也逐漸豐富起來，研究對象從最初的得票率及席位的變化，慢慢延伸到了組別背景、參選政綱議題、選票地域分佈等方面，從多角度深入剖析澳門立法會選舉。

通過對文獻的整理不難看出，參選政綱中的議題對參選組別的競選有着很大的影響。在 2013 年澳門第五屆立法會中，雖然有 3 萬名新登記選民參與投票，但直選投票率與前幾屆相比明顯下降，低至 55.02%，較上屆下降 4.89%，這也導致獲得議席的票數下降至 6500 多票，達到了歷史新低，而空白票的數量也達到總票數的 0.71%。這反映出澳門的選民對 2009 年澳門第四屆立法會中的議員表現的滿意程度很低，選民所選的組別並沒有將自己政綱中的議題很好地實現，沒有給選民帶來想要的結果。而新加入的競選組別選民並不了解，他們政綱所展現的議題也不是選民所需求的，這也導致了很多的選民棄選。

澳門立法會競選的選區較為單一，參選組別所提政綱傾向較為全面，社會文化、經濟財政、行政法務等領域都有涉及，各組別所展現的政綱架構上差別不大。其中部分組別的政綱為凸顯自己的組別，而提出具有針對性的議題或政策。例如：以博彩業為背景的競選組別在政綱中會選擇博彩相關行業的發展和職工的福利等議題進行渲染；以商界為背景的競選組別則會選擇經商環境、經濟政策、經濟發展等議題，進行大篇幅地描述。但通過對歷屆政綱的觀察，社會文化議題始終都是各競選組別政綱的重心。可以看出，候選組別的政綱所反映出來的是這個候選人及候選組別對行政法務、經濟財政、社會文化等議題的態度，各候選人只有爭取到立法會中席位，才能實現該政黨所提的政綱。另一方面，一個候選組別是否能取得席位，取決於能否爭取選民的認同和支持來獲得選票。因此，候選組別的政綱不僅需要聽從民意，還需要清晰地反映出競選策略，除此之外，競選組別還需要透過選民對政綱的喜好程度來分析政綱對選民的投票行為所產生的影響。

其次，候選人及候選人團隊的形象包裝等工作也逐步在澳門立法會選舉策略中發揮重要的作用。在以選舉政治為核心的西方社會中，候選人形象對選民投票行為的影響日益重要，甚至成為選民投票抉擇上的決定性因素。上世紀70年代美國選舉專家開始重視候選人形象對選民投票行為的影響。

表 0-2 形象的定義及在選舉中的定義

提出者	涵義
Kenneth Boulding	人們對外在一切事物主觀上所產生的某種程度上的認知。
Merril	態度與意見的結合體，是態度與意見形成的基礎。
Nimmo & Savage	利用物體、事件或人物所投射出可認知屬性的組成。
McGrath & Mcgrath	候選人為了影響選民所投射出的各種特質。
Bowes & Strentz	選民對一個候選人所產生的心裏圖像。
Hahn & Gonchar	由選民本身的人格特徵及世界觀互動後所產生。
Nimmo & Savage	人們對候選人的感知，也被分為選民的主觀認知及候選人投射資訊。

候選人形象如何在選民印象中形成？通過對文獻的整理，過去有關候選人形象的理論大致可以分為四種類別[9]。

9　王冠翔：〈政治營銷：候選人形象定位及認知差異之研究〉，碩士論文，元智大學。

表 0-3 候選人形象形成的來源

定論	涵義
候選人決定論	選民依據候選人所投射出的特質去評估候選人形象，強調塑造候選人的形象，會對選民印象中的候選人形象評估起到決定性的作用。
認知者決定論	選民根據自身的政治立場去評估候選人形象，強調選民會採用選擇性認知進行形象評估。
刺激決定論	選民接收政治資訊的唯一直接途徑是媒介所提供，因此對候選人的形象認知容易受其影響。
記者決定論	記者製作新聞採訪所使用的評論是影響選民對候選人形象認知的關鍵因素。

通過對這四類觀點的認知，可以發現不同選民在接收候選人相關政治資訊和評估候選人形象時會存在不同的衡量標準。因此，選民自身認知與外界政治資訊相結合所產生的評估標準對選民心中候選人形象的認知形成起到重要作用。如何更好地宣傳政治議題成為候選人形象塑造的關鍵。與此同時能夠警醒候選人，在塑造候選人形象的過程中應更多地考慮選民的需求，制定相應的議題及政策等各類政治資訊以影響選民對候選人形象的認知。

在選舉過程中候選人形象的塑造就是將營銷的觀念、市場分析的方法加以傳播並運用到選舉活動中的最直觀的表現。通過媒體長期宣傳候選人某種特質或屬性，會在選民的腦海裏形成刻板印象，會讓選民在想到候選人的同時，就想到與其對應的特質或屬性。形象的塑造對候選人來說十分重要，這種重要性可以從三個角度來看待：選民、競選人員以及新聞媒體。從選民的角度來看，候選人形象被認為是一種主觀存在，它包含選民對候選人特徵、政策、價值及競選議題的認知。若從候選人的角度來看，候選人形象一般指候選人投射給選民的資訊。因此，候選人形象主要是在新聞媒體的主導下，選民與候選人雙方評估後所產生的結果。候選人形象作用在特定的事件情境中，會選擇特定的表現方式來使得公眾對候選人深入了解。為了不讓公眾對其產生厭煩的情緒，還需要考慮到新鮮感等因素。因此候選人會利用各種方法去提升並傳播自身形象，進而提高競選的成功率。

現階段，澳門特別行政區現行選舉法的宗旨是促進各層面公平選舉，反映立法會組成的多樣性，使社會各個界別、團體和派別都能在立法會發表意見。事實上，與其他鄰近地區的立法會選舉相比，澳門的立法會選舉制度具有以下兩個重要特點：

第一，在改良漢狄比例法下，單一候選人組別獲得三個或三個以上席位的概率相對較低，這間接提高了其他組別獲勝的機率，有助於促進立法會席位的廣泛分佈以及議員背景的多元化。

第二，在為期兩周的宣傳期間，澳門立法會選舉分別在開始和結束時設有一段時間的冷靜期，這將有助於避免資源較多的團體長期進行大規模宣傳影響選舉結果，也將鼓勵各參選組別在策略上應更多注重社會民生方面的長期努力，以贏得選票。

綜合上述討論可以知道，澳門特別行政區在改良漢狄比例法制度下支持多黨制，即有實力的組別一般獲得 1—2席，所以各組別中第一、第二候選人的形象塑造很重要。總而言之，候選人形象的塑造在選舉過程中有着舉足輕重的地位，逐漸成為公眾最終投票的一種選擇標準。

近些年，隨着競選的日益完善和選民教育程度的提升，選民對待選舉更為理性，專家學者們認為候選人形象是候選人個人特質與政見的結合體，即候選人選擇的議題會影響到選民對候選人政治定位的了解。雖然選民會受到候選人取向及候選人個人特點的影響，但議題取向和候選人個人特點結合的整體效果會對選民產生更大的影響。從實際角度來看，候選人議題取向是選民評估候選人形象的重要衡量標準，同時議題取向的差異也利於選民分辨出候選人之間的不同，以便更好地選出自己所需要的候選人。

通過對政治營銷理論和實務的研究，作者提出一個和澳門立法會選舉場景匹配的政治營銷策略，策略由五個步驟組成（如圖 0-1）。

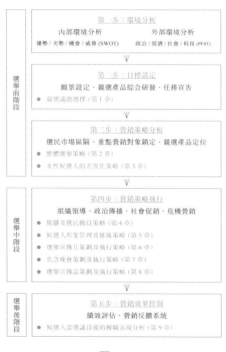

圖 0-1

而通過這五個步驟，在專業學者顧問的協助下，政治行為體專家即候選人團隊最終完成產品（Product）、民意（Poll）、渠道（Place）、傳播（Promotion）的 4P 組合，實現澳門立法會選舉中最有效的政治價值轉換（如圖 0-2）。

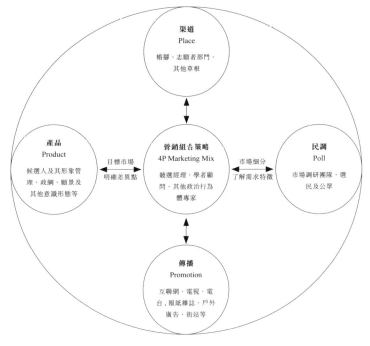

圖 0-2 一體化政治營銷 4P 組合 [10]

　　從樁腳及選民動員的維度制定策略，可以舉辦各種形式的宣傳活動，例如座談會、論壇、街頭宣傳、文化藝術表演等，提高競選團隊的曝光率和影響力。同時可以在與社區

---

10 趙可金，孫鴻：《政治行銷學導論》，上海：復旦大學出版社，2008 年，頁 65。

和其他友好界別社團過往良好合作關係基礎上，獲取更多選民的支持和認可。除此之外，也可以利用傳統媒體和網絡媒體，制作和發佈有關競選的各種信息，包括政綱、政見和政策等，以吸引選民的注意力，獲得支持。

從候選人形象管理的維度制定策略，可以制定候選人形象管理計劃，包括候選人形象建立、候選人形象包裝、候選人形象維護等方面，從而建立一個專業、有力、充滿親和力的形象。同時通過組織演講、公開活動、參加各種會議等多種形式，向選民展示自己的政治觀點、專業能力和人格特質，以贏得選民的信任和支持。

從競選宣傳片策劃及執行的維度考慮，宣傳片主題方面可以從候選人的政治觀點、競選政策和個人經歷等方面入手，以吸引選民的關注。拍攝內容可以包括政治宣傳片、政策宣傳片和個人宣傳片等，通過不同的形式展示候選人的政治理念、政策主張和個人魅力。剪輯方式可以採用多種手段，例如鏡頭切換、畫面特效和配樂等，以營造出一個充滿情感和感染力的宣傳片。

從晚會，特別是專門的告急晚會策劃及執行的維度考慮，告急晚會可以採用歌舞表演、政治演講、政策宣傳或座談會等多種形式，以吸引選民的注意力和支持。

從選舉宣傳品策劃及執行的維度考慮，選舉宣傳品需要注重設計、製作和分發，以吸引選民的注意力和支持。通過海報、傳單、標語、T恤、紙巾或零食等形式，向選民介紹候選人的政治理念、政策主張和個人經歷，以贏得選民的認可和支持。

從政治營銷綜合績效評估維度考慮，評估指標包括選民支持率、媒體曝光度、競選活動效果（活動組織情況、參與人數、宣傳效果等方面）和經費使用情況等。

從建立即時反饋系統維度考慮，競選經理要定期進行選民問卷調查，了解選民對候選人和競選活動的態度和看法。同時在社交媒體平台上開設候選人帳號，並及時回應選民的問題和關注點。除此之外，還可以在競選活動特別是街站、研討會等線下活動設置回饋機制，鼓勵選民及時回饋建議和意見。

從當選議員後的履職表現維度考慮，研究者要跟蹤並分析其履職表現，包括口頭質詢和書面質詢的品質和數量，議員的公眾發言品質，議會工作整體參與度和工作態度，議員團隊回饋和回應選民意見的情況等方面。

以上各項工作環節的理論及實務，本書將在九個章節結合案例和數據進行重點分析和討論，務求“從全域謀劃一域，以一域服務全域”。分析如何助參選團隊完成其在澳門立法會選舉過程中政治營銷工作的閉環，最終獲得預期中的各項價值。

第一部分

選舉前策略

第 1 章

競選議題選擇

章節簡介

　　澳門立法會選舉中選民最為關注的是候選人形象，而在政治傳播框架下，候選人形象塑造過程中最重要並且最吸引選民的關鍵點就是政綱。從政治營銷的角度，候選人及其參選組別通過傳播合適的選舉政綱來吸引選民的投票，最終提升該組別在堂區的選票地域分佈。選舉競爭力是他們重要的關注點，而在不同的堂區中甚麼類型的議題更能獲得選民的支持？本章對回歸後的第二至第五屆（即 2005 年、2009 年、2013 年、2017 年）澳門立法會選票地域分佈情況進行分析，應用定性比較分制 QCA 方法，選取建制派中傳統社團的代表"羣力協進會"、鄉親組織的代表"澳門民聯協進會"和商業背景社團的代表"改革創新聯盟"在選舉中所使用的政綱作為研究對象。本章研究發現，在不同的堂區，政綱中部分議題詞頻的增加會提升參選組別在該堂區的選舉競爭力。而部分議題詞頻作為條件變量單獨作用時，對於結果的影響並不明顯，只有在與其他變量組合後作用比較明顯，才會對結果產生一定的影響。另外，在不同的堂區中只有提升政綱中相對應議題的詞頻才能夠提升組別在堂區的選舉競爭力。

1.1 文獻綜述

1.1.1　選舉策略中的議題選擇

　　無論民主政治理論以怎樣的一種形式存在，它的核心原則就是由民眾選舉一個國家／地區的領導人或者政黨／團體的領導人。在西方民主社會中，參與競選的各個政黨或候選人只有提出有利於選民的政策才能獲得選民的支持，不知不覺中選舉已經開始影響國家的內政外交等各個方面。

　　當我們從選民的角度出發，選民想要投票給某一個政黨或者某一個候選人的時候，會受到各種因素的影響，比如對政黨的認知程度或者是否有宗教信仰等。"議題投票"這個詞是專家學者們研究各種議題對選民投票行為和政黨候選人當選的影響程度時提出來的。

　　近些年來，西方民主選舉日益完善，議題的選擇變得越來越重要。無論是在英、德、法等國家的議會選舉或是美國總統選舉中，政黨候選人通常會在民眾較多的場合向選民展現自己政黨所提出的各種議題 —— 包括教育、經濟、社會和醫療等方面，期望通過這種方式來獲得選民對其的認可與支持。

　　議題投票中最重要的就是競選中的政綱，即參與選舉的政黨候選人在競選期間為了爭取特定的選民支持，或者為了與其他競選組別進行區分，而提出來的政策目標或政策方向。政黨是由一羣相同政治理念的人所組成的團體，政綱反映了政黨內對於各種事物應有相同的看法或意見，而這正是與其他政黨區別之處。選民則會依據各政黨在議題上不同的主張或政策而加以支持。政黨是為了在選舉中獲勝而制訂政綱。因此，政黨在選擇與制定各種政綱中的議題時，都是以贏得選舉為目標，所以政黨會去傾聽民意、了解選民的需求。與此同時，選舉中政黨之間的競爭也是選民對政黨形成認同的一個機會。選民能夠有機會親身參與選舉的過程，把自己支持的政黨候選人送入立法會。通過在選舉過程中對自己所認可的政黨的支持及各政黨間提出的不同政綱的對比，選民會逐漸形成一種對其支持的政黨的認同。美國選舉專家提出的傳統理論認為，只有選民重視候選人提出的政綱，認為該政綱與其他競選組別候選人存在着明顯的差異，並且更符合選民的個人需求時，選民的投票行為才會出現偏向。但這種偏向仍是在對政黨的認同框架下作出的投票選擇。

近年來，在西方選舉社會中，隨着各種政治環境的衝擊，選民教育水準的提高，候選人競選策略的改變和傳播媒介的發達等，尤其是選民對政黨認同投票取向的弱化，候選人的競選政見對選民投票行為的影響日益增強。學者安東尼·唐斯提出了選民選擇政黨政綱的條件：第一，選民需要確認政綱中的某個議題是否真實存在並且對於這項議題要有着鮮明的態度；第二，選民認為某項議題具有重要性；第三，選民需要清晰地認知哪一個政黨可以更好地實現政綱中所提議題[1]。

政綱的選取策略對選民投票行為的影響越來越大，儘管選民並不會完全按照對政黨的認同度進行投票，而是會先觀察政府的施政表現再進行選擇。但是，競選過程中政黨候選人政綱中的議題仍被認為是投票行為理論中影響選民投票取向的最重要因素。

---

[1] 安東尼·唐斯：《民主的經濟理論》上海：上海人民出版社，2005 年。

1.1.2　選舉策略中的投票行為

一、主要流派

隨着基層民主建設的蓬勃發展，針對投票人、投票意向和投票行為理論的相關研究越來越多。20 世紀中後期以來，在對選民投票行為理論的分析上，西方專家學者傾注了大量的精力與資源，通過多種研究方法對投票行為理論進行分析，從而形成了不同的理論學派（如表 1-1）。

其中，對議題投票研究影響最深遠的，無疑是起源於 20 世紀 50 年代的密西根學派（Michigan School），為議題投票概念和理論奠定了基礎。雖然密西根學派是議題投票研究的奠基者，但是該學派在最開始的研究階段中發現議題的立場對選民投票選擇的影響並不大，認為選民在議題方面存在着不關注、不會選擇等情況，很難分辨出多個政黨之間存在的差異。

綜上所述，通過整理可以發現，對於投票行為的影響因素以及議題對投票行為的影響的研究居多。但有關議題投票對於選取地域分佈的影響的研究幾乎沒有。因此，筆者將在前人對議題投票的研究基礎上，對地域分佈選取與其影響進行深入研究。

二、選舉策略：配票

選舉策略中常用的有選舉操控手法、配票、做票、廢除選民、西瓜效應、逆選票、壓制選民、傳統式投票、策略性投票、政治營銷等。而在澳門立法會中出現最多的應屬配票。

政黨配票（Vote Equalization）是近些年興起的一種選舉策略，在西方的一些國家國會以及中國港澳台地區立法會選

表 1-1 西方投票理論研究主要流派

研究路徑	學派	研究重點	研究方法	優缺點	代表學者
生態學研究路徑 (ecological approach)	芝加哥學派	選區投票率、投票方向、選區都市化程度、人口結構、地理位置、政黨結構、經濟結構等變量之間的關係及與個人特質和經濟社會背景之間的關係。	針對某次選舉，擇取具有不同政治、經濟、宗教等特質的選區進行長期跟蹤研究，資料來源通常為選區的選舉統計資料和人口統計資料。	資料獲取方便、避免調查資料可能發生的誤差，但無法推論選民個人的政治態度與動機。	Edward C. Banfield; James Q. Wilson; Robert E. Park; Grimshaw
社會學研究路徑 (sociological approach)	哥倫比亞學派	經濟社會地位、宗教團體與居住地背景與投票方向的關聯，競選活動對選民的心理影響等等。	政治傾向指標 (index of political predisposition，IPP) 等。	重視社會結構和社會團體對投票的影響，可提供衝突的工具。	Paul Lazarsfeld; Gaudet Bernard; McPhee Berelson; Ron Johnston; Charles Pattie; David Levine
社會心理學研究路徑 (social psychological approach)	密西根學派	議題取向、候選人取向、政黨認同是其理論架構重心，是影響投票穩定且長期的心理因素。	"漏斗狀" 因果模型 (funnel of causality)，試圖涵蓋所有可能影響投票的變量，以達到完全解釋與預測投票行為。	強調政黨認同因素在投票行為上的重要性，容易忽略其他相關變量的效應。	D. T. Campbell; Warren E. Miller; J. Merrill Shanks; Martin P. Wattenberg
經濟學研究路徑 (economic approach)	理性選擇模型	強調認識理性、按照期望利益的大小決定投票與否及投票對象。	假定選民是理性的，投票的目的乃在建立政府，循著兩個假定進行一連串的邏輯演經推論、建構投票行為的 "理性選擇模型"，分析投票成本和效用。	突出預測個體選民的投票行為趨向。其還輯起點的假設，招致各種批評和質疑。	Anthony Downs; Whitten Powell; Michael S. Lewis-Beck; C. J. Anderson

摘自：臧雷振：〈西方經濟投票理論的批判性考察〉，《浙江社會科學》，第 7 期 (2011 年)，頁 45。

舉中使用。配票指的是平均分配選票，其目的是政黨在多席位的選舉競爭階段，讓特定選民自動將票源分配投給指定的候選人，令其競選成功，這樣可以使該政黨能夠獲得的席位最大化，保證本黨儘可能多的候選人當選。同時也可以避免個別候選人票數過高，造成選票不必要的浪費。

如表 1-2 所示（"✓" 為當選者），假設 X、Y、Z 三個黨派共六名候選人競選某地區的三個席位，有效投票數為 16 萬票。X 黨共獲得 4 萬票，在未進行配票前，該政黨的得票數都集中在候選人 1 上，所以 X 黨只能獲得 1 個席位。但通過配票之後，將候選人 1 選票中的 1 萬選票數分配給候選人 2，則候選人 1 和 2 都可獲得席位，X 政黨最終可獲的 2 個席位，會比之前多得 1 個席位。

表 1-2 模擬選舉狀況

候選人（政黨）	得票數	候選人（政黨）	配票後得票數
1 (X)	4 萬 ✓	1 (X)	3 萬 ✓
2 (X)	2 萬	2 (X)	3 萬 ✓
3 (Y)	3.5 萬 ✓	3 (Y)	3.5 萬 ✓
4 (Y)	2.5 萬 ✓	4 (Y)	2.5 萬
5 (Y)	2 萬	5 (Y)	1 萬
6 (Z)	2 萬	6 (Z)	1 萬

因此，我們不難看出，配票的成功存在着一定的條件，並不是政黨配票的指示發出後就能順利地將選票平均分配給所需要的候選人，並使該政黨競選席次獲得最大化。具體的條件例如：

1. 必須有充足的票源作為配票過程中的堅實基礎。如果政黨在某一個選區競選時的票源只夠一個候選人當選，那麼這時兩個候選人之間進行平均配票大概率會導致雙雙落選。

2. 政黨或組別需提名適當數量的候選人名額。政黨必須有能力在參選之前精確地計算出各個選區的票源，以免發生提名名額過低或過高的情況。

3. 有足夠數量的選民願意按照政黨的指示去投票給某個候選人。配票進行的同時，其實也是選民表達對該政黨的支持。

4. 政黨候選人必須自願服從政黨對整個配票過程的規劃。在配票過程中，通常實力較強、票數較高的候選人不會願意將自己的票源讓給實力較弱、票數較低的候選人，擔心自己的競選會受到影響。這個時候如果候選人不配合的話，那麼配票的成功率就會很低。

5. 政黨的配票指令應該簡單、明確、唯一。簡單明瞭的配票指令易於被普通選民理解，也會擴大選民的數量，增大配票成功率。

配票策略只適用於有多個競選名額的選舉活動中。通常情況下，只有在有多個競選名額的選舉活動中，政黨才有可能讓多個候選人獲得席位，也才會有分配選票的需求。選舉制度種類較多，一般都是以選舉公式為準將選舉制度劃分為兩類（如表1-3），即複數選區比較多數決制與名單式比例代表制。

然而遺憾的是，雖然隨着立法會等機構的發展，配票在國外和中國港澳台地區所受到的關注越來越多，人們也越來越重視，但卻沒能有效地引起國內外專家學者們的重視。目前國內對政黨配票的研究文獻甚是缺乏，對於配票的認知不

表 1-3 配票選舉制度類型

選舉制度	計法		概念	使用地區
複數選區比較多數決制	連記法	限制連記法	選民可圈選兩個以上而又低於應選名額的候選人。	目前僅在西班牙上議院使用。
		累積連記法	必須圈選與應選名額相同數目的候選人,但允許重複投給一位或幾位候選人。	南非在 1909 年至 1994 年期間曾使用過。
		全額連記法	選民必須圈選與應選名額相同數目的候選人,且不可重複投給一位候選人。	西方各國的政黨和社會團體的內部選舉如:英國工黨和日本民主黨的黨代表選舉與黨幹部選舉。
	單記不可轉讓制	技術型配票	利用選票設計等技術型方法達到配票的目的。	波多黎各各黨在全國部分區採選票上候選人的名單選舉(產生 11 名眾議員)中,通常將選票上候選人的名單順序進行變更,以確保本黨候選人能夠得票平均。
		組織型配票	以政黨的組織機器進行配票。	一般常見於獨霸或獨大型政黨,如日本自民黨。
		自行配票	政黨號召選民自發配票。	配票常見的參考物常見意見有:性別、出生季節、身份證尾號等。
名單式比例代表制	最大餘額法		需先選定一個當選基數,然後以此基數除以各名單的得票總數,取整數部分作為第一輪分配時各政黨的當選名額。如果還剩剩除議席,即比較各名單餘票的多寡,進行第二輪分配。	2012 年我國香港地區的立法會選舉中民建聯讓 6 個地區直選選區(共產生 35 名議員)將政黨名單分拆為 9 個,結果 9 個名單的第 1 順位候選人全部當選。
	最高平均數法		最高平均數法又稱頓特法,其計算方法為:假定多爭奪 M 個名額,將各黨所得票數分別除以 1、2、3……一直到 M,將商由大到小排列,所得票數第 M 個數即為平均數,再用各黨得到的數除以平均數,所得結果即為各黨獲得的席次數。	2009 年的澳門立法會選舉,新澳門學社將政團名單分拆為兩個,結果一個名單當選兩席,另一個名單當選一席,在配票的策略下達到了席次的最大化。

摘自:陳兵:〈政黨配票與國國會選舉〉,《人大研究》,第 5 期(2015),頁 43-46。

僅過於淺顯，而且還存在着不少錯誤，如認為：配票僅僅是中國台灣地區選舉中獨有的現象，配票只能在複數選區單記不可轉讓制的選舉制度下出現等等。

1.2 研究方法

1.2.1 政綱與立法會選票地域分佈相關度分析

本章主要使用的分析工具為定性比較分析 (Qualitative Comparative Analysis，下文簡稱 QCA) 是 20 世紀 80 年代在社會科學研究中產生的一種針對中小樣本案例研究的分析方法。QCA 最早由美國社會學家查理斯・拉金 (Charles C. Ragin) 提出，這是一種基於布林代數的基本原理，整合了傳統定量研究和定性研究各自優點的一種混合取向的方法，最近二十多年中在社會科學研究領域得到普及和應用。QCA 作為一種研究工具，以實際案例作為研究對象，可以將研究對象及其結果的組合看成一個完整的集合，將不同的條件組合看成不同的子集。而在資料編碼中所運用的布林代數的基本原理則是運用二分法將不同條件進行 0 或 1 的編碼，條件出現用 1，條件不出現便用 0。同時也可以探尋多種條件組合對案例結果的影響，案例樣本數量分佈可以從十幾個到幾百個不等。因此，能夠很好的運用於中小樣本的實證分析，與傳統統計形成互補，讓社會科學研究越來越重視混合研究方法的使用。

為了能夠更好地研究建制派中競選組別的政綱與立法會選票地域分佈之間的關係，筆者將從建制派中傳統社團、鄉親組織和商業背景社團各選取一個組別進行比較。通過查

閱資料，筆者發現 2017 年澳門立法會直選選舉中羣力協進
會與澳門民聯協進會都採取配票的競選策略，羣力協進會將
組別拆分成為羣力協進會和美好家園聯盟。澳門民聯協進會
採取競選策略將組別拆分成為澳門民聯協進會和澳門民眾
協進會。因此在組別的選擇方面，筆者在傳統社團選取羣力
協進會，鄉親組織選取澳門民聯協進會，商業背景社團選取
改革創新聯盟。在增加樣本量的同時，可以更好的看出競選
策略的成效。

1.2.2　政綱分析

一、研究步驟

　　為了能夠更好對政綱進行分析，筆者採用詞頻分析，
首先採用內容分析法（content analyysis），這是一種對研究
對象進行深入分析，透過現象看本質的科學方法。Bernard
Berelson 將其定義為一種客觀地、系統地、定量地描述明顯
內容的研究方法。通過不斷地發展及延伸，現已在社會學、
心理學、政治學等社會科學各領域中取得了明顯的成效。

　　通過內容分析法，可以更好地找到政綱中的關鍵字，這
也是深入了解澳門立法會政綱重點內容最為直接的方法。為
了更有深度地了解回歸後澳門立法會政綱中議題的關注度
變化趨勢，本章選取澳門立法會選舉直選政綱文本為研究樣
本，選取 2005 年、2009 年、2013 年和 2017 年共 78 份政
綱文本。並根據澳門立法會選舉時間，按照每四年為一個時
間節點進行分類，對澳門立法會建制派歷屆政綱內容進行研
讀和分析。結合歷屆《澳門施政報告》及《政府施政報告重
點回顧》，確定了 5 個維度和最終的關鍵字。

表 1-4 關鍵詞彙總

維度	行政法務	經濟財政	保安	社會文化	運輸工務
關鍵字	推進政務 健全法制 公正廉潔 公民監督	區域經濟 旅遊文化 扶持企業 就業 博彩	治安管理	老幼弱勢 社會保障 醫療 青年 津貼 教育	城市規劃 交通 環保 住房

在內容分析法方面，國外相關軟體多達數十種。隨着研究的深入和不斷發展，新型軟體和新版本不斷被研發出來。但中文語法和語義結構的特殊性導致很多軟體受到了限制。通過實操課程學習與了解相關軟體，並最終決定採用 Nvivo12 軟體，根據 5 個維度建立相關節點，進而對關鍵字進行編碼。編碼過程中，一個句子中可能同時出現多個關鍵字，需要根據具體語境進行判斷。當句子中的關鍵字屬於同一維度時，則只對語句進行一次編碼，當句子中的關鍵字屬於不同維度時，則需進行多次編碼。

根據編碼情況，把所有整理好的資料進行分析，關鍵字的總詞頻數設為 n1，政綱中包含關鍵字的組別的總和設為 n2，同樣也可以表明有多少個社團關注某一議題或關鍵字。平均值（n1/n2）：總詞頻數與政綱中包含關鍵字的組別的總和的比值。這樣可以更加直觀地從該分類中發現並提出相關看點的組別對某一議題的關注程度（平均值越高，表示對這一關鍵字越重視），進而可以更充分地對組別與議題之間的關聯進行描述性分析。

二、研究資料

通過中華人民共和國澳門特別行政區立法會選舉官網，

筆者搜集到《2005 年立法會選舉：候選名單政綱概要》《2009 年立法會選舉：候選名單政綱概要》《2013 年立法會選舉：候選名單政綱概要》《2017 年立法會選舉：候選名單政綱概要》，共四份文件。為了對每個候選組別公平地進行比對與分析，所以將所搜集到的政綱概要理解為每個參選組別將自己的理念和想要表達的內容都放到政綱概要內。

三、比較對象

　　1. 整體組別（2005 年、2009 年、2013 年及 2017 年）

　　2. 勝選與敗選組別進行比較（2005 年、2009 年、2013 年及 2017 年）

　　3. 建制派與非建制派進行比較（2005 年、2009 年、2013 年及 2017 年）

　　4. 建制派內部三個組別進行比較（2005 年、2009 年、2013 年及 2017 年）

1.2.3　立法會選票地域分佈分析

一、研究數據

　　研究以澳門、氹仔及路環各投票站網上公佈的各組得票資料作為計算基礎。以地圖繪製暨地籍局劃分的澳門堂區為標準，包括花地瑪堂區、聖安多尼堂區、望德堂區、大堂區、風順堂區、氹仔嘉模堂區（下稱氹仔）及路環聖方濟各堂區（下稱路環），把票站以其地理位置劃分為 7 個區域。由於選舉管理委員會（下稱選管會）分別安排了路環監獄和澳門理工體育館這兩個票站給在囚人士和間選選民集中投票（包括直選的投票），這兩個票站投票的結果不納入作分析。

筆者通過澳門特別行政區統計暨普查局官網，搜集到了《2001 人口普查》《2006 中期人口普查》《2011 人口普查》《2016 中期人口普查》相關資料。通過查閱了解到了各個堂區人口特徵、出生地、婚姻狀況和平均年齡等相關資訊。通過中華人民共和國澳門特別行政區立法會選舉官網，搜集到《2005 年立法會選舉活動綜合報告》《2009 年立法會選舉活動綜合報告》《2013 年立法會選舉活動綜合報告》，並整理出每個堂區相應的有效票數及得票率等資訊。由於 2017 年澳門立法會選舉相關資訊並未有相應的綜合報告，因此 2017 年的相關資訊筆者通過票站及網上資訊自行收集並整理。

二、區域劃分及特徵

在歷史上，澳門曾被葡萄牙統治四百多年，葡萄牙的國教是天主教。因此，在葡萄牙人的行政管理下，澳門依據當地具有代表性的教堂來劃分轄區進行管制，稱為堂區，並以教堂的名稱來命名。雖然在如今澳門社會中，堂區的劃分在行政管理方面並沒有太多實質性的效果，但澳門統計暨查普局仍以堂區作為單位進行資料上的收集和處理。從堂區角度來看，不同的堂區有着不同的特色和經濟狀況，經過長時間的發展進而形成不同特色的堂區背景（見表 1-5）。

三、比較對象

1. 建制派與非建制派進行比較（2005 年、2009 年、2013 年及 2017 年）

2. 建制派內部三個組別進行比較（2005 年、2009 年、2013 年及 2017 年）

表 1-5 澳門各堂區人口和社會特徵

堂區	特徵
花地瑪堂區	花地瑪堂區面積為 3.2 平方公里，佔澳門半島 34.4%，是澳門面積第二大堂區，僅次於大堂區。當地人口的平均年齡相對較低，以 2017 年數據看，居民出生地為中國大陸的人口在所有堂區中佔比最高，為 54.5%，比澳門全地區 43.6% 的水準高 10.9%。人口學歷水準偏低，小學學歷比例為全澳門地區最高，為 17.8%，而大學學歷比例則是全澳門地區中最低的 17.3%。已婚比例為 65.7% 位居全澳門地區第二，僅低於路環。就業人口中從事博彩業的比例為全澳門地區最高，為 26.9%，而從事製造業及建築業則略低於路環，為 14.7%。由於該區是人口最多的堂區，也是澳門立法會選舉中直選的最大票倉，截止到 2017 年登記選民人數已經達到 13.6 萬人，約佔澳門全部選民人數的 45%。該區有效票佔總票數比例接近一半，由於票源相對集中，其對總體得票具有較大的影響。
聖安多尼堂區	聖安多尼堂區面積為 1.1 平方公里，佔澳門半島 11.8%，是澳門半島主要的商業住宅區和傳統工業區。以 2017 年數據看，其是澳門人口密度最高的堂區為 124,772 人／平方公里，這也使得該堂區成為澳門立法會選舉中直選的第二大票倉，截止到 2017 年登記選民人數已經達到 7.5 萬人，約佔澳門全部選民人數的 25%。居民中澳門本地出生的居多，佔該堂區的 43.5%。人口學歷水準略高於花地瑪堂區，小學學歷比例為全澳門地區的 15.7%，而大學學歷比例則是全澳門地區的 22.9%。就業人口中超過 30% 的人從事酒店及飲食業：批發及零售業。
望德堂區	望德堂區面積為 0.6 平方公里，是澳門半島中最小的一個堂區。以 2017 年數據看，人口約為 33,293 人為澳門人口最少的堂區。截止到 2017 年登記選民人數約為 2 萬人。平均年齡為全澳門地區最高的 41.8 歲。居民出生地為澳門本地的人口比例是全澳門地區最高的 51.4%。大學學歷人口比例達 28.3%，略低於氹仔。就業人口中大部分人為中產人士，因此，從事教育、醫療衛生、公共行政及相關的公職人員人口比例為全澳門地區最高。
大堂區	大堂區面積為 3.2 平方公里，是澳門半島中面積最大的堂區。但該堂區的人口密度是全澳門地區最低的，以 2017 年數據看，約為 20,881 人／平方公里。截止到 2017 年登記選民人數約為 1.9 萬人。居民出生地為中國大陸的出生人口比例佔多數，略低於花地瑪堂區和路環。大學學歷人口比例達 28.1%，略高於其他堂區。就業人口中超過 35% 的人從事酒店及飲食業：批發及零售業。從職業角度，該堂區僱主比例為 5.5%，相對全澳門地區的 3.1% 水準，高出 2.4%，也是全澳門地區僱主比例最高的堂區，間接反映出澳門大部分中小企業僱主聚集在此堂區。

堂區	特徵
風順堂區	風順堂區面積為 1 平方公里，是澳門歷史最悠久的堂區，也是傳統的住宅區。截止到 2017 年登記選民人數約為 2.8 萬人。人口老化指數為全澳門地區最高的 120.9，居民平均年齡為 39.9 歲。居民出生地為澳門本地的人口比例為 44.2%。整體學歷水準與總體相近，就業人口中 37.6% 的人從事批發及零售業；酒店及飲食業。
氹仔	氹仔面積為 7.9 平方公里，是澳門近幾年所注重發展的堂區之一，人口約為 10 萬，截止到 2017 年登記選民人數約為 2.4 萬。平均年齡是全澳門地區中最低的 33.4 歲。由於是新發展區域，區內樓宇大部分為中高端的高層住宅羣，吸引中產家庭居住。高學歷（大學）人口比例為各區中最高，從事專業領域（金融、教育、醫療衛生及社會福利）和為公職人員（公共行政及社保事務）的就業人口比例僅次望德堂區。該堂區外地人口相對較多，該堂區選民登記為 23.7% 與總體的 47.1% 相比低 23.4%，也導致該堂區在過去的立法會選舉中投票率相對偏低。
路環	路環面積為 76 平方公里，與氹仔相比，發展程度相對較低，雖然石排灣公共房屋羣的建成，帶動了該堂區的發展以及人口數量的增長，從 2011 年的 4,200 多人增長至 2016 年 26,000 多人，但由於大部分選民沒有更改位址，截止到 2017 年登記選民人數約為 4,500 人。人口老化指數為 120.3，僅次於風順堂。居民出生地為中國大陸的出生人口比例佔多數為 45.6%。已婚人口的比例為全澳門地區最高。就業人口中約 16.7% 的人從事製造業及建築業。人口學歷水準偏低，小學學歷人口比例與花地瑪堂區相近，為 17.8%，而大學學歷比例則與全澳門地區持平。

資料來源：

選民資料參考澳門特別行政區政府選民登記網站，http://www.re.gov.mo/re/public/index.jsf；

就業情況及分佈、出生地和平均年齡等資訊參考《2016 年中期人口普查》；

地理面積參考澳門特別行政區政府地圖繪製暨地籍局網站，http://www.dscc.gov.mo/cht/knowledge/geo_statistic.html。

1.2.4 選票地域分佈─標準化發病比

標準化發病比（Standardized Incidence Ratio，下文簡稱 SIR），此研究方法主要是病理學中用來評估某一特定事件在整體人口中發生的機率與整體預期平均發生機率之間的一個比較值，一般用於評估國家或者地區中某種疾病發生的機率是否處於一個正常的範圍。此研究方法經過專家學者的調整之後應用於社會科學研究中，包括犯罪學和選舉研究。在本章中，SIR 的計算操作為：首先，將直選組別的堂區有效票數即實際票數作為運算的觀察值（observed value）（下稱 Obs）。其次，通過直選組別總得票佔整體有效票數的百分比計算出每個直選組別的得票率（下稱 R）。最後，用堂區的有效票數（下稱 T）分別乘以每個直選組別的得票率，可以計算出每個直選組別在堂區的預期票數，即預期值（expected value）（下稱 Exp），即 $Exp_a = T_b \times R_a$。通過觀察值與預期值的比值得出 SIR 的數值，即 $SIR = Obs_a / Exp_a$。其中，a 表示直選組別，b 表示堂區。由於本章區域為澳門的七個堂區，母體數量差異較大，從而令各堂區的統計效能存在較大差異性，因此本章便主要以描述性分析為主。

表 1-6 SIR 值參考值標準

SIR 值	適合性
SIR ≤ 0.85	實際票數高於預期票數 15% 或以上
0.86 < SIR < 1.14	實際票數與預期票數接近
1.15 ≤ SIR	實際票數少於預期票數 15% 或以上

其中，區域性 SIR 比值將分為 3 個區間。SIR 值大於或等於 1.15，表示該組別在該區域獲得實際票數高於預期得票 15% 或以上，即該組別在這個堂區選舉的競爭力較其他組別更高；處於 0.86 至 1.14 之間的，表示該組別在該區域獲得實際票數與整體相近，即該組別在這個堂區選舉的有一定的競爭力，但是不是特別突出；SIR 值等於或小於 0.85，表示該組別在該區域獲得實際票數少於預期得票 15% 或以上，即該組別在這個堂區選舉的競爭力較其他組別更低。SIR 數值越高，即表示組別在該堂區選情越好，競爭優勢越明顯；反之，SIR 數值越低，即表示組別在該堂區選情越差，競爭劣勢越明顯。

以 2013 年第五屆澳門立法會選舉與 2017 年第六屆澳門立法會選舉中的羣力促進會組別對比為例。在 2013 年第五屆澳門立法會選舉中的羣力促進會作為單一組別參選的，而在 2017 年羣力促進會則運用選舉策略講組別拆分成 "羣力促進會" 和 "美好家園聯盟" 兩個組別參選。儘管在票源分散的情況下，羣力促進會和美好家園聯盟在得票率方面仍然取得了 6.88% 和 5.35% 的成績，兩組得票率總和高於 2013 年。2017 年羣力促進會在各堂區得票的 SIR 值與 2013 年相近，但 2017 年美好家園聯盟在望德堂區、大堂區、氹仔和路環四個堂區的 SIR 值相對於 2013 年羣力促進會有了顯著地提升。雖然最終與 2013 年獲取了相同數量的議席，但可以看出得票率以及 SIR 的提升，說明該組別在堂區的選票地域分佈上取得了進展，在重要堂區的選票及選舉競爭力得到提升，間接反映出該組別競選策略取得成效。

表 1-7 羣力促進會 2013 年和 2017 年得票數、得票率及堂區 SIR 值

組別	2013	2017	
	羣力促進會	羣力促進會	美好家園聯盟
花地瑪堂區	0.90	1.02	0.76
聖安多尼堂區	1.10	1.01	1.15
望德堂區	1.18	0.90	1.56
大堂區	1.11	0.85	1.33
風順堂區	1.06	1.08	0.95
氹仔	1.01	0.75	1.29
路環	1.35	1.61	1.68
得票數	15811	11487	8932
得票率	10.81%	6.88%	5.35%

1.2.5　研究假設框架

如前文所說，在澳門特別行政區現時背景下，社團生活日益發達，民主水準有很大的提升空間，候選組別的政綱及選票地域分佈對立法會選舉尤為重要。因此，這兩方面將成為本章集中了解關於澳門立法會選舉情況的主要內容。

此外，本章將主要探究候選組別政綱和選票地域分佈之間是否存在相互影響，希望透過得出的結論，可以更準確地對澳門立法會選舉提出建設性建議。前文已有討論，政綱的選擇對選民有很強的吸引力。因此，本章一方面選擇政綱中行政法務、經濟財政、社會文化和運輸公務四個方面作為引數，由於保安在政綱中提及較少，並不會對選民產生影響，所以此次研究沒有將其加入。另一方面選擇選票地域分佈

作為對象並採用 SIR 作為研究工具，通過 SIR 數值的變化，我們可以更好地了解參選組別選舉策略的成效以及該組別在堂區的選舉競爭力。SIR 數值越高，即表示組別在該堂區的選舉策略取得顯著成效，使組別在該堂區具有較強的選舉競爭力；反之，SIR 數值越低，即表示組別在該堂區選舉策略沒有取得很好的成效，使組別在該堂區中選舉競爭力處於劣勢。在堂區的選取方面，花地瑪堂區是人口最多的堂區，也是澳門立法會直選選舉中的最大票倉，截止到 2017 年登記選民人數已經達到 13.6 萬人，約佔澳門全部選民人數的 45%。由於該堂區的有效票佔總票數比例接近一半，票源相對集中，獲得該堂區選民的支援，可以擴大組別的優勢。大堂區是澳門半島中面積最大的堂區。從職業角度，該堂區的僱主比例為 5.5%，相對全澳門地區的 3.1% 水準，高出 2.4%，也是全澳門地區僱主比例最高的堂區，間接反映出澳門中大部分中小企業僱主聚集在此堂區。因此，選取花地瑪堂、大堂兩個堂區組別的 SIR 值作為因變量。研究假設為：

H1：澳門立法會選舉建制派政綱中行政法務議題詞頻與組別在花地瑪堂區 SIR 值呈正相關。

H2：澳門立法會選舉建制派政綱中經濟財政議題詞頻與組別在花地瑪堂區 SIR 值呈正相關。

H3：澳門立法會選舉建制派政綱中社會文化議題詞頻與組別在花地瑪堂區 SIR 值呈正相關。

H4：澳門立法會選舉建制派政綱中運輸工務議題詞頻與組別在花地瑪堂 SIR 值呈正相關。

H5：澳門立法會選舉建制派政綱中行政法務議題詞頻與組別在大堂區 SIR 值呈正相關。

H6：澳門立法會選舉建制派政綱中經濟財政議題詞頻

與組別在大堂區 SIR 值呈正相關。

H7：澳門立法會選舉建制派政綱中社會文化議題詞頻與組別在大堂區 SIR 值呈正相關。

H8：澳門立法會選舉建制派政綱中運輸工務議題詞頻與組別在大堂區 SIR 值呈正相關。

大致框架如圖 1-1 所示：

圖 1-1 研究框架

1.3 描述性統計分析

1.3.1　市民感知到狀況

一、澳門周年調查（Macau annual survey）

香港大學（以下簡稱港大）民意研究計劃自 1992 年以來一直在澳門進行實地研究，深入了解澳門本土的民情發展。在過去的十多年中，已進行了多項研究，在這之中又選取了選舉研究及民意調查為主要研究項目。1997 年香港主權回歸中國及 1999 年澳門主權回歸中國之後，兩地民情發展關係日益密切。因此，根據澳門地區的實際情況需要對民意研究進行更加深入的調查。2003 年至 2006 年香港大學民意研究計劃與建設澳門聯盟及澳門新一代協進會合作制定了"澳門地區定期民意研究合作計劃"。該計劃目的是在澳門建立一整套科學化的民意調查機制，使得收集民意的方法多樣化，以便於加大民意調查在澳門的發展，並為兩地的專家學者提供科學的民意資料作研究之用。但從 2007 年開始，相關的合作計劃宣告結束，在此之後，香港大學獨自進行民意研究計劃，並在每一年的 12 月底或第二年的年初進行"澳門地區定期民意調查"。其目的是為了至少每年進行一次，搜索澳門市民對社會狀況、政策制度及民生等問題的民意。"澳門地區定期民意調查"跟一般香港社會議題調查一樣，都是以電話隨機抽樣方法進行，並由民意研究計劃的電話專訪員直接致電給澳門居民進行訪問，最後收集到的資料通過分類整理及統計分析交由民意研究計劃負責。

其中的一些問題及預測能夠更加直觀地反映澳門居民當時的民意，也為參加立法會競選的組別提供了更有利的參考。

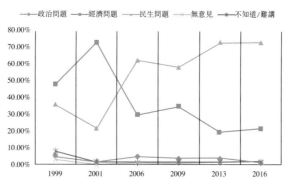

圖 1-2 澳門居民最關注的問題

由圖 1-2 可知，從 1999 年到 2016 年的 17 年間，澳門社會所關注的問題的變化十分明顯。政治問題關注度從 5.2% 下降到 1.4%，下降比率為 3.8%；經濟問題關注度從 47.9% 下降到 21.7%，下降比率為 26.2%；民生問題關注度從 36.1% 升到 73.6%，上升比率為 37.5%。由此可以得出澳門居民對這三個問題的關注度是：民生問題＞經濟問題＞政治問題，因此只有更加地照顧基層居民的利益，解決就業、房屋等與民生有直接關係的問題，才能夠更好地獲得民意。

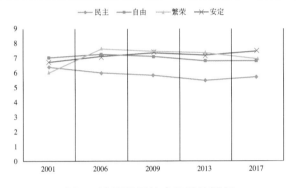

圖 1-3 澳門居民社會現狀的評價

註：0 到 10 分評價"澳門是否是一個（民主／自由／繁榮／安定）的社會"，10 分代表絕對是，0 分代表絕對不是，5 分代表一半一半。

以立法會選舉競選年份為觀察期（由於資料不足，2005 年的資料則以競選後一年 2006 年代替），來觀察民主、自由、繁榮及安定這四點的感知程度變化。可得出表 1-8。

表 1-8 澳門居民對目前澳門的社會狀況的感知程度

年份	感知程度
2001	自由 7.01 ＞安定 6.76 ＞民主 6.37 ＞繁榮 6.11
2006	繁榮 7.63 ＞自由 7.21 ＞繁榮 7.11 ＞民主 6.03
2009	繁榮 7.50 ＞安定 7.39 ＞自由 7.08 ＞民主 5.85
2013	繁榮 7.41 ＞安定 7.20 ＞自由 6.82 ＞民主 5.49
2017	安定 7.45 ＞繁榮 6.95 ＞自由 6.82 ＞民主 5.71

由表 1-8 可以清晰地看到民主、自由、繁榮及安定這四點的感知程度變化。對民主的評分由 6.37 降低到 5.52；對自由的評分由 7.01 降低到 6.69；對繁榮的評分由 6.11 上升到 7.23；對安定的評分由 6.76 上升到 7.47。由此可以得出目前澳門居民對澳門的社會狀況的感知程度是安定＞繁榮＞自由＞民主。其中，澳門居民對民主的感知程度一直比較低，也反映出立法會議員對民主的重視程度不夠，在之後的立法會競選政綱與實踐中應該增加比重，如此一來，在增加澳門居民的感知度的同時，也能為自己的組別贏得選票。

二、輿情監測平台的出現

近幾年，輿情監測平台的出現，極大地推動了傳播理論、方法與資料技術的整合與應用，為人們提供了資料採擷，網路挖掘，電子政務，民意研究，公眾諮詢及大數據解決方案等服務和產品。同時，應用於學術界及業界的大數據採擷和分析平台，也推進了社交媒體分析及民意調查等。

1. 電子政務

由易研網路研究實驗室與澳門互聯網研究學會共同出

版的《澳門居民互聯網使用趨勢報告 2018》指出，在互聯網使用的移動化趨勢下，居民更容易接觸到智慧城市的各種應用，這種趨勢是智慧城市發展的重要機遇。澳門居民對互聯網的使用逐漸出現的移動化的傾向，手機成為居民上網的主要工具，現在居民的手機上網率已經與整體上網率持平。居民逐漸接受及使用各類型的網上服務，當中最受關注的是電子政務的使用率在穩步上升。澳門互聯網研究學會還指出，現在的趨勢是政府的電子政務發展的重心正在向移動設備的用戶端轉移。同時，隨着大數據技術的廣泛應用，企業和個人能更便利地享受政務服務。這樣在降低政府的行政成本的同時，還能大大提升居民的參與度和滿意度 [2]。

2. 網路民意

運用澳門本地團隊易研 eMiner 網絡挖掘平台 [3] 分析了《行政長官 2018 年施政報告》和《行政長官 2019 年施政報告》得出的內容，總結並匯成表 1-9。

---

[2] 澳門互聯網研究學會：《澳門居民互聯網使用趨勢報告 2018》
https://www.macaointernetproject.net/blog/2018/06/06/%e6%be%b3%e9%96%80%e5%b1%85%e6%b0%91%e4%ba%92%e8%81%af%e7%b6%b2%e4%bd%bf%e7%94%a8%e8%b6%a8%e5%8b%a2%e5%a0%b1%e5%91%8a2018-internet-usage-trends-in-macao/

[3] 澳門易研信息科技有限公司 eMiner® 易研網絡挖掘平台 https://www.ersinfotech.com/e_miner.html

表 1-9 新聞媒體及網路民意關注點（單位：條）

年份	新聞媒體	網路民意
2018	經濟 106 醫療 93 構建防災減災長效機制 86 教育 82 交通 72	現金分享 490 生育津貼 260 經濟 78 房屋 67 交通 63
2019	經濟 99 交通 70 現金分享 69 房屋 68 教育 61	現金分享 374 房屋 133 經濟 114 交通 68 教育 55

可以發現 2018 年與 2019 年議題的關注點是相同的，新聞媒體最關注的議題是經濟，選民則關心現金分享的相關政策。但 2019 年新聞媒體和選民熱議的前五話題一致，均關注現金分享、房屋、經濟、交通及教育範疇。

研究發現，通過網路及相關的資料採擷平台，我們可以得到所需要的資料和內容，可以更加直觀地去分析並得出相應的結論。澳門立法會參選的各組別應把握好機會，利用互聯網及網路民意分析民調走向，做出抓民心的政綱和符民意的行動。

1.3.2 政綱分析結果

一、總體趨勢

根據表 1-10 可以看出，2005 年至 2017 年，行政法務、經濟財政、保安、公務運輸均呈平穩略上升的趨勢，僅有社會文化呈平穩下降的趨勢。

2005 年至 2009 年，整體參選組別的政綱在經濟財政、社會文化和運輸工務方面關注度保持平穩的趨勢，而有關行政法務方面的詞頻平均值由 4.40 增長到 5.56，表現出各組別對行政法務的關注度上升。而保安方面由於提及的組別的較少，雖有減少但並不影響各組別的關注度。

2009 年至 2013 年，整體參選組別的政綱在行政法務、保安和社會文化方面關注度保持平穩的趨勢。而有關經濟財政方面的詞頻平均值由 4.80 減少到 3.42。運輸工務方面的詞頻平均值由 4.0 增長到 5.05。表現出各組別對行政法務關注度的下降和對運輸工務關注度的上升。

2013 年至 2017 年，整體參選組別的政綱在行政法務、保安和運輸工務方面關注度保持平穩的趨勢。有關經濟財政方面的詞頻平均值由 3.42 增長到 5.05。社會文化方面詞頻的平均值由 8.50 降低到 7.59。表現出組別中各組別對經濟財政關注度的上升，對社會文化關注度的下降。

表 1-10 整體參選組別的政綱詞頻分析

	2005（N=18）			2009（N=16）			2013（N=20）			2017（N=24）		
	n1	n2	平均值	n1	n2	平均值	n1	n2	平均值	n1	n2	平均值
行政法務	69	15	4.60	89	16	5.56	104	20	5.20	118	2	5.36
推進政務	21	12	1.75	31	11	2.82	35	13	2.69	52	6	3.25
健全法制	23	10	2.30	22	10	2.20	28	10	2.80	29	4	2.07
公正廉潔	15	8	1.88	31	15	2.07	29	17	1.71	26	6	1.63
公民監督	10	7	1.43	5	5	1.00	7	7	1.71	11	9	1.22

	2005（N=18）			2009（N=16）			2013（N=20）			2017（N=24）		
	n1	n2	平均值	n1	n2	平均值	n1	n2	平均值	n1	n2	平均值
經濟財政	72	17	4.24	72	15	4.80	65	19	3.42	101	20	5.05
區域經濟	4	4	1.00	5	5	1.00	7	5	1.40	10	8	1.25
旅遊文化	9	6	1.50	14	8	1.75	3	4	3.25	17	0	1.70
扶持企業	14	8	1.75	16	9	1.78	7	7	1.00	16	0	1.60
就業	40	15	2.67	31	15	2.07	22	14	1.57	34	4	2.43
博彩	17	5	3.40	6	4	1.50	16	6	2.67	24	9	2.67
保安	2	1	2.00	2	2	1.00	5	5	1.00	5	3	1.67
治安管理	2	1	2.00	2	2	1.00	5	5	1.00	5	3	1.67
社會文化	176	18	9.78	146	16	9.13	153	18	8.50	167	22	7.59
醫療	27	11	2.45	21	10	2.10	23	13	1.77	34	5	2.27
老幼弱勢	16	11	1.45	20	12	1.67	37	12	3.08	45	3	3.46
社會保障	61	17	3.59	48	14	3.43	41	15	2.73	23	2	1.92
青年	16	7	2.29	19	7	2.71	7	4	1.75	21	4	1.50
津貼	2	2	1.00	6	4	1.50	10	5	2.00	17	6	2.83
教育	34	14	2.43	32	14	2.29	35	16	2.19	27	5	1.80
運輸工務	37	15	2.47	56	14	4.00	96	19	5.05	128	23	5.57
交通	9	8	1.13	15	8	1.88	20	11	1.82	42	7	2.47
環保	6	6	1.00	16	7	2.29	25	12	2.08	14	8	1.75
住房	17	10	1.70	16	11	1.45	40	18	2.22	46	3	2.00
城市規劃	11	7	1.57	9	5	1.80	11	5	2.20	26	5	1.73

註：深藍為兩個對比組別平均值相差＞1，表明差別較大；n1：總詞頻數；n2：政綱中包含關鍵字的組別的總和；平均值：n1/n2

通過整體組別四年政綱的資料對比分析，可以發現每一年的社會文化議題都是參選組別關注的焦點；行政法務議題表現出平穩趨勢；經濟財政議題在 2013 年及 2017 年出現了明顯的波動，2008 年金融危機過後，隨着經濟的復蘇以及澳門政府的大力扶持，減輕了澳門居民的生活壓力。但在 2017 年，經歷了連續 26 個月的經濟收縮之後，澳門各產業生意不景氣，人們對經濟財政議題逐漸重視；運輸工務 2005 年關注度較低，可以看出來當時競選組別並沒有意識到它的重要性。隨着城市的發展，澳門居民越來越多地關注到交通和房屋等方面的議題，使得運輸工務議題的關注度從 2005 年的 2.47 提升到 2017 年的 5.57；保安議題一直以來只有個別組別有所涉及，在關注度低的層面下，也間接反映出長久以來澳門居民對澳門的治安環境以及保安水準比較滿意。

二、勝選和敗選組別間的詞頻比較

根據表 1-11 可以看出，2005 年至 2009 年勝選和敗選的立法會直選參選組別的政綱中詞頻的平均值均有所上升，表明參選組別對行政法務、經濟財政、保安、社會文化和運輸工務方面的關注度呈上升趨勢

2005 年立法會直選競選中，勝選組別和敗選組別的政綱對行政法務和運輸工務方面關注度相差不大；而經濟財政方面的詞頻平均值（3.71/4.60），勝選組別較低於敗選組別；在保安方面的詞頻平均值（2.00/0.00）與社會文化方面的詞頻平均值（11.25/8.60），勝選組別均高於敗選組別。

2009 年立法會直選競選中，勝選組別和敗選組別的政綱對行政法務、經濟財政運輸工務方面關注度相差不大；而

在社會文化方面（7.00/11.86）的詞頻平均值，勝選組別低於敗選組別；運輸工務方面（4.38/3.50）的詞頻平均值，勝選組別均高於敗選組別。

表 1-11 勝選和敗選立法會直選參選團體的政綱詞頻比較分析
（2005&2009）

	2005						2009					
	勝選（N=8）			敗選（N=10）			勝選（N=9）			敗選（N=7）		
	n1	n2	平均值	n1	n2	平均值	n1	n2	平均值	n1	n2	平均值
行政法務	34	8	4.25	35	7	5.00	49	9	5.44	40	7	5.71
推進政務	8	5	1.60	13	7	1.86	15	7	2.14	16	4	4.00
健全法制	17	6	2.83	6	4	1.50	14	6	2.33	8	4	2.00
公正廉潔	6	4	1.50	9	4	2.25	18	8	2.25	13	7	1.86
公民監督	3	2	1.50	7	5	1.40	2	2	1.00	3	3	1.00
經濟財政	26	7	3.71	46	10	4.60	43	9	4.78	29	6	4.83
區域經濟	3	3	1.00	1	1	1.00	4	4	1.00	1	1	1.00
旅遊文化	8	5	1.60	1	1	1.00	7	4	1.75	7	4	1.75
扶持企業	6	5	1.20	8	3	2.67	12	7	1.71	4	2	2.00
就業	16	5	3.43				16	9	1.78	15	6	2.50
博彩	5	3	1.67	12	2	6.00	4	3	1.33	2	1	2.00
保安	2	1	2.00	0	0	-	1	1	1.00	1	1	1.00
治安管理	2	1	2.00	0	0	-	1	1	1.00	1	1	1.00
社會文化	90	8	11.25	86	10	8.60	63	9	7.00	83	7	11.86
醫療	10	5	2.00	17	6	2.83	11	7	1.57	10	3	3.33
老幼弱勢	10	7	1.43	6	4	1.50	11	7	1.57	9	5	1.80

	2005						2009					
	勝選（N=8）			敗選（N=10）			勝選（N=9）			敗選（N=7）		
	n1	n2	平均值	n1	n2	平均值	n1	n2	平均值	n1	n2	平均值
社會保障	29	8	3.63	32	9	3.56	21	7	3.00	27	7	3.86
青年	7	4	1.75	9	3	3.00	4	4	1.00	15	3	5.00
津貼	2	2	1.00	0	0	-	3	2	1.50	3	2	1.50
教育	12	6	2.00	22	8	2.75	13	8	1.63	19	6	3.17
運輸工務	16	7	2.29	21	8	2.63	35	8	4.38	21	6	3.50
交通	5	4	1.25	4	4	1.00	11	5	2.20	4	3	1.33
環保	3	3	1.00	4	4	1.00	4	2	2.00	8	3	2.67
住房	10	6	1.67	7	4	1.75	11	7	1.57	5	4	1.25
城市規劃	4	3	1.33	7	4	1.75	5	3	1.67	4	2	2.00

註：深藍為兩個對比組別平均值相差＞1，表明差別較大；n1：總詞頻數 n2：政綱中包含關鍵字的組別的總和；平均值：n1/n2

　　根據表 1-12 可以看出，2013 至 2017 年勝選和敗選的立法會直選參選組別的政綱中詞頻的平均值除社會文化議題外均有所上升，表明參選組別對行政法務、經濟財政、保安和運輸工務方面的關注度呈上升趨勢。

　　2013 年立法會直選競選中，勝選組別和敗選組別的政綱在行政法務、經濟財政和保安方面關注度相差不大；而在社會文化（9.38/7.80）和運輸工務（6.22/4.00）方面的詞頻平均值上，勝選組別均高於於敗選組別。

　　2017 年立法會直選競選中，勝選組別和敗選組別的政綱在運輸工務方面關注度相差不大；而在行政法務

（5.92/4.70）、經濟財政（5.70/4.40）、保安（1.67/0.00）和社會文化方面（9.42/5.40）的詞頻平均值上，勝選組別均高於於敗選組別。

表 1-12 勝選和敗選立法會直選參選團體的政綱詞頻比較分析
（2013&2017）

	2013						2017					
	勝選（N=9）			敗選（N= 13）			勝選（N= 12）			敗選（N = 11）		
	n1	n2	平均值	n1	n2	平均值	n1	n2	平均值	n1	n2	平均值
行政法務	48	9	5.33	56	11	5.09	71	12	5.92	47	10	4.70
推進政務	12	5	2.40	23	8	2.88	31	10	3.10	21	6	3.50
健全法制	14	6	2.33	14	4	3.50	20	8	2.50	9	6	1.50
公正廉潔	15	7	2.14	14	10	1.40	13	8	1.63	13	8	1.63
公民監督	7	3	2.33	5	4	1.25	7	6	1.17	4	3	1.33
經濟財政	32	8	4.00	33	11	3.00	57	10	5.70	44	10	4.40
區域經濟	4	3	1.33	3	2	1.50	7	5	1.40	3	3	1.00
旅遊文化	6	3	2.00	7	1	7.00	11	6	1.83	6	4	1.50
扶持企業	5	5	1.00	2	2	1.00	10	8	1.25	6	2	3.00
就業	10	6	1.67	12	8	1.50	18	7	2.57	16	7	2.29
博彩	7	3	2.33	9	3	3.00	11	5	2.20	13	4	3.25
保安	4	4	1.00	1	1	1.00	5	3	1.67	0	0	-
治安管理	4	4	1.00	1	1	1.00	5	3	1.67	0	0	-
社會文化	75	8	9.38	78	10	7.80	113	12	9.42	54	10	5.40
醫療	15	8	1.88	8	5	1.60	22	8	2.75	12	7	1.71
老幼弱勢	15	6	2.50	22	6	3.67	33	10	3.30	12	3	4.00

	2013						2017					
	勝選（N=9）			敗選（N= 13）			勝選（N= 12）			敗選（N = 11）		
	n1	n2	平均值	n1	n2	平均值	n1	n2	平均值	n1	n2	平均值
社會保障	19	6	3.17	22	9	2.44	14	7	2.00	9	5	1.80
青年	4	3	1.33	3	1	3.00	11	8	1.38	10	6	1.67
津貼	7	2	3.50	3	3	1.00	15	4	3.75	2	2	1.00
教育	15	8	1.88	20	8	2.50	18	8	2.25	9	7	1.29
住房	27	9	3.00	13	9	1.44	5	12	2.08	21	11	1.91
城市規劃	7	4	1.75	4	1	4.00	15	9	1.67	11	6	1.83

註：深藍為兩個對比組別平均值相差＞1，表明差別較大；n1：總詞頻數；n2：政綱中包含關鍵字的組別的總和；平均值：n1/n2

通過勝選和敗選組別四年政綱的資料對比分析，可以發現在 2005 年和 2009 年中，勝選組別對各個議題的關注度與敗選組別相差不大，有的略低於敗選組別。但在 2013 年和 2017 年勝選的組別對各個議題的關注度明顯高於或持平於敗選組別。2005 年勝選組別在社會文化議題上的關注度高於敗選組別，其他議題並沒有太大的區別。但這一情況在 2009 年發生了轉變，除了運輸工務議題外，在其他議題方面勝選組別均低於敗選組別。而有關運輸工務的議題方面，勝選組別相對敗選組別更為重視。2013 年的情況再次發生反轉，勝選組別在各個議題上的關注度均高於敗選組別。在社會文化議題上的關注度與敗選組別產生較大差距。同時，在運輸工務議題方面，勝選組別的關注度持續升高，也表現出這個議題在選舉中的重要性。2017 年，敗選組別的關注度放到了運輸工務議題上，但僅在這一議題的關注度高於勝選組別。反之，勝選組別在行政法務、保安、經濟財政和社會

文化議題上均高於敗選組別，特別是在社會文化議題上遠高
於敗選組別。

三、建制派與非建制派組別間詞頻比較

根據表 1-13 可以看出，2005 年到 2009 年，建制派對
政綱上各議題的關注度呈平穩趨勢，僅在社會文化上關注度
降低；非建制派對政綱各議題上的關注度呈上升趨勢。

2005 年在行政法務、經濟財政和運輸工務方面的詞頻
平均值，建制派和非建制派相差不大。而在保安和社會文化
方面建制派的詞頻平均值分別為 2.00 和 11.17，非建制派的
詞頻平均值分別為 0.00 和 9.08，建制派均高於非建制派。

2009 年僅有保安方面的詞頻平均值建制派與非建制派
相同。而在行政法務（4.17/6.40）、經濟財政（4.17/5.22）、
社會文化（5.67/11.20）和運輸工務（3.20/4.44）的詞頻平均值
上，建制派均較低於非建制派。

表 1-13 建制和非建制立法會直選參選團體的政綱詞頻比較分析
（2005&2009）

| | 2005 | | | | | | 2009 | | | | | |
| | 建制派（N = 6） | | | 非建制派（N=12） | | | 建制派（N=6） | | | 非建制派（N=10） | | |
	n1	n2	平均值	n1	n2	平均值	n1	n2	平均值	n1	n2	平均值
行政法務	28	6	4.67	41	9	4.56	25	6	4.17	64	10	6.40
推進政務	7	4	1.75	14	8	1.75	5	4	1.25	26	7	3.71
健全法制	15	5	3.00	8	5	1.60	9	5	1.80	13	5	2.60
公正廉潔	3	2	1.50	12	6	2.00	9	5	1.80	22	10	2.20
公民監督	3	2	1.50	7	5	1.40	2	2	1.00	3	3	1.00

	2005						2009					
	建制派（N = 6）			非建制派（N=12）			建制派（N=6）			非建制派（N=10）		
	n1	n2	平均值	n1	n2	平均值	n1	n2	平均值	n1	n2	平均值
經濟財政	21	5	4.20	51	12	4.25	25	6	4.17	47	9	5.22
區域經濟	3	3	1.00	1	1	1.00	3	3	1.00	2	2	1.00
旅遊文化	7	4	1.75	2	2	1.00	4	3	1.33	10	5	2.00
扶持企業	6	5	1.20	8	3	2.67	9	6	1.50	7	3	2.33
就業	12	6	2.00	28	9	3.11	7	6	1.17	24	9	2.67
博彩	5	3	1.67	12	2	6.00	2	2	1.00	4	2	2.00
保安	2	1	2.00	0	0	-	1	1	1.00	1	1	1.00
治安管理	2	1	2.00	0	0	-	1	1	1.00	1	1	1.00
社會文化	67	6	11.17	109	12	9.08	34	6	5.67	112	10	11.20
醫療	9	4	2.25	18	7	2.57	6	6	1.00	15	4	3.75
老幼弱勢	9	6	1.50	7	5	1.40	6	4	1.50	14	8	1.75
社會保障	11	6	1.83	50	11	4.55	11	5	2.20	37	9	4.11
青年	6	3	2.00	10	4	2.50	1	1	1.00	15	3	5.00
津貼	1	1	1.00	1	1	1.00	1	1	1.00	5	3	1.67
教育	11	5	2.20	23	9	2.56	6	5	1.20	26	9	2.89
運輸工務	12	5	2.40	25	10	2.50	16	5	3.20	40	9	4.44
交通	5	4	1.25	5	4	1.00	4	4	1.00	11	4	2.75
環保	2	2	1.00	4	4	1.00	3	3	1.00	13	4	3.25
住房	8	4	2.00	9	6	1.50	5	4	1.25	11	7	1.57
城市規劃	3	2	1.50	8	5	1.60	4	2	2.00	5	3	1.67

註：深藍為兩個對比組別平均值＞ 1，表明差別較大；n1：總詞頻數；n2：政綱中包含關鍵字的組別的總和；平均值：n1/n2

根據表 1-14 可以看出，2013 年到 2017 年，建制派在政綱上各詞頻關注度呈平穩趨勢，僅在社會文化上關注度提升；非建制派在政綱各詞頻上的關注度呈上升趨勢，僅在社會文化方面關注度降低。

2013 年在經濟財政和保安方面的詞頻平均值，建制派和非建制派相差不大。而在行政法務（3.67/5.86）、社會文化（6.50/9.50）和運輸工務（4.50/5.31）方面的詞頻平均值上，建制派均低於非建制派。

2017 年僅有在經濟財政方面的詞頻建制派與非建制派的平均值相同。而在行政法務（4.00/6.14）和運輸工務（4.88/5.93）方面的詞頻平均值上，建制派均較低於非建制派；保安（2.00/1.00）和社會文化（10.00/6.21）方面的詞頻平均值上，建制派均較高於非建制派。

表 1-14 建制和非建制立法會直選參選團體的政綱詞頻比較分析
（2013 & 2017）

| | 2013 | | | | | | 2017 | | | | | |
| | 建制派（N=6） | | | 非建制派（N=14） | | | 建制派（N = 8） | | | 非建制派（N = 16） | | |
	n1	n2	平均值	n1	n2	平均值	n1	n2	平均值	n1	n2	平均值
行政法務	22	6	3.67	82	14	5.86	32	8	4.00	86	14	6.14
推進政務	2	2	1.00	33	11	3.00	7	5	1.40	45	11	4.09
健全法制	7	5	1.40	21	5	4.20	13	7	1.86	16	7	2.29
公正廉潔	6	4	1.50	23	13	1.77	11	6	1.83	15	10	1.50
公民監督	7	3	2.33	5	4	1.25	1	1	1.00	10	8	1.25
經濟財政	21	6	3.50	44	13	3.38	37	7	5.29	64	13	4.92

	2013						2017					
	建制派（N=6）			非建制派（N=14）			建制派（N = 8）			非建制派（N = 16）		
	n1	n2	平均值	n1	n2	平均值	n1	n2	平均值	n1	n2	平均值
區域經濟	4	3	1.33	3	2	1.50	6	4	1.50	4	4	1.00
旅遊文化	2	2	1.00	11	2	5.50	5	4	1.25	12	6	2.00
扶持企業	5	5	1.00	2	2	1.00	9	7	1.29	7	3	2.33
就業	7	4	1.75	15	10	1.50	12	4	3.00	22	10	2.20
博彩	3	1	3.00	13	5	2.60	5	3	1.67	19	6	3.17
保安	2	2	1.00	3	3	1.00	4	2	2.00	1	1	1.00
治安管理	2	2	1.00	3	3	1.00	4	2	2.00	1	1	1.00
社會文化	39	6	6.50	114	12	9.50	80	8	10.00	87	14	6.21
醫療	7	6	1.17	16	7	2.29	12	6	2.00	22	9	2.44
老幼弱勢	10	4	2.50	27	8	3.38	26	7	3.71	19	6	3.17
社會保障	8	4	2.00	33	11	3.00	10	5	2.00	13	7	1.86
青年	4	3	1.33	3	1	3.00	12	7	1.71	9	7	1.29
津貼	1	1	1.00	9	4	2.25	10	3	3.33	7	3	2.33
教育	9	6	1.50	26	10	2.60	10	5	2.00	17	10	1.70
運輸工務	27	6	4.50	69	13	5.31	39	8	4.88	89	15	5.93
交通	6	5	1.20	14	6	2.33	12	6	2.00	30	11	2.73
環保	7	5	1.40	18	7	2.57	4	3	1.33	10	5	2.00
住房	11	6	1.83	29	12	2.42	15	8	1.88	31	15	2.07
城市規劃	3	3	1.00	8	2	4.00	8	7	1.14	18	8	2.25

註：深藍為兩個對比組別平均值＞1，表明差別較大；n1：總詞頻數；n2：政綱中包含關鍵字的組別的總和；平均值：n1/n2

通過建制派組別和非建制派組別四年政綱的資料對比分析，可以發現一直以來非建制派組別對運輸工務這個議題的關注每一年都略高於建制派組別。可以看出非建制派組別更關注澳門交通及住房等方面的問題。2005 年，建制派組別與非建制派組別對各個議題的關注度基本持平，只有在社會文化方面，建制派組別相對於非建制派組別有更強烈的訴求。但是在 2009 年發生了很大的轉變，非建制派組別對各個議題均高於建制派組別，這樣就會給澳門的選民一種感覺，建制派組別的關注點不夠全面、不夠充分。2013 年在行政法務議題上，非建制派組別的關注度高於建制派組別，也可以看出來建制派對現在的政府比較滿意，不願對現在的政府有太大的改動。說明現在的制度可能對建制派組別更為有利一些，因此，非建制派組別的關注度會更多集中在這個議題上。經濟財政議題方面兩組別沒有明顯區別；2017 年非建制派組別對行政法務議題的關注度依舊高於建制派組別，建制派慢慢提高對經濟財政議題的關注度，並略高於非建制派組別。雖然經濟財政議題方面會有波動，但並不是很明顯。社會文化議題最近幾年的關注度比較高，訴求會增強，因此，建制派組別相對非建制派組別會更關注這方面的議題。

四、建制派中傳統社團、鄉親組織和商業背景社團間詞頻比較

根據表 1-15 可以看出，2005 年傳統社團及鄉親組織在行政法務、經濟財政、保安、社會文化及運輸工務方面的詞頻平均值上相差不大，也表現出這兩個組別政綱中各議題關注度相同；而商業背景的組別在各詞頻平均值上均低於傳統社團及鄉親組織，表現出這類組別對政綱中各議題關注度並不是很高。

表 1-15 傳統社團、鄉親組織和商業背景立法會直選參選團體的政綱詞頻比較分析（2005）

	傳統社團（N=2）			鄉親組織（N=2）			商業背景（N=2）		
行政法務	12	2	6.00	11	2	5.50	5	2	2.50
推進政務	0	0	-	4	2	2.00	3	2	1.50
健全法制	10	2	5.00	3	2	1.50	2	1	2.00
公正廉潔	1	1	1.00	2	1	2.00	0	0	-
公民監督	1	1	1.00	2	1	2.00	0	0	-
經濟財政	3	1	3.00	6	2	3.00	12	2	6.00
區域經濟	1	1	1.00	1	1	1.00	1	1	1.00
旅遊文化	1	1	1.00	2	1	2.00	4	2	2.00
扶持企業	1	1	1.00	2	1	2.00	3	2	1.50
就業	4	2	2.00	5	2	2.50	3	2	1.50
博彩	0	0	-	1	1	1.00	4	2	2.00
保安	0	0	-	0	0	-	2	1	2.00
治安管理	0	0	-	0	0	-	2	1	2.00
社會文化	24	2	12.00	24	2	12.00	19	2	9.50
醫療	3	1	3.00	3	1	3.00	3	2	1.50
老幼弱勢	4	2	2.00	2	2	1.00	3	2	1.50
社會保障	5	2	2.50	4	2	2.00	2	2	1.00
青年	1	1	1.00	5	2	2.50	0	0	-
津貼	0	0	-	0	0	-	1	1	1.00
教育	3	2	1.50	2	1	2.00	6	2	3.00

	傳統社團（N=2）			鄉親組織（N=2）			商業背景（N=2）		
運輸工務	6	2	3.00	3	1	3.00	3	2	1.50
交通	2	2	1.00	2	1	2.00	1	1	1.00
環保	2	2	1.00	0	0	-	0	0	-
住房	4	2	2.00	3	1	3.00	1	1	1.00
城市規劃	2	1	2.00	1	1	1.00	0	0	-

註：n1：總詞頻數；n2：政綱中包含關鍵字的組別的總和；平均值：n1/n2

表 1-16 可以看出，2009 年傳統社團、鄉親組織和商業背景的組別在行政法務、經濟財政、保安、社會文化及運輸工務方面的詞頻平均值上相差不大，也表現出這兩個組別政綱中各議題關注度相同。在行政法務方面，商業背景組別的政綱中的詞頻平均值 2.50 低於傳統社團和鄉親組織的政綱中的詞頻平均值 5.00。表現出商業背景的組別相較 2005 年相比各議題關注度有所提升，但在行政法務方面的關注度還有待提升。

表 1-16 傳統社團、鄉親組織和商業背景立法會直選參選團體的政綱詞頻比較分析（2009）

	傳統社團（N=2）			鄉親組織（N=2）			商業背景（N=2）		
	n1	n2	平均值	n1	n2	平均值	n1	n2	平均值
行政法務	10	2	5.00	10	2	5.00	5	2	2.50
推進政務	1	1	1.00	1	1	1.00	3	2	1.50
健全法制	6	2	3.00	2	2	1.00	1	1	1.00

	傳統社團（N=2）			鄉親組織（N=2）			商業背景（N=2）		
	n1	n2	平均值	n1	n2	平均值	n1	n2	平均值
公正廉潔	2	2	1.00	6	2	3.00	1	1	1.00
公民監督	1	1	1.00	1	1	1.00	0	0	-
經濟財政	8	2	4.00	8	2	4.00	9	2	4.50
區域經濟	1	1	1.00	1	1	1.00	1	1	1.00
旅遊文化	1	1	1.00	0	0	-	3	2	1.50
扶持企業	2	2	1.00	5	2	2.50	2	2	1.00
就業	3	2	1.50	2	2	1.00	2	2	1.00
博彩							1	1	1.00
保安	1	1	1.00	0	0	-	0	0	-
治安管理	1	1	1.00	0	0	-	0	0	-
社會文化	11	2	5.50	12	2	6.00	11	2	5.50
醫療	2	2	1.00	2	2	1.00	2	2	1.00
老幼弱勢	1	1	1.00	3	2	1.50	2	1	2.00
社會保障	5	2	2.50	4	2	2.00	2	1	2.00
青年	1	1	1.00	2	2	1.00	1	1	1.00
津貼	0	0	-	0	0	-	1	1	1.00
教育	2	2	1.00	1	1	1.00	3	2	1.50
運輸工務	9	2	4.50	6	2	3.00	1	1	1.00
交通	2	2	1.00	2	2	1.00	0	0	-
環保	2	2	1.00	1	1	1.00	1	1	1.00
住房	2	2	1.00	3	2	1.50	0	0	-
城市規劃	4	2	2.00	0	0	-	0	0	-

註：n1：總詞頻數；n2：政綱中包含關鍵字的組別的總和；平均值：n1/n2

根據表 1-17 可以看出，2013 年傳統社團、鄉親組織和商業背景的組別在保安、社會文化及運輸工務方面的詞頻平均值相差不大，也表現出這兩個組別政綱中各議題關注度相同。在行政法務方面商業背景組別的政綱中的詞頻平均值 2.50 低於傳統社團和鄉親組織的政綱中的詞頻平均值 4.50 和 4.00。在經濟財政方面鄉親組織平均值大幅降低達到 1.50，而傳統社團平均值穩定在 4.00，商業背景的組織的平均值上升到 5.00。在社會文化方面傳統社團和鄉親組織的平均值為 6.00，而商業背景的組別的平均值為 7.50。相比之下商業背景社團在 2013 年對於政綱中議題的關注度有了明顯的上升，在經濟財政和社會文化方面高於傳統社團和鄉親組織。反觀鄉親組織在 2013 年中可以明顯看出對於政綱中議題的關注度明顯下降。

表 1-17 傳統社團、鄉親組織和商業背景立法會直選參選團體的政綱詞頻比較分析（2013）

	傳統社團（N=2）			鄉親組織（N=2）			商業背景（N = 2）		
	n1	n2	平均值	n1	n2	平均值	n1	n2	平均值
行政法務	9	2	4.50	8	2	4.00	5	2	2.50
推進政務	1	1	1.00	0	0	-	1	1	1.00
健全法制	4	2	2.00	1	1	1.00	2	2	1.00
公正廉潔	2	1	2.00	2	2	1.00	2	1	2.00
公民監督	2	1	2.00	5	2	2.50	0	0	-
經濟財政	8	2	4.00	3	2	1.50	10	2	5.00
區域經濟	3	2	1.50	0	0	-	1	1	1.00

	傳統社團（N=2）			鄉親組織（N=2）			商業背景（N = 2）		
	n1	n2	平均值	n1	n2	平均值	n1	n2	平均值
旅遊文化	1	1	1.00	0	0		1	1	1.00
扶持企業	1	1	1.00	2	2	1.00	2	2	1.00
就業	3	2	1.50	1	1	1.00	2	2	3.00
博彩	0	0	-	0	0		3	1	3.00
保安	1	1	1.00	0	0	-	1	1	1.00
治安管理	1	1	1.00	0	0	-	1	1	1.00
社會文化	12	2	6.00	12	2	6.00	15	2	7.50
醫療	2	2	1.00	3	2	1.50	2	2	1.00
老幼弱勢	1	1	1.00	2	1	2.00	7	2	3.50
社會保障	5	2	2.50	3	2	1.50	0	0	-
青年	2	2	1.00	0	0	-	2	1	2.00
津貼	0	0	-	0	0	-	0	0	-
教育	2	2	1.00	4	2	2.00	3	2	1.50
運輸工務	9	2	4.50	10	2	5.00	8	2	4.00
交通	1	1	1.00	2	2	1.00	3	2	1.50
環保	3	2	1.50	3	2	1.50	1	1	1.00
住房	3	2	1.50	5	2	2.50	3	2	1.50
城市規劃	2	2	1.00	0	0	-	1	1	1.00

註：n1：總詞頻數；n2：政綱中包含關鍵字的組別的總和；平均值：n1/n2

根據表 1-18 可以看出，2017 年傳統社團、鄉親組織和商業背景的組別在政綱中議題的關注度有了很大的變化。在行政法務方面傳統社團、鄉親組織的平均值為 4.67 和 4.33，而商業背景的組別平均值為 2.50，表現出商業背景的組別對於該議題的關注度依舊比較低。在經濟財政方面鄉親組織的平均值為 8.00，遠高於傳統社團和商業背景的平均值 4.33 和 4.00，表現出鄉親組織對該議題的關注度很高。而在社會文化方面傳統社團、鄉親組織和商業背景的組別的平均值為 10.00、11.33 和 8.00，雖然商業背景的組別的平均值較低，但相較於 2013 年，同組別對該議題的關注度都有了較大的提升。

表 1-18 傳統社團、鄉親組織和商業背景立法會直選參選團體的政綱詞頻比較分析（2017）

	傳統社團（N=3）			鄉親組織（N=3）			商業背景（N=2）		
	n1	n2	平均值	n1	n2	平均值	n1	n2	平均值
行政法務	14	3	4.67	13	3	4.33	5	2	2.50
推進政務	4	2	2.00	2	2	1.00	1	1	1.00
健全法制	5	3	1.67	6	2	3.00	2	2	1.00
公正廉潔	5	3	1.67	4	2	2.00	2	1	2.00
公民監督	0	0	-	1	1	1.00	0	0	-
經濟財政	13	3	4.33	16	2	8.00	8	2	4.00
區域經濟	1	1	1.00	2	1	2.00	3	2	1.50
旅遊文化	2	2	1.00	2	1	2.00	1	1	1.00
扶持企業	5	3	1.67	2	2	1.00	2	2	1.00
就業	4	2	2.00	7	1	7.00	1	1	1.00
博彩	1	1	1.00	3	1	3.00	1	1	1.00

	傳統社團（N=3）			鄉親組織（N=3）			商業背景（N= 2）		
	n1	n2	平均值	n1	n2	平均值	n1	n2	平均值
保安	1	1	1.00	3	1	3.00	0	0	-
治安管理	1	1	1.00	3	1	3.00	0	0	-
社會文化	30	3	10.00	34	3	11.33	16	2	8.00
醫療	1	1	1.00	9	3	3.00	2	2	1.00
老幼弱勢	10	2	5.00	10	3	3.33	6	2	3.00
社會保障	6	2	3.00	2	1	2.00	2	2	1.00
青年	6	3	2.00	2	2	1.00	4	2	2.00
津貼	4	1	4.00	6	2	3.00	0	0	-
教育	3	2	1.50	5	1	5.00	2	2	1.00
運輸工務	16	3	5.33	14	3	4.67	9	2	4.50
交通	4	3	1.33	4	1	4.00	4	2	2.00
環保	3	2	1.50	0	0	-	1	1	1.00
住房	5	3	1.67	8	3	2.67	2	2	1.00
城市規劃	4	3	1.33	2	2	1.00	2	2	1.00

註：n1：總詞頻數；n2：政綱中包含關鍵字的組別的總和；平均值：n1/n2

　　通過建制派中傳統社團、鄉親組織和商業背景的社團四年政綱的資料對比分析，可以發現 2005 年傳統社團和鄉親組織對每個議題的關注度都十分接近，對社會文化議題的關注度最高。反觀商業背景的社團僅僅看重經濟財政方面的議題，這也間接反映出每個組別關注的側重點的不同。2009年，傳統社團和鄉親組織與之前一樣，在每個議題的關注度上十分接近。但商業背景的社團並沒有在政綱中進行過多表述，也導致經濟議題上的關注度與傳統社團和鄉親組織持平，沒有展現出之前的高度關注。2013 年，傳統社團和鄉親組織繼續保持競爭的態勢，每個議題的關注度十分接近。但在經濟財政議題上，鄉親組織卻一改常態，沒有太多地關注。商業背景社團加強了政綱的表述，並且對於社會文化議題的關注度高於其他兩個組別，一改商業背景組織只重視經濟財政而忽視其他方面議題訴求的形象。2017 年，鄉親組織相對傳統社團表現出更多的議題訴求，在經濟財政和社會文化議題方面與傳統社團拉開差距。雖然商業背景的社團對各個議題的關注度沒有其他兩個組別高，但與之前相比較，它在政綱上所提出的訴求更為全面、更為充分。通過三個組別在政綱中議題的表現，能夠感覺到建制派中的傳統社團、鄉親組織及商業背景的社團對每個議題都逐漸重視起來。

綜上，隨着立法會選舉對於政綱宣傳的完善，情況從 2001 年政綱的無從查詢，轉變到最新一屆，選管會將準備好的各候選組別的政綱概要的小冊子，分別放置於對外服務的政府部門、圖書館、醫院和社會房屋公共部分等多個地點，供民眾閱覽，也可通過選舉網頁及微信帳號的方式去流覽各候選組別的政綱內容。可以看出當局期望選民清楚地認識到不同候選組別的政治綱領，了解他們的政治理念，提供選民更好的條件去挑選心目中能夠代表他們的立法會議員。也反映出如今政綱在立法會選舉中的重要性。

在政綱分析中，從整體的角度來看，澳門立法會選舉中政綱的內容呈出更加充分、更加豐富的趨勢。各類議題訴求明顯增加，選民訴求增多的同時，也讓候選人對政綱的態度越來越重視，變成競選過程中重要的一環。

隨着政綱重要性的日益凸顯，近兩屆的立法會選舉中能夠明顯地看到，競選中勝選組別的政綱相對於敗選組別的政綱，整體上更為全面，對各個議題更為關注，對於政綱的用心準備。這也表明了他們對選民負責任的態度，也是最終贏得競選的關鍵所在。

從建制派與非建制派的議題中可以發現，在行政法務和運輸工務方面，非建制派的訴求會高於建制派。在經濟財政、保安和社會文化方面，雙方每屆都會出現波動，但相差不是很大。可以看出非建制派組別的整體訴求相較於建制派會全面一些。

在建制派內，傳統社團與鄉親組織在政綱方面的關注度十分相近。與此同時，他們每屆都能夠獲得不少於兩個席位，可以反映出他們對於選民的訴求把控得很準確。反之，商業背景的組別，從一開始僅僅關注經濟財政方面議題，到現在與傳統社團與鄉親組織看齊，對各個議題的關注度有了顯著的提升，也表現出商業背景的社團在努力擺脫原先帶給選民只注重商業經濟的刻板印象。

對政綱關注的結果顯示出澳門市民想要通過自己的行動去參與並改變澳門的政治環境，希望通過對各方面訴求的增加，讓候選人用政綱、用能力去改變議會。澳門在“一國兩制”的良好實踐下，繼續維持特區既有的政治穩定。然而，在政治穩定的大形勢下，立法會的席位分佈的改變，反映澳門政治環境的變化，也表現出政綱下選民對候選人組別的轉變。相信這會給特區政府施政管治帶來新的思考。

1.4 實證分析一

1.4.1 建制派和非建制派民意調查地域差異比較

根據表 1-19，2005 年非建制派在望得堂區、風順堂區和氹仔的得票情況比較突出，其區域性 SIR 值分別為 1.22、1.15 和 1.31。這三個堂區的實際得票較預期值分別高 22%、15% 和 31%。2009 年非建制派在望德堂區和氹仔的得票情況比較突出，其區域性 SIR 值分別為 1.22 和 1.34。在這兩個堂區的實際得票較預期值分別高 22% 和 34%。相反，建制派在這兩個堂區的區域性 SIR 值分別為 0.85 和 0.7，實際得票較預期值分別低 15% 和 23%。

表 1-19 建制和非建制立法會直選參選團體的選票地域分佈分析——SIR（2005&2009）

	2005				2009			
	建制派	p	非建制派	p	建制派	p	非建制派	p
花地瑪堂區	1.09	*	0.86	*	1.05	*	0.92	*
聖安多尼堂區	1.00		1.00		1.03	*	0.96	*
望德堂區	0.86	*	1.22	*	0.85	*	1.22	*
大堂區	0.92	*	1.13	*	0.90	*	1.14	*
風順堂區	0.90	*	1.15	*	0.95	*	1.08	*
氹仔	0.80	*	1.31	*	0.77	*	1.34	*
路環	0.98		1.03		0.92	*	1.11	*

註：* 為 p 值 <0.05；紫色為 SIR ≥ 1.15，表明該組別的競爭力強

根據表 1-20，2013 年非建制派在望德堂區、大堂區、
氹仔和路環的得票情況比較突出，其區域性 SIR 值分別為
1.20、1.18、1.35 和 1.19。在這三個堂區的實際得票較預
期值分別高 20%、18%、35% 和 19%。相反，建制派在氹
仔的得票情況並不理想，其區域性 SIR 值為 0.79。實際得票
較預期值分別低 21%。2017 年非建制派在望德堂區和氹仔
的得票情況比較突出，其區域性 SIR 值分別為 1.18 和 1.25，
實際得票較預期值分別高 18% 和 25%，在路環的得票情況
並不理想，其區域性 SIR 值為 0.82，實際得票較預期值分別
低 18%。建制派僅在氹仔的得票情況並不理想，其區域性
SIR 值為 0.81，實際得票較預期值分別低 19%。

表 1-20 建制和非建制立法會直選參選團體的選票地域分佈分析——
SIR（2013&2017）

	2013				2017			
	建制派	p	非建制派	p	建制派	p	非建制派	p
花地瑪堂區	1.06	*	0.90	*	1.06	*	0.92	*
聖安多尼堂區	1.02	*	0.96	*	0.98	*	1.02	*
望德堂區	0.88	*	1.20	*	0.86	*	1.18	*
大堂區	0.89	*	1.18	*	0.97	*	1.04	*
風順堂區	0.95	*	1.09		0.96	*	1.06	*
氹仔	0.79	*	1.35	*	0.81	*	1.25	*
路環	0.89	*	1.19	*	1.14	*	0.82	*

註：* 為 p 值 <0.05；紫色為 SIR ≥ 1.15，表明該組別的競爭力強

1.4.2 建制派中傳統社團、鄉親組織和商業背景社團間民意調查地域差異比較

根據表 1-21，2005 年傳統社團在花地瑪堂區的得票情況比較突出，其區域性 SIR 值為 1.23，實際得票較預期值高 23%。鄉親組織在花地瑪堂區的得票情況比較突出，其區域性 SIR 值為 1.28，實際得票較預期值高 28%。在聖安東尼堂區、望德堂區、大堂區、風順堂區和氹仔的得票情況並不理想，其區域性 SIR 值分別為 0.79、0.65、0.79、0.71 和 0.80，實際得票較預期值分別低 21%、35%、21%、29% 和 20%。商業背景社團在望德堂區、大堂區、風順堂區和氹仔的得票情況比較突出，其區域性 SIR 值分別為 1.35、1.34、1.36 和 1.41，實際得票較預期值分別高 35%、34%、36% 和 41%。在花地瑪堂區的得票情況並不理想，其區域性 SIR 值為 0.80，實際得票較預期值低 20%。2009 年傳統社團得票情況相對穩定。鄉親組織在花地瑪堂區的得票情況比較突出，其區域性 SIR 值為 1.17，實際得票較預期值分別高 17%。在望德堂區、風順堂區、氹仔和路環的得票情況並不理想，其區域性 SIR 值分別為 0.61、0.73、0.82 和 0.67，實際得票較預期值分別低 39%、27%、18% 和 33%。商業背景社團在望德堂區、大堂區、風順堂區、氹仔和路環的得票情況比較突出，其區域性 SIR 值分別為 1.30、1.20、1.22、1.16 和 1.22，實際得票較預期值分別高 30%、20%、22%、16% 和 22%。

表 1-21 傳統社團、鄉親組織和商業背景立法會直選參選團體的選
票地域分佈分析—SIR（2005& 2009）

	2005						2009					
	傳統社團	p	鄉親組織	p	商業背景	p	傳統社團	p	鄉親組織	p	商業背景	p
花地瑪堂區	0.84	*	1.28	*	0.80	*	0.92	*	1.17	*	0.92	*
聖安多尼堂區	1.23	*	0.79		0.98		1.11		0.89	*	0.96	*
望德堂區	1.13	*	0.65	*	1.35	*	1.11		0.61	*	1.30	*
大堂區	1.00		0.79	*	1.34	*	0.98	*	0.86	*	1.20	*
風順堂區	1.07	*	0.71	*	1.36	*	1.07	*	0.73	*	1.22	*
氹仔	0.95	*	0.80	*	1.41	*	1.04	*	0.82	*	1.16	*
路環	0.95		1.05		0.99		1.12	*	0.67	*	1.22	*

註：* 為 p 值 <0.05；紫色為 SIR ≥ 1.15，表明該組別的競爭力強

　　根據表 1-22，2013 年傳統社團在望德堂區和路環的
得票情況比較突出，其區域性 SIR 值分別為 1.22 和 1.17，
實際得票較預期值分別高 22% 和 17%。鄉親組織在花地
瑪堂的得票情況比較突出，其區域性 SIR 值為 1.15，實際
得票較預期值高 15%。在望德堂區、大堂區、風順堂區、
氹仔和路環的得票情況並不理想，其區域性 SIR 值分別為
0.73、0.84、0.79、0.80 和 0.68，實際得票較預期值分別
低 27%、16%、21%、20% 和 32%。商業背景社團在望
德堂區、大堂區、風順堂區、氹仔和路環的得票情況比較
突出，其區域性 SIR 值分別為 1.25、1.20、1.25、1.20 和
1.40，實際得票較預期值分別高 25%、20%、25%、20%

和 40%。2017 年傳統社團在聖安多尼堂區和望德堂區的得票情況比較突出，其區域性 SIR 值分別為 1.15 和 1.25，實際得票較預期值分別高 15% 和 25%。鄉親組織在花地瑪堂區的得票情況比較突出，其區域性 SIR 值為 1.18，實際得票較預期值高 18%。在聖安東尼堂區、望德堂區、風順堂區和氹仔的得票情況並不理想，其區域性 SIR 值分別為 0.84、0.66、0.77 和 0.77，實際得票較預期值分別低 16%、34%、23% 和 23%。商業背景社團在望德堂區、大堂區、風順堂區和氹仔的得票情況比較突出，其區域性 SIR 值分別為 1.29、1.31、1.30 和 1.32。實際得票較預期值分別高 29%、31%、30% 和 32%，在花地瑪堂區和路環的得票情況並不理想，其區域性 SIR 值分別為 0.83 和 0.74，實際得票較預期值分別低 17% 和 26%。

表 1-22 傳統社團、鄉親組織和商業背景立法會直選參選團體的選票地域分佈分析—SIR（2013& 2017）

	2013						2017					
	傳統社團	p	鄉親組織	p	商業背景	p	傳統社團	p	鄉親組織	p	商業背景	p
花地瑪堂	0.87	*	1.15	*	0.88	*	0.87	*	1.18	*	0.83	*
聖安多尼堂	1.13	*	0.92	*	0.98		1.15	*	0.84	*	1.07	*
望德堂	1.22		0.73	*	1.25	*	1.25	*	0.66	*	1.29	*
大堂	1.09	*	0.84	*	1.20	*	0.96	*	0.90	*	1.31	*
風順堂	1.12	*	0.79	*	1.25	*	1.11	*	0.77	*	1.30	*
氹仔	1.14	*	0.80	*	1.20	*	1.11	*	0.77	*	1.32	*
路環	1.17	*	0.68	*	1.40	*	1.09		1.04		0.74	*

註：* 為 p 值 <0.05；紫色為 SIR ≥ 1.15，表明該組別的競爭力強

綜上所述，通過對立法會候選組別得票進行區域性分析，可以發現候選組別的區域因素對各組別的選票有着不同程度的影響。上述 2005 年至 2017 年四屆立法會選舉中所有的當選組別，其區域得票 SIR 值的大小可以直接反映組別之間在各堂區中的競爭能力的差異。而根據政綱的內容，相對於內容更加全面的組別其得票均相對突出。因此，結合區域性特徵和相關組別的政綱，可初步得出不同組別與選民投票意向之關係：

建制派與非建制派從政綱的角度我們可以發現，在行政法務和運輸工務方面非建制派的訴求會高於建制派，也可以看出非建制派組別的整體訴求相較於建制派會全面一些。從選票地域分佈角度來看，非建制派在望德堂區和氹仔相對於建制派有着較強的競爭力，也可以看出政綱中對於議題的訴求越全面，越能夠在堂區表現出強大的競爭力。

花地瑪堂區一直以來都是澳門市民居住集中的區域，也是立法會選舉中的票倉。然而，從選票地域分佈的角度來看，鄉親組織的候選組別在這個堂區的 SIR 值一直以來高於 1.15，表現出很強的競爭力，這也是該組別一直以來獲得更多席位的關鍵所在。隨着澳門經濟的不斷發展，選民中中產人士的數量在不斷的增長，成為選舉中的一股新力量。望德堂區作為澳門最小的堂區，與花地瑪堂區形成巨大反差，但在望德堂區中大部分就業人口都是中產人士，贏得他們的支援就是贏得了整個堂區。傳統社團的候選組別發現了這一點，從選票地域分佈角度，該組別的 SIR 值從 1.11 上升到 1.25，直接反映出傳統社團在望德堂區的強大競爭力。

直選中候選組別中具有商界背景的組別在政綱的內容上或者宣傳上對於經濟財政及商界利益方面的內容比重慢

慢減少，反而在政綱中突出對社會文化等議題的關注，特別是關注弱勢社羣的利益。為了能夠得到更多選民的支援，商業背景組別正在慢慢淡化商界背景的色彩，同時也在與傳統社團和鄉親組織的政綱上越來越接近。而傳統社團和鄉親組織，在政綱和宣傳方面沒有太大的變動，保持着相對全面的議題關注度。與商業背景的組別不同的是，傳統社團和鄉親組織將目標放在選票的地域分佈上，通過不斷吸納不同類別的選民來提升自己的選舉中的競爭力。

本章從實證角度去分析候選組別的政綱的議題取向和選票地域分佈的情況，並發現候選組別的政綱和選票地域分佈與選舉獲得席位有着一定的關係。總體來看，雖然候選組別在競選中取得席位數目有一定的變化，但各候選組別整體的選票地域分佈呈現出相對穩定性的態勢。不同背景的候選組別在不同堂區呈現出票數上的差異，體現選民相對比較重視候選人的政綱內容。隨着澳門立法會選舉的不斷完善，現階段各候選組別的政綱較過往提出更多政治性的要求，也逐漸呈現相對接近的情形。如何提出與其他組別有差別但有符合選民的訴求的政綱是候選組別所要考慮的重點。政綱的議題取向及選票地域分佈能否長期對選舉產生影響，值得進一步的關注和研究。

1.5 實證分析二

本章將變量進行如下編碼：每一年選取政綱中的行政法務議題、經濟財政議題、社會文化議題和運輸工務議題進行比較（保安議題提出較少，因此不作為比較的變量）。政綱中議題的詞頻選取 5 為分界標準，詞頻大於 5 的為 1，詞頻小於等於 5 的為 0；因變量用當年的 SIR 值進行衡量，選取 0.85 為分界標準，SIR 值大於 0.85 因變量賦值為 1，小於等於 0.85 則因變量賦值為 0。

鑑於選舉資料只有四次記錄，我們將採用分別採用花地瑪堂區和大堂區兩個堂區進行 QCA 分析，以使分析結果相對更加可靠（見表 1-23）。

表 1-23 建制派賦值表

年份	組別	行政法務	經濟財政	社會文化	運輸工務	花地瑪堂區 SIR	大堂區 SIR
2005	羣力促進會	0	0	1	0	1	1
	澳門民聯協進會	1	0	1	0	1	0
	繁榮澳門	0	1	1	0	0	1
2009	羣力促進會	0	0	1	1	1	1
	澳門民聯協進會	0	0	1	0	1	0
	改革創新聯盟	0	1	1	0	1	1
2013	羣力促進會	1	1	1	1	1	1
	澳門民聯協進會	1	0	0	0	1	0
	改革創新聯盟	0	0	1	0	0	1
2017	羣力促進會	1	0	0	1	1	0
	美好家園聯盟	0	0	0	0	0	1
	澳門民聯協進會	0	0	1	0	1	1
	澳門民眾協進會	0	0	1	0	1	1
	改革創新聯盟	0	0	0	0	0	1

1.5.1　吻合度檢驗

將變量的賦值表輸入到軟件當中，可以得到各個變量的吻合度（consistency）如下表所示，其中（+）表示正向肯定，（-）表示反向否定。比如行政法務（+）表示政綱中行政法務議題的詞頻高，行政法務（-）表示政綱中行政法務議題的詞頻低。吻合度是衡量條件變量和結果變量集合關係的數字化指標，取值為 0 到 1 的閉區間。一般來說，若某條件變量相對於結果變量的吻合度越高，越接近於 1，那麼說明該條件變量與結果變量聯繫得越緊密，越有可能作為結果變量的充分條件。一般而言吻合度大於等於 0.8 可以認為該變量接近於結果變量的充分條件。

表 1-24 花地瑪堂區吻合度檢驗表

變量	吻合度
行政法務 (+)	1.00
行政法務 (-)	0.60
經濟財政 (+)	0.67
經濟財政 (-)	0.70
社會文化 (+)	0.73
社會文化 (-)	0.67
運輸工務 (+)	1.00
運輸工務 (-)	0.64
行政法務 (+) * 經濟財政 (+)	1.00
行政法務 (+) * 社會文化 (+)	1.00
運輸工務 (+) * 經濟財政 (+)	1.00
運輸工務 (+) * 社會文化 (+)	1.00
行政法務 (+) * 經濟財政 (+) * 社會文化 (+)	1.00
運輸工務 (+) * 經濟財政 (+) * 社會文化 (+)	1.00
行政法務 (+) * 經濟財政 (+) * 社會文化 (+) * 運輸工務 (+)	1.00

根據表 1-24 所示，對於單個變量而言，行政法務（+）和運輸工務（+）的吻合度大於 0.85。因此可以把政綱中行政法務和運輸工務議題的詞頻的增多看做是該組別在花地瑪堂區有較強競爭力的充分條件。研究還進行了變量之間的組合分析，在變量的組合過程中，研究發現並提取出了 7 種組合。當行政法務議題詞頻增多和運輸公務議題詞頻增多，經濟財政議題詞頻增多和社會文化議題詞頻增多兩兩組合或一起組合時，其組合的吻合度均為 1.00，大於 0.8。所以我們認為，經濟財政議題詞頻增多和社會文化議題詞頻增多在與行政法務詞頻增多或者運輸公務議題詞頻增多的條件變量組合時能夠作為候選團體在花地瑪堂區有較強競爭力的充分條件。

除此之外，雖然社會文化議題沒有達到 0.8，但是 0.73 也是十分接近了，可以看做該單獨條件變量具有一定的充分性。儘管經濟財政議題和社會文化議題這兩個條件變量單獨來看充分性不是很顯著，但適當的變量組合能夠使其吻合度達到一個非常高的水準。可見，政綱中經濟財政和社會文化議題詞頻的增多不能夠對花地瑪堂區 SIR 提高有正向作用。

表 1-25 大堂區吻合度檢驗

變量	吻合度
行政法務 (+)	0.25
行政法務 (-)	0.90
經濟財政 (+)	1.00
經濟財政 (-)	0.64

變量	吻合度
社會文化 (+)	0.82
社會文化 (-)	0.33
運輸工務 (+)	0.67
運輸工務 (-)	0.73
經濟財政 (+) * 行政法務 (+)	1.00
經濟財政 (+) * 運輸工務 (+)	1.00
社會文化 (+) * 行政法務 (+)	1.00
社會文化 (+) * 運輸工務 (+)	1.00
經濟財政 (+) * 行政法務 (+) * 運輸工務 (+)	1.00
社會文化 (+) * 行政法務 (+) * 運輸工務 (+)	1.00
經濟財政 (+) * 行政法務 (+) * 社會文化 (+)	1.00

　　根據表 1-25 所示，經濟財政 (+) 和社會文化 (+) 的吻合度大於 0.8，即可以把政綱中經濟財政議題詞頻的增多和社會文化議題詞頻的增多看做是候選團體在大堂區有較強競爭力的充分條件。我們後面還進行了變量之間的組合分析，在對變量之間各種各樣的組合過程中，我們發現並提取出了 7 種組合。當經濟財政議題詞頻的增多和社會文化議題詞頻的增多，行政法務議題詞頻的增多和運輸工務議題詞頻的增多單獨組合或一起組合時，其組合的吻合度均為 1.00，大於 0.8。所以我們認為，行政法務議題詞頻增多和運輸工務議題詞頻增多在與經濟財政議題詞頻增多和社會文化議題詞頻增多的條件變量組合時能夠作為候選團體即組別在大堂區有較強競爭力的充分條件。

總之，行政法務議題和運輸工務議題這兩個條件變量單獨來看充分性不是很顯著，只有在與適當的變量組合時能夠使其吻合度達到一個非常高的水準。因此，政綱中行政法務議題和運輸工務議題詞頻的增多不能夠對大堂區 SIR 提高有正向作用。

1.5.2 覆蓋度檢驗

覆蓋度（coverage）是用來衡量某個變量能夠解釋結果變量的大致範圍，這個概念和統計分析中的 R 方比較類似。吻合度是用來檢驗條件變量是否能夠作為結果變量的充分條件，覆蓋就是能夠用來評估條件變量是否能夠作為結果變量的必要條件。如果覆蓋度越高，那麼條件變量對於結果變量的解釋力就越強，可以視作導致結果變量的重要途徑。

表 1-26 花地瑪堂覆蓋度檢驗

變量	吻合度
行政法務 (+)	0.40
行政法務 (-)	0.60
經濟財政 (+)	0.20
經濟財政 (-)	0.80
社會文化 (+)	0.80
社會文化 (-)	0.20
運輸工務 (+)	0.30
運輸工務 (-)	0.70

根據表 1-26 所示，社會文化議題內容豐富這一個條件變量對於結果變量的解釋力最強。而行政法務議題、經濟財政議題和運輸公務議題對於結果變量的解釋力並不是明顯。因此，從表中社會文化議題內容豐富的覆蓋度為 80%，可以看出花地瑪堂 SIR 較高的組別在社會文化議題的內容上十分豐富。因此各組別在政綱的內容更加側重於社會文化議題，來擴大自己組別的競爭力。

表 1-27 大堂覆蓋度檢驗

變量	吻合度
行政法務 (+)	0.10
行政法務 (-)	0.90
經濟財政 (+)	0.30
經濟財政 (-)	0.70
社會文化 (+)	0.90
社會文化 (-)	0.10
運輸工務 (+)	0.20
運輸工務 (-)	0.80

根據表 1-27 所示，社會文化議題詞頻的增多這一個條件變量對於結果變量的解釋力最強。而行政法務議題、經濟財政議題和運輸公務議題對於結果變量的解釋力並不是明顯。從表中社會文化議題內容豐富的覆蓋度為 90%，可以看出大堂 SIR 較高的組別在社會文化議題的內容上十分豐富。由此可見各組別在政綱中更加側重於社會文化議題，來擴大自己組別的競爭力。

綜上所述，以上政綱對立法會選票地域分佈的影響分析表明，在花地瑪堂區中，行政法務、經濟財政、社會文化和運輸公務與選舉中該堂區的 SIR 有較為緊密的聯繫。其中條件變量行政法務議題詞頻的增多和運輸公務議題詞頻的增多與選舉中該堂區 SIR 的聯繫最為緊密。同時，經濟財政議題詞頻增多和社會文化議題詞頻增多與行政法務議題詞頻增多和運輸公務議題詞頻增多的多種組合能夠看作是選舉中該堂區 SIR 較高的充分條件。在充分條件方面，社會文化議題詞頻的增多這一個條件變量對於結果變量花地瑪堂區 SIR 較高的解釋力最強。因此，社會文化議題詞頻增多是結果變量花地瑪堂區 SIR 較高的充分必要條件。在大堂區中，行政法務、經濟財政、社會文化和運輸公務與選舉中該堂區 SIR 有較為緊密的聯繫。其中條件變量僅有經濟財政議題詞頻的增多與選舉中該堂區 SIR 的聯繫最為緊密。同時，經濟財政議題詞頻增多與社會文化議題詞頻增多，行政法務議題詞頻增多與運輸公務議題詞頻增多的多種組合能夠看作是選舉中該堂區 SIR 較高的充分條件。在必要條件方面，社會文化議題內容豐富這一個條件變量對於結果變量大堂區 SIR 較高的解釋力最強。因此，社會文化議題詞頻增多是結果變量大堂區 SIR 較高的充分必要條件。通過上面的分析也能夠了解到，行政法務議題和運輸工務議題是花地瑪堂區選民所關注的重點，社會文化議題次之。經濟財政議題是大堂區選民所關注的重點，同時也是僱主所關注的重點，社會文化議題次之。

綜上所述，筆者建議立法會參選組別根據不同堂區選民的需求與關注度對政綱進行相應的內容上的豐富與側重。社會文化議題是各個堂區都關注的議題，因此要在保證社會文化議題內容的基礎上，根據堂區選民的需求對其他議題進行內容上的豐富，以提升在該堂區的選舉競爭力。

1.6 結論與建議

1.6.1 研究結論

研究假設的驗證結果進行匯總，見表 1-28。

表 1-28 研究假設結果匯總表

序號	假設內容	驗證結果
H1	澳門立法會選舉建制派政綱中行政法務議題詞頻對組別在花地瑪堂區 SIR 值呈正相關。	通 過
H2	澳門立法會選舉建制派政綱中經濟財政議題詞頻對組別在花地瑪堂區 SIR 值呈正相關。	未通過
H3	澳門立法會選舉建制派政綱中社會文化議題詞頻對組別在花地瑪堂區 SIR 值呈正相關。	通 過
H4	澳門立法會選舉建制派政綱中運輸工務議題詞頻對組別在花地瑪堂區 SIR 值呈正相關。	通 過
H5	澳門立法會選舉建制派政綱中行政法務議題詞頻對組別在大堂區 SIR 值呈正相關。	未通過
H6	澳門立法會選舉建制派政綱中經濟財政議題詞頻對組別在大堂區 SIR 值呈正相關。	通 過
H7	澳門立法會選舉建制派政綱中社會文化議題詞頻對組別在大堂區 SIR 值呈正相關。	通 過
H8	澳門立法會選舉建制派政綱中運輸工務議題詞頻對組別在大堂區 SIR 值呈正相關。	未通過

根據研究假設的驗證結果，筆者給予以下幾點陳述：

1. 根據表 1-28 可以看出，行政法務議題、社會文化議題和運輸工務議題對花地瑪堂區的 SIR 都有正向影響。經濟財政議題和社會文化議題對大堂區的 SIR 有正向影響。可見，行政法務議題、經濟財政議題、社會文化議題和運輸工務議題都會對堂區的 SIR 值會產生正向影響，說明政綱中的議題取向是立法會直選參選組別勝選的關鍵。

2. 通過花地瑪堂區和大堂區的對比，能夠看出不同堂區所注重的議題不同。花地瑪堂區注重行政法務議題和運輸工務議題，大堂區則注重經濟財政議題。兩個堂區共同注重的議題是社會文化議題，也間接反映出該議題對於選民需求的普遍性。通過政綱分析結果以及民意調查地域差異比較，在花地瑪堂區中鄉親組織社團的 SIR 較高，與其對應的行政法務議題、運輸工務議題的詞頻相對較多。在大堂區中商業背景的社團 SIR 較高，與其對應的經濟財政議題詞頻相對較多。可以看出來鄉親組織的社團和商業背景的社團的選舉策略和定位不同，鄉親組織的社團的定位在於通過提高行政法務議題、運輸工務議題詞頻來提升花地瑪堂區的選舉競爭力。而商業背景的社團則定位在通過提高經濟財政議題詞頻來提升大堂區的選舉競爭力。由此可見，通過對相應堂區所關注的議題進行豐富，才能提升這個堂區的 SIR，從而提升在這個堂區的競爭力，為贏得競選打下基礎。

1.6.2　建議與研究局限

關於澳門立法會選舉政綱中議題詞頻對堂區 SIR 影響的關係探討仍是一個尚未成熟但具有理論和實踐意義的研

究。參選組別要做好有關工作，針對於民眾聚焦的議題，政綱的表達需要符合民眾的期望。筆者認為，參選組別應做好以下工作：

首先，讀懂澳門選民的投票行為，對相應堂區選民的訴求作出分析，深入了解每個堂區選民所關注的議題，從而對政綱進行完善。參選組別在完善相關議題時既要有長遠的目光，也要結合當下考慮選民的需求，重視給整個社會帶來的總體貢獻，才能更好的獲得選民的支持。此外，在制定議題上也需要全方位考慮，以澳門社會的可持續發展為重要前提，發展經濟，改善民生。避免出現偏向某些或某個特定的利益團體等重大錯誤的發生。其次，在之前的澳門立法會選舉中已經有參選組別運用選舉策略配票，但結果有好有壞。因此，合理的運用選舉策略並將其優化才能讓參選組別得到更好的發揮。總而言之，選舉策略的運用，能夠獲得更多選民的支持，從而提升自己組別在不同堂區選舉競爭，獲得更多的席位。

第 2 章

整體選舉策略

章節簡介

本章主要研究選舉策略對選舉結果的影響。研究採用多元回歸分析法針對澳門立法會第五屆（2013 年）、第六屆（2017 年）、第七屆（2021 年）選舉結果數據，對其競選策略中的政綱、經費以及宣傳活動進行有針對性地研究，並分析競選策略對候選人得票率的影響。本章把澳門立法會參選組別候選人的政綱以及宣傳活動數據分別與候選人得票率進行多元回歸分析後發現，這些因素均對候選人得票率有影響。再通過選舉政綱、選舉經費支出以及宣傳活動數據計算出其綜合得分來代表競選策略。把三項綜合得分與候選人得票率進行多元回歸分析後發現，選舉策略在澳門立法會選舉中確實能夠給候選人得票率帶來影響。

2.1 文獻綜述

2.1.1 選舉策略的定義及理論建構

針對澳門立法會參選的社團來説,選舉就是要獲得更多的選票並且拿到議席,然後再去履行議員所有的權利。Gary A. Mauser 指出所有候選人在選舉時都要面臨的三個問題是分析政局,決定策略和進行活動[1]。分析政局對於候選人來説是第一步,候選人需要對內、外政治環境的優勢、劣勢、機會和威脅都進行詳細的分析。內在因素是指候選人本身以及其所在社團的本質,其中包括了社團的使命、社團的經濟能力、派系的資源和派系的聲譽等。外在因素則包括了澳門當地的選民、競爭社團以及澳門本身在國際中的一個特殊性。當候選人對當前政局有足夠的了解後,就要進行第二步決定策略,之後就到第三步進行活動。

根據洪永泰對 1986 年台灣桃園縣長選舉的研究發現:事實上,雖然組織動員的力量確實有效,但這並不是選舉勝利的關鍵[2]。隨着時代的改變,組織和動員的力量將日益縮小。另外,從個體數據來看,民意調查數據的確可以反映候選團隊在文字和圖像競爭中的表現。此外,活動策略的規劃和協調也很重要,完整的規劃和設計可以更有效地拿下選票。李錦河、陳盈太、丁仁方和溫敏傑認為,選舉策略如果

1　Gary A. Mauser. "Political Marketing: An Approach to Campaign Strategy." *American Political Science Review*, vol.78, no.4, 1984, pp.1208.

2　洪永泰:〈傳統與現代:八十六年桃園縣長選舉的選後評估〉,《選舉研究》,第 6 卷第 2 期 (1999),頁 1—21。

只是候選人本身的直覺判斷，或者是少數親信的意見，在制定上會有偏頗的可能[3]。因為親信的意見受到其權力大小或其他非正式權力的影響，通常那些權力更大的人更有可能影響競選決策的過程。這也影響了競選活動的進行。組織在這個過程中產生爭議是很常見的。反過來，由於決策不是基於完全理性的原則，決策的品質會受到影響。雖然少數候選人可以達成共識，但團隊成員是否願意真誠地遵循策略也值得懷疑。如何在選舉策略的形成上遵循理性，減少組織內部的紛爭，並且擴大效率和執行效能，是競選決策中的一個重要問題。李錦河曾將選舉策略與營銷放在一起比較，他認為就如同營銷組合中會運用產品、價格、配銷與促銷的方式，選舉同樣有可控制的變量。例如候選人自身，選舉組織，選舉宣傳活動，選舉經費以及促使選民投票等，可稱之為選舉組合[4]。他還以營銷中"產品屬性"概念構建的"選民需求指標"選舉預測模型，用於預測 1997 年台南市長選舉。結果表明，選民需求指標模型確實可以準確預測選民的投票行為。鈕則勳以 2004 年台灣地區領導人選舉中的陳呂為例，探討競選廣告策略[5]。其中一項戰略研究發現，執政的陳呂陣營將防禦戰術作為其競選廣告策略的主要部分。考慮到在電視和報紙廣告中，正面廣告多於負面廣告，有些電視廣告以圖像為基

3　李錦河、丁仁方、陳盈太、溫敏傑：〈分析層級程式法（AHP）在選舉整合策略擬定之應用〉，《調查研究 —— 方法與應用》，第 18 期（2005），頁 113—158。

4　李錦河：〈選戰程式策略模式之建構〉，博士論文，中國科學技術大學，2006 年。

5　鈕則勳：〈競選廣告策略初探〉，《台灣民主季刊》，第 4 卷第 1 期，（2007），頁 141—178。

礎，而報紙則關注政策問題。如果從政策問題的角度分析，視乎符合統治者策略的廣告，多為正面政績。報紙廣告大多數都有一般的政策目標，例如呼籲全民投票。從圖像特徵來看，電視廣告更注重個人特點，報紙廣告更注重思想價值方面。根據林長志研究發現，政黨或候選人採取聯合選舉的主要原因是採取聯合選舉或分配選票[6]。不僅能提高當選機會，也可以節省競選資金。評估組成聯合競選的策略，需要考慮選區過去是否有聯合選舉的傳統，對黨內選票來源的估計，黨內候選人之間的實力差距、黨內的意願、候選人本身以及敵對政黨候選人的實力。此外，聯合競選策略的運用還需要協調黨的選區席位率、得票率和候選人之間獲得的平均票數等三個指標以及提名策略等條件，才會有正面的結果。

黃紀、林長志、王宏忠以 2010 年高雄市議會選舉為例，研究了三合一選舉中的全票和分票情況，分析了選票來源，發現投票的選民同意泛藍陣營，也就是選民策略確實有棄權的保證[7]。在選舉中投票和策略性投票的藍營選民大部分在市議會選舉中投給了國民黨或民進黨的候選人，形成了分裂投票的形式。然而，綠營選民表現出高度的一致投票，市長和市議員都投票支持綠營候選人。另一方面，選民對里長的選擇具有明顯的競爭差異，即選民對里長的選擇與在市長和市議員競選中投給哪一黨沒有顯著關係。康平教授依據市場營銷戰略核心 STP 理論對特朗普在美國總統大選中的競選策

6　林長志：〈立委選舉中的民進黨"聯合競選策略"：以北高兩市為例〉，《台灣政治學刊》，第 13 卷第 1 期 (2009)，頁 55—106。

7　黃紀、林長志、王宏忠：〈三合一選舉中之一致與分裂投票：以 2010 年高雄市選舉為例〉，《選舉研究》，第 20 卷第 1 期 (2013)，頁 1—45。

略做了仔細研究後發現，特朗普所用競選策略同樣是基於營銷整合策略[8]。特朗普通過對 4P-4C-4R 與營銷策略的結合，拿下了競選的勝利。綜上所述，選舉策略很大程度上確實能夠影響選舉候選人的得票情況，把好的營銷與競選策略相結合能夠顯著影響選民在投票時的決策，並大大提高候選人在選舉中獲勝的機率。

2.1.2　選舉政綱

隨着知識型社會的產生，公民通過參與公共政策的表達來實現自身利益的要求。澳門立法會是澳門特別行政區唯一的立法機構，通過直接選舉和間接選舉以及委任三個方式接受議會的職務。議員相較於其他利益代表團體來說，其所擁有的政治力量是非常大的。候選人只有獲得足夠多的選票時才能獲得議席，那麼候選人要如何獲得選民的青睞呢？合意論以選民和候選人雙方真實的意思表達為標準衡量選舉結果的真實性和有效性，選民和候選人合意的結果為選民選舉條件與某候選人當選承諾的統一，以及該候選人的當選[9]。候選人當選承諾實際上就是其在選舉中宣講的施政綱要，蔣勁松認為選舉的實質就是選民與候選人之間圍繞着選舉政綱達成合意的過程。學者 Fetzer 和 Weizman 認為，政治話語屬於政治領導人的一種政治行為，在政治過程中具有一定的

8　康平、蘇雲、李靜：〈基於 4P-4C-4R 組合理論的特朗普競選策略研究〉，《甘肅廣播電視大學學報》，第 2 期 (2019)，頁 71—76。

9　蔣勁松：〈論人大代表選舉的合意性質〉，《中國人民大學學報》，第 5 期 (2007)，頁 91—97。

直接作用[10]。競選口號也屬於政治話語的一種，候選人在口號中加入中性以及褒義詞彙，能夠增加選民對其施政綱要和治國理念的認同[11]。刁大明在中美選舉議題研究中指出，議題就是候選人主張並且選民關心的公共政策，是把候選人與選民聯繫起來的最有效鏈接[12]。競選議題的設置不僅決定着候選人的表達內容並且決定着其表達的方式，還有可能改變候選人當選後的政策傾向，所以議題的設置在選舉政治中佔據着重要的地位。常樂以香港前行政長官林鄭月娥為案例研究發現，她的選舉政綱聚焦於社會上的矛盾從而得到社會認同。她從市民最關心、最迫切、最困難的地方入手並結合如何提高市民幸福指數去制定她的施政綱要[13]。這份務實的選舉政綱得到了廣大市民的認可，也讓林鄭月娥拿下了選舉的勝利。徐雅文以 2018 年香港立法會選舉為例來研究選舉廣告的功能論及相關模型發現，選舉的政綱議題可以分為經濟、政治、社會、民生、文化、環境和選舉資訊七項[14]。從研究結果來看在具體的議題策略上建制派更注重民生、社會、經濟與文化議題，反對派更注重選舉資訊與政治相關的議題。

游馨聰以 2018 年高雄市長選舉中的韓國瑜為例，研究

10 Anita Fetzer & Elda Weizman. "Political discourse as mediated and public discourse."*Journal of Pragmatics*, vol.38, no.2, 2006, pp.143-153

11 何建友：〈美國總統競選口號的多維分析〉，《東北農業大學學報：社會科學版》，第 12 卷第 5 期（2014），頁 90—97。

12 刁大明：〈美國選舉中的議題設置與中國議題〉，《國際論壇》，第 5 期（2014），頁 64—71。

13 常樂：〈第五屆香港特區政府施政前瞻〉，《江漢大學學報：社會科學版》，第 5 期（2017），頁 17—22。

14 徐雅文：〈香港社交媒體選舉廣告策略研究〉，碩士論文，廣東外語外貿大學，2019 年。

其競選策略[15]。在選舉行動方面，韓國瑜通過競選口號以及政見兩方面的進攻模式，成功提升了自己的知名度和曝光率，並最終獲得選舉勝利。綜上可知，選舉政綱在選舉策略中是非常重要的。許耀桐也在研究中西方政治的時候發現西方式的民主競選中，候選人勝出主要靠的是吸引選民眼球的漂亮政綱[16]。中方政綱雖然沒有這麼誇張的影響力，但在一定程度上也能夠給候選人的得票帶來影響。

2.1.3 選舉支出

美國前眾議院議長 Tip O'Neill 曾說過，任何競選活動皆包括四個要素：候選人、議題、競選組織與金錢。如果沒有金錢，你可以忘了前面三項。換句話說，如果沒有金錢，候選人、議題以及競選組織這三項都無法有效的轉化成為選票。一般來說，選舉經費一般是指組織或候選人為贏得選舉所必需的支出，其支出與選舉目的有直接關係。競選支出在選舉中的作用尤為重要，因為選民不會投票給他們完全不了解的候選人，所以候選人必須通過競選廣告向選民提供了解自己和自己政治立場的機會。因此，我們經常發現，在選舉活動中，有足夠財力的候選人可以成功當選，而且選舉越激烈，候選人增加選舉經費的情況就越嚴重。即使金錢不是候選人贏得席位的決定性因素，也至少是候選人贏得選舉的必

---

15 游馨聰：〈2018 年高雄市長選舉之韓國瑜競選戰略：以孫子兵法行動戰略概念分析〉，碩士論文，淡江大學，2020 年。

16 許耀桐：〈一度在中國盛行的西方理論正在失色〉，《人民論壇》，第 12 期（2017），頁 25—25。

要條件之一。學界多年研究發現，選舉支出的確有助於候選人拿下更多的選票。1978 年，美國學者 Jacobson 就美國國會選舉的情況提出了他的看法和競選支出理論：儘管選舉是由候選人、議題以及競選組織構成，但是這一切都是建立在金錢的基礎上的 [17]。競選支出是一種經濟權力轉換為政治權力的過程。候選人選舉期間投入的經費確實能夠提高得票率，而且在相同選區中候選挑戰者競選支出的邊際效果高於現任者。趙可金、朱錦屏在研究美國總統競選史中提到 "金錢是政治的母乳"，美國總統競選財政中的最大變化就是金錢因素越來越多地捲入到了競選過程之中，成為候選人謀求當選的重要工具 [18]。朱孔武對澳門選舉財政制度做出了一個詳細分析，他認為澳門市民政治參與度在不斷地提高，而激烈的選舉會導致金錢的加劇燃燒，金錢政治的問題也因此凸現出來 [19]。當金錢成為選舉獲勝的重要條件時，政治的公平與平等就會受到影響，因此選舉財政制度應當進一步的完善。澳門立法會對於所有參選組別的收入以及支出都有相關的嚴格規定，其中《澳門特別行政區立法會選舉制度》（下文簡稱 "立法會選舉制度"）第六章第四節 "競選活動的財務資助" 裏面的第九十二條 "選舉賬目" 就規定：各提名委員會和各候選人及其政治社團等自選舉日期公佈至選舉結束間，

17 Gary C. Jacobson. "The Effects of Campaign Spending in Congressional Elections."*The American Political Science Review*, vol.72, no.2, 1978, pp.469-491.

18 趙可金、朱錦屏：〈論美國競選財政中的 "軟錢革命"〉，《美國研究》，第 1 期（2003），頁 48—63。

19 朱孔武：〈澳門選舉財政制度芻議〉，《江漢大學學報（社會科學版）》，第 2 期（2015），頁 14—20。

必須將這期間所有收支項目的詳細帳單以及支出用途等賬目列明相關證明和來源。另外在第九十三條中也提及到：任何自然人或實體作出對候選人或候選名單產生宣傳效果的行為引致的一切開支，應計入相關候選名單的選舉帳目，並且要禁止接受同一選舉其他候選名單的候選人或者是其他提名委員會成員的一切捐贈行為。同時，第九十四條"賬目的審核"又規定：各候選名單的相關開支上限由行政長官來批示。在選舉開支方面也是有一定限制的，第九十三條"具金錢價值的捐獻和開支限額"明文規定：各候選名單的開支限額以行政長官批示規定，限額以最接近批示日期公佈的澳門特別行政區人口估計、選民登記冊所登載的人數及經濟發展狀況等數據為基礎。須低於澳門特別行政區近十年的總預算中總收入平均數的 0.004%。對於澳門社團來說金錢因素是重中之重，社團若要維持運作或擴展活動就離不開資源。而在社團資源中，來自政府的資助佔據着重要的地位。社團通過各方管道籌集資金，再通過參加立法會選舉獲得議席去實現社團的使命，其中選舉的每一步都離不開資金的支持。

2.1.4　選舉宣傳活動

選舉宣傳活動嚴格來說應稱之為競選文宣，也叫競選傳播。台灣學者鄭自隆認為拉斯韋爾（Harold Lasswell）的 "5W" 模式即 "誰在甚麼渠道向誰說了甚麼內容並取得了甚麼效果"（WHO, says WHAT, in WHICH channel, to WHOM, with WHAT effect?）可以完整地解釋競選文宣的運作。候選人通過電視、報紙或傳單等媒介傳播文宣內容給選民，從而提高選民對選舉的認知以及改變其投票行為[20]。台灣以及香港都有學者對其所在地區的選舉文宣做過詳細的研究，但是在澳門選舉中的競選文宣卻鮮有文獻。謝清果、李淼指出競選文宣隨着媒體生態日益多樣而越加花樣繁多，尤其是新媒體的出現，使得年輕候選人成為競選文宣的重點受眾，並且競選文宣往往成為了選舉成敗的關鍵[21]。嶽春穎、王大鵬和嚴潔在研究美國總統選舉中提到，使用社交媒體進行選舉宣傳能夠提高選民的政治參與並影響選民的投票行為，因此社交媒體已經成為了候選人選舉宣傳利益表達的一個重要平台[22]。對於宣傳活動方面澳門立法會也是有明確的法律規定的，立法會選舉制度第六章第一節第七十五條"民意測驗結果的公佈"規定：候選名單的受託人，應最遲於選舉日之前第十八日，以書面方式透過親臨或電子途徑，將由其本人、候選人或本身為選民的提名委員會成員擬組織的競選宣傳活動的內容、舉行日期及地點通知立法會選舉管理委員會。從該條可知，一切宣傳活動都是要提前申報的。選舉法也規定：在競選活動期間允許新聞自由，並且在規定內允許集會和示威自由。包括音響宣傳、圖文宣傳品的張貼、商業廣告、報刊、廣播使用、公共地方建築物和表演場所在內的各種宣傳活動在立法會選舉制度中都有詳細的條例法規。違反

20　陳立民、楊鴻翔：〈電視競選廣告中的影像與宣傳〉，《高雄師大學報：人文與藝術類》，第 20 期（2006），頁 125—140。

21　謝清果、李淼：〈台灣選舉文化與媒體生態下的競選文宣研究〉，《東南傳播》，第 5 期（2017），頁 20—24。

22　嶽春穎、王大鵬、嚴潔：〈社交媒體時代的選民投票行為研究 —— 以美國 2012 年與 2016 年總統選舉為例〉，《北大政治學評論》，第 4 輯（2021），頁 2。

相關法律法規的組別都應受到相應的處罰。對澳門立法會選舉來說，舉辦選舉宣傳活動也是選舉日中最重要的環節，每個社團根據自身的需要在選舉投票時段開展拉票活動。查閱大量文獻以及資料發現澳門立法會選舉各組別所開展的活動相較於台灣地區及香港地區來說都是比較落後且改變較慢的。但是近兩屆澳門立法會選舉也漸漸引入了新媒體的宣傳，使得市民能夠通過更多元化的管道去了解選舉並參與進選舉這項活動。綜上，可得出每個選舉組別的政綱能夠體現候選人對政局的分析以及選舉的決策。候選人通過所在社團的使命以及選民的訴求去制定政綱，並決定用甚麼樣的方法進行各式各樣的選舉活動。進行選舉活動的過程時刻需要大量經費的支援。因此，政綱、經費以及所開展的宣傳活動是澳門立法會選舉候選人選舉策略中的選舉營銷組合，候選人的有效得票數也與這三個因素的變化密不可分。

2.2 研究方法

2.2.1 多元回歸分析法

多元回歸分析是指在相關變量中將一個變量視為因變量，將其他一個或多個變量視為引數，建立多個變量之間線性或非線性數學模型數量關係式並利用樣本資料進行分析的統計分析方法。另外也有討論多個引數與多個因變量的線性依賴關係的多元回歸分析，稱為多元多重回歸分析模型。本章採用多元回歸方式分別探討選舉政綱、選舉宣傳活動以及選舉策略對候選人得票率的影響。更具體地說我們首先討論選舉政綱類目下行政法務、經濟財政、保安、社會文化以及運輸工務對於候選人得票率的影響。其次我們再討論宣傳活動類目下派單張、造勢晚會、海報、影音號以及電視節目對於候選人得票率的影響。最終我們要討論選舉策略（選舉政綱、選舉支出、選舉宣傳活動）對於候選人得票率的影響。

2.2.2　研究對象

本章將以澳門立法會第五屆（2013 年）、第六屆（2017 年）和第七屆（2021 年）選舉為例，對其競選策略中的政綱，經費以及宣傳活動進行有針對性的研究，並分析競選策略對候選人得票率的影響。首先我們考慮到數據選取的可能性，從澳門立法會選舉官網上能夠直接收集到這三項數據，能夠確保數據來源的準確及可靠性。

2.2.3　數據收集及處理

本章所使用的數據來源均來自於澳門立法會選舉官網（https://www.eal.gov.mo/zh_tw/introduction.html）以及澳門特別行政區印務局官網（www.io.gov.mo）。本章所收集資料均為橫截面資料。

1. 通過澳門立法會選舉官網公佈的候選人政綱圖，筆者收集到第五屆（2013 年）、第六屆（2017 年）和第七屆（2021）參與直接選舉的所有組別的政綱數據。

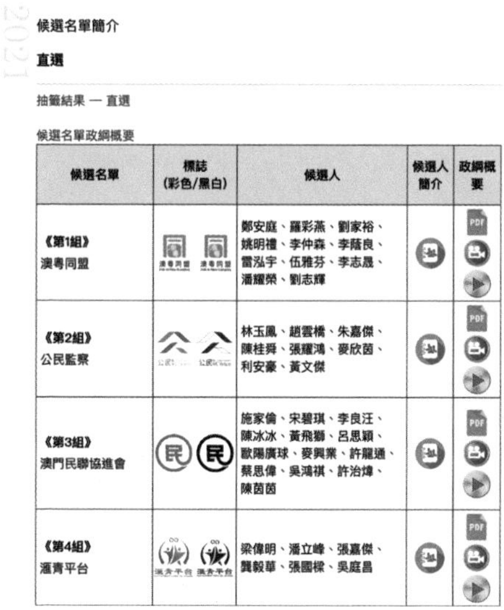

2021
候選名單簡介

直選

抽籤結果 一 直選

候選名單政綱概要

候選名單	標誌（彩色/黑白）	候選人	候選人簡介	政綱概要
《第1組》澳粵同盟	澳粵同盟 澳粵同盟	鄭安庭、羅彩燕、劉家裕、姚明禮、李仲森、李蔭良、雷泓宇、伍雅芬、李志晟、潘耀榮、劉志輝		PDF
《第2組》公民監察		林玉鳳、趙雲橋、朱嘉傑、陳桂舜、張耀鴻、麥欣茵、利安豪、黃文傑		PDF
《第3組》澳門民聯協進會	民 民	施家倫、宋碧琪、李良汪、陳冰冰、黃飛獅、呂思穎、歐陽廣球、麥興業、許龍通、蔡思偉、吳鴻祺、許治煒、陳茵茵		PDF
《第4組》滙青平台	滙青平台 滙青平台	梁偉明、潘立峰、張嘉傑、龔毅華、張國樑、吳庭昌		PDF

圖 2-1

通過對澳門政綱相關文獻的查閱，選取蔡永君的《澳門立法會議員利益表達與公共政策——一個書面質詢的角度》為參考，結合歷個財政年度的政府施政報告，確定了 5 個政綱類別以及類別所包含的主題。根據官網收集的政綱圖把每個組別在三屆選舉中所提出的政綱分別歸類並計次。

表 2-1

政綱類別	行政法務	經濟財政	保安	社會文化	運輸工務
政綱主題	公正廉潔 公民監督 公共行政 健全法制 推進政務	區域經濟 旅遊文化 扶持企業 勞工與就業 博彩業 消費權益 職業安全	治安管理 出入境管理 毒品問題 走私防範	社會服務 社會保障 食品安全 醫療衛生 津貼發放 教育	城市規劃 住房保障 樓宇維修 環境保護 土地批給 舊區改造 公共交通

表 2-2

組別	網類目數量				
	行政法務	經濟財政	保安	社會文化	運輸工務
第 1 組 澳粵同盟	1	3	0	12	13
第 2 組 公民監察	3	2	0	7	7
第 3 組 澳門民聯協進會	2	2	0	7	3
第 4 組 滙青平台	6	10	0	9	2
第 5 組 澳門發展力量	8	5	1	8	9
第 6 組 傳新力量	4	3	0	2	6
第 7 組 言起新力量	8	3	0	6	6
第 8 組 羣力促進會	7	6	0	5	8
第 9 組 美好家園聯盟	2	7	0	13	7
第 10 組 澳門公義	2	6	0	7	4
第 11 組 同心協進會	4	6	2	4	6
第 12 組 思政動力	3	3	0	3	8
第 13 組 澳門基本法推廣宣傳工作聯盟	不符合規範				
第 14 組 新希望	4	1	0	17	2

註：上表為 2021 年澳門立法會選舉政綱類資料，其他兩屆資料也進行同樣的處理。

　　根據澳門立法會選舉官網公佈的第五屆（2013 年）、第六屆（2017 年）和第七屆（2021 年）直接選舉組別選舉賬目公報，筆者收集到所有參與選舉組別的競選財政數據。根據收集到的三屆競選財政數據，筆者把每組的支出（有調整的使用調整後的）單獨拿出來作為選舉支出的數據用於後文進行回歸分析。

表 2-3

| 組別 | 申報的總收入 | 申報的總支出 | 經選管會調整 |
直接選舉	（澳門元）	（澳門元）	租金後的總支出（澳門元）
第 1 組 澳粵同盟	$3,000,000.00	$2,636,139.00*	$2,677,239.80
第 2 組 公民監察	$875,963.79**	$875,963.78	--
第 3 組 澳門民聯協進會	$2,098,986.00	$2,098,986.00	--
第 4 組 匯青平台	$215,602.10	$215,602.10	--
第 5 組 澳門發展力量	$306,700.00	$295,696.02*	$301,592.27
第 6 組 傳新力量	$247,064.30	$247,064.30	--
第 7 組 言起新力量	$653,563.00	$653,563.00	--
第 8 組 羣力促進會	$1,680,828.55	$1,680,828.55	$1,685,797.09
第 9 組 美好家園聯盟	$1,385,917.66	$1,385,917.66	--
第 10 組 澳門公義	$253,243.11	$253,243.11	--
第 11 組 同心協進會	$2,346,000.00	$2,346,000.00	$2,371,000.00
第 12 組 思政動力	$198,856.70	$198,856.70	$212,482.12
第 13 組 澳門基本法推廣宣傳工作聯盟	不符合規範		--
第 14 組 新希望	$855,178.00	$855,178.00	$892,252.20
退選 博企員工新力量	$0.00	$0.00	--
澳門全勝	$0.00	$0.00	--
拒絕接納 民主昌澳門	$67,028.40	$67,028.40	--
博彩新澳門	$2,000.00	$2,000.00	--
學社前進	$139,660.00	$139,660.00	--
新澳門進步協會	$15,590.39	$15,590.39	--

根據澳門立法會選舉官網公佈的第六屆（2017年）和第七屆（2021年）參選組別申報的宣傳活動，筆者收集到所有宣傳活動的日期及詳細內容。由於澳門立法會官網沒有公佈第五屆（2013年）選舉宣傳活動的數據，因此本章只採用第六及第七屆的數據進行分析，就兩屆數據進行了一個全面的收集並系統地把活動歸類計次。表2-4為所有統計出來的宣傳活動類別。由於宣傳活動種類繁多且歷屆宣傳活動類目有一定的變化，因此在本章中挑選出最具有代表性的五個類目作為宣傳活動的數據。

表 2-4

線上宣傳	線下宣傳
影音號	派單張
微信	政綱宣講
Facebook	派宣傳物品
Youtube	造勢晚會
Instagram	攤位遊戲
直播	海報
電視節目	宣傳車巡遊
WhatsApp	表演

註：影音號：參選組別通過微信視頻號進行線上宣傳的一種方式。

電視節目：參選組別通過電台論壇的節目進行選舉信息的宣傳。

派單張：參選組別通過派發含有組別選舉信息的宣傳單張進行宣傳。

造勢晚會：參選組別通過在線下舉辦誓師大會來召集更多支持該組的選民為其及加油打氣，並爭取更多的選票。

海報：參選組別通過張貼宣傳海報的方式來讓選民了解選舉資訊。

圖 2-2

　　圖 2-2 為 2021 年澳門立法會選舉組別粵澳同盟的部分宣傳活動內容。從圖中可以看到該組別在選舉日開展的宣傳活動時間、地點、內容以及細節方面的數據。筆者收集了第五、第六屆所有參選組別的宣傳活動數據並繪製成表格。從中挑選出表 2-5 的代表性數據歸類並用於後文的回歸分析。

　　根據澳門立法會選舉官網公佈的第五（2013）、第六（2017）、第七屆（2021）選舉總核算結果，筆者收集到每屆參選組別的有效得票以及得票率。

表 2-5

各候選名單得票數目			
第 1 組 —— 澳粵同盟	15575	824	414	16813
	13.17%	7.85%	12.44%	12.73%
第 2 組 —— 公民監察	3084	557	88	3729
	2.61%	5.31%	2.65%	2.82%
第 3 組 —— 澳門民聯協進會	24451	1373	775	26599
	20.68%	13.09%	23.29%	20.14%
第 4 組 —— 涯青平台	480	48	14	542
	0.41%	0.46%	0.42%	0.41%
第 5 組 —— 澳門發展力量	815	84	19	918
	0.69%	0.80%	0.57%	0.70%

2.2.4 條件變量的設計

選舉政綱在本章中指的是參加澳門立法會選舉的組別當選後的施政綱要，它代表了該組別所在社團的使命。政綱在一定程度上也代表了社團以及候選人個人的利益表達。當該利益表達與選民內心利益訴求相通時，就能給該組別帶來更多的選票。因此，候選人在競選決策中需要把社團的使命以及選民的訴求相結合來制定合適的政綱。

選舉經費在本章中指的是澳門立法會選舉參選組別在選舉期間所產生的所有支出。支出的多少在一定程度上能夠體現參選組別為該次選舉所做出的努力，金錢在選舉策略中是一項必不可少的因素。

宣傳活動在本章中指的是澳門立法會參選組別在選舉日的十四天中所開展的所有有關宣傳的活動。宣傳活動的類別以及數量也能夠顯著的體現出組別在選舉文宣方面的策略。

　　競選策略在本章中是由選舉政綱、選舉宣傳活動以及選舉經費三者共同來衡量的。

2.2.5　結果變量的設計

　　根據澳門立法會選舉官網公佈的第五屆（2013 年）、第六屆（2017 年）和第七屆（2021 年）選舉總核算結果，筆者收集到每屆參選組別的有效得票以及得票率。本章選取各組別的有效得票率作為結果變量來體現各組別的競選策略成效。

2.2.6　多元回歸分析框架

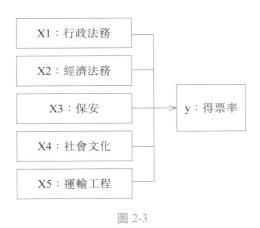

圖 2-3

$y_{it}=\alpha+\beta_1*X_1+\beta_2*X_2+\beta_3*X_3+\beta_4*X_4+\beta_5*X_5+\varepsilon$ (1)" 這個公式為檢驗政綱要素組成對得票率的影響。更為具體的,在以上公式中,X_1—X_5 分別對應選舉政綱中 5 個類目,即行政法務、經濟財政、保安、社會文化以及運輸工務。α 為常數項,β_1—β_5 為回歸係數,ε 為不可觀測值(隨機擾動項)。

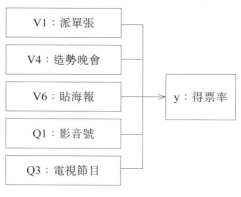

圖 2-4

"$y_{it}=\alpha+\beta_1*V_1+\beta_2*V_4+\beta_3*V_6+\beta4*Q_1+\beta_5*Q_3+\varepsilon$ (2)" 這個公式為檢驗選舉宣傳活動組成對得票率的影響。更為具體的,在以上公式中,V1—Q3 分別對應選舉宣傳活動中 5 個項目,即,派單張、造勢晚會、海報、影音號以及電視節目。α 為常數項,β_1—β_5 為回歸係數,ε 為不可觀測值(隨機擾動項)。

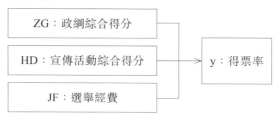

圖 2-5

"$y_{it}=\alpha+\beta_1*ZG+\beta_2*HD+\beta_3*V_6+\beta_4*JF+\varepsilon$ (3)" 這個公式為檢驗競選策略對得票率的影響。更為具體的，在以上公式中，ZG，HD 和 JF 分別對應競選策略中的選舉政綱、選舉宣傳活動以及選舉經費。α 為常數項，β_1—β_3 為回歸係數，ε 為不可觀測值（隨機擾動項）。

2.3 描述性統計分析

一、政綱樣本

　　本章選取了 13 個在 2013 年、2017 年以及 2021 年都參加了澳門立法會選舉的組別進行分析。三屆行政法務類政綱的數量均值分別為 8.3846、5.6154 和 4.1438。三屆經濟財政類政綱的數量均值分別為 2.8462、3.4615 和 4.3846。三屆保安類政綱的數量均值分別為 0.1538、0.3077 和 0.2308。三屆社會文化類政綱的數量均值分別為 8.3077、7.9231 和 7.6923。三屆運輸工務類政綱的數量均值分別為 5.6154、5.1538 和 6.2308。從三屆數據對比下來可知，有關行政法務類的議題在逐漸減少，側面反映了澳門政府對於制度的完善以及公正廉潔這些方面都有所提高。經濟財政類的政綱議題反而在不斷地增加，證明公民對這方面的訴求還在增加。社會文化和運輸工務屬於民生類的政綱議題，兩者都保持在一個較為穩定的數值上，意味着公民對於民生類的問題持續給予着關注。

政綱數據

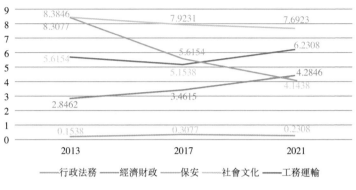

圖 2-6

二、選舉宣傳活動樣本

　　本章選取了 13 個在 2017 年及 2021 年都參加了澳門立法會選舉的組別進行分析。兩屆參選組別在宣傳活動中派單張的次數均值分別為 145.4615 和 223.6923。兩屆參選組別在宣傳活動中組織造勢晚會的次數均值分別為 0.9231 和 1.5385。兩屆參選組別在宣傳活動中張貼海報的次數均值分別為 2.9231 和 28.5385。兩屆參選組別在宣傳活動中使用影音號的次數均值分別為 0 和 24.8462。兩屆參選組別在宣傳活動中通過電視節目宣傳的次數均值分別為 6.4615 和 3.3846。從兩屆宣傳活動資料來看，派單張、造勢晚會、海報均值都在上升，意味着線下選舉宣傳的激烈程度比以往更高。反觀線上宣傳活動資料發現，影音號均值在上升，而電視節目均值在下降，說明人們對於線上網路宣傳的接受度在提高，不再那麼依賴電視節目來了解選舉。

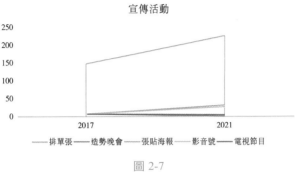

宣傳活動

250
200
150
100
50
0

2017　　　　　　　2021

—— 排單張 —— 造勢晚會 —— 張貼海報 —— 影音號 —— 電視節目

圖 2-7

三、澳門立法會關於選舉經費

　　從表 2-6 中可以看出，在 2013 年、2017 年和 2021 年
這三年當中，澳門立法會關於選舉經費支出與得票率的對
比，經費方面支出最高的分別是第十二組改革創新聯盟、
第十四組澳門發展新聯盟、第一組澳粵同盟，依次得票率為
5.98%，6.05% 和 12.73%，且有效得票數也依次在遞增，從
8755 票到 16813 票。由此我們可以看出，一直以來，澳門
立法會都極其注重新的聯盟方面的發展。同時，經費高的類
別，其得票率也很可觀。

表 2-6

年份	組別	競選支出		得票率	
		競選總支出（澳門幣）	單張選票支出（澳門幣）	有效得票	得票率
2013 年	第 12 組 改革創新聯盟	3,879,100.00	443.07	8755	5.98%
2017 年	第 14 組 澳門發展新連盟	2,795,138.50	267.43	10452	6.05%
2021 年	第 1 組 澳粵同盟	2,677,239.80	159.24	16813	12.73%

2.4 實證分析

一、政綱數據多元回歸分析

通過對 2013 年第五屆澳門立法會選舉組別選舉政綱與得票率的回歸分析。我們發現只有經濟財政是稍微突出的。2013 年的澳門正處於經濟飛速發展的時代，受惠於博彩業以及貿易出口等活動，澳門全年的本地生產總值保持着穩定增長的趨勢。因此在 2013 年澳門立法會選舉中區域經濟、旅遊文化、博彩業以及消費權益等政綱議題數量的增加，能夠給參選組別帶來更多的選票。反之，行政法務與保安的政綱議題帶來的結果是負向的。結合澳門當時的情況可知，在 2013 年澳門治安管理以及制度方面都比較落後。根據人民網數據記載，2013 年澳門涉毒犯罪的案件提升了逾八成。當時人們對於這兩方面的一個認知水準以及對於改善制度條例等都處在一個比較局限的狀態，即使這兩塊的政綱議題增多，也不能帶動選民的投票行為。通過對 2017 年第六屆澳門立法會選舉組別選舉政綱與得票率的回歸分析，以及對比 2013 年的結果，可以發現經濟財政方面的議題係數由正向變為了負向。結合澳門局勢可知，在 2017 年之前的三年澳門的經濟由於受到小型經濟危機的影響一直處於一個收縮狀態。因此經濟方面的議題並沒能夠給參選組別帶來更多的選票。而保安類政綱議題係數由負轉正並且逐漸增大，可以看出公民的社會認知和意識都在逐漸提升，對於政府治安管理方面的訴求也在增強。社會文化以及運輸工務兩類政綱議題穩定的對參選組別得票有正向影響，意味着澳門飛速發展的同時，公民對於社會保障、教育、交通和住房等等方面時刻有着一定的訴求。通過對 2021 年第七屆澳門立法會選舉組別選舉政綱與得票率的回歸分析後發現，選舉政綱對於其組別的得票率影響是微弱的。基於政綱類目下的關於保安、社會文化和運輸工務條例有關的提案增多對於得票率雖然起到一定的促進作用，但是還作用十分微弱。從整體上可以看出，若是參選組別的選舉政綱過多的關注澳門的制度、公正廉潔、區域經濟或是旅遊文化等方面，並不能給它們帶來更多的選票，因為站在大多數普通選民的角度來説，這些都不能直接地給他們帶來好處，或者説很多人都不懂這些方面的改變對他們來説意味着甚麼。但是保安、社會文化以及運輸工務這三類政綱在某種程度上就代表了民生，即公民的訴求，選民們在投票的時候一定會更加關心的是他們所支持的組別能不能在治安管理、社會服務、社會保障以及住房保障等民生方面去做出更好的改變，從而去提高公民的一個幸福指數。若是參選組別能在這三個方面的政綱多下功夫，便能獲得更多選民的支持。

表 2-7

	y：得票率		
	2013	2017	2021
x1：行政法務	-0.158	0.044	-0.199
	0.106	0.168	0.208
x2：經濟財政	0.390*	-0.355	-0.186
	0.202	0.215	0.193
x3：保安	-0.927	0.613	0.826
	1.026	0.488	0.826
x4：社會文化	0.013	0.16	0.083
	0.091	0.097	0.116
x5：運輸工務	0.066	0.218	0.013
	0.176	0.272	0.156

	y：得票率		
	2013	2017	2021
截距	8.433***	7.021***	2.022
	0.561	1.14	1.978
觀測值	13	13	13
調整後的 R 平方	-0.039	0.052	-0.147

註：* 為 p<0.1，** 為 p<0.05; *** 為 p<0.01 方差膨脹因數 VIF 均在 0—8 之間

二、宣傳活動資料多元回歸分析

　　根據對 2017 及 2021 屆澳門立法會選舉組別宣傳活動與得票率的回歸分析結果發現，2017 年澳門立法會選舉的宣傳活動類別中造勢晚會、海報以及電視節目在一定程度上都對候選人的得票率起到了一定的促進作用。查閱新聞及各組別的數據可知，造勢晚會是各組別選舉宣傳活動中最重要的一項，往往會花費大量的金錢來佈置現場，並請到大量的支持者來現場為該組別的選舉造勢，以吸引更多的選民為其投票。海報的張貼是每一組都一定會做的一項宣傳活動，在政府指定的張貼地點每個參選組別都會張貼自己組的宣傳海報，這是選民了解候選組別最直接且最簡單的方式。通過收集的數據觀測，2017 年澳門立法會選舉時網路宣傳方面的活動其實是比較少的，市民對於通過網路了解選舉這項途徑的認知還比較狹隘，導致了影音號這類宣傳活動並沒有給參選組別帶來更多的選票。反觀電視節目確實有對候選人得票帶來促進作用，通過收集的活動數據了解到，大部分組別都有參加澳門電視節目的論壇或是訪談，因此在網路不夠發達的時代選民對於通過電視節目了解選舉還是比較習慣的。2021 年澳門立法會選舉組別的宣傳活動中派單張與海報宣

傳都對候選人的得票率有較強的促進作用。

表 2-8

	2017	2021
V1：派單張	-0.002	0.007**
	0.004	0.002
V4：造勢晚會	0.103	-0.271
	0.117	0.098
V6：海報	0.138	0.025**
	0.144	0.028
Q1：影音號	-0.038	-0.014
	0.095	0.007
Q3：電視節目	0.017	-0.306
	0.11	0.106
截距	7.717	8.835
	0.911	0.666
觀測值	13	13
調整後的 R 平方	-0.067	0.539

註：* 為 p<0.1，** 為 p<0.05; *** 為 p<0.01 方差膨脹因數 VIF 均在 0—8 之間

三、競選策略資料多元回歸分析

在 2013 年澳門立法會選舉中選舉政綱以及經費的支出都能給候選人的得票率帶來較強的促進作用。尤其是經費的支出對候選人的得票影響是巨大的，因此在 2013 年澳門立法會選舉各組別的選舉策略中增加經費的支出能夠明顯提升候選人的得票數。在 2021 年澳門立法會選舉中經費支出能夠給候選組別的得票率帶來強烈的促進作用。

表 2-9

	2013	2017	2021
ZG：選舉政綱	0.028*	0.384	-1.794
	0.044	1.159	0.96
JF：選舉支出	0.606***	0.555	1.241***
	0.132	0.358	0.252
HD：宣傳活動	0.318*	0.093	0.359
	0.296	0.659	0.291
截距	0.422	0.348	-6.936
	1.75	7.014	3.298
觀測值	13	13	13
調整後的 R 平方	0.627	-0.015	0.73

註：* 為 $p<0.1$，** 為 $p<0.05$；*** 為 $p<0.01$ 方差膨脹因數 VIF 均在 0－8 之間

2.5 結論與建議

2.5.1 研究結論

從三屆澳門立法會選舉的政綱議題量來看，民生方面的政綱議題一直處於一個高居不下的位置，可以看出澳門公民對於民生方面的訴求也是非常強烈。澳門立法會選舉組別若是能在民生類政綱上多下功夫，將提升澳門公民的幸福指數作為選舉政綱的主要策略，定能獲得更多選民的支持。

根據兩屆澳門立法會選舉的宣傳活動類型以及數量得出，澳門立法會選舉的宣傳模式在逐漸改變。網路社交媒體的發展給選舉宣傳帶來了全新的模式，影音號等網路宣傳媒體逐漸在替代電視節目、廣播電台等傳統平台。但是作為主流的線下宣傳模式依然在澳門盛行，並且呈現上升的趨勢，

證明派宣傳單、貼海報以及參加造勢大會等宣傳活動還是選民們了解立法會選舉的主要途徑。

在澳門立法會選舉中參選組別的選舉政綱、選舉財政支出以及選舉的宣傳活動均屬於選舉策略的一部分，通過這些因素能夠影響候選人的選舉策略，進而影響參選組別的得票率。

通過對澳門立法會選舉組別的競選策略與得票率進行回歸分析發現，選舉政綱、選舉支出以及選舉宣傳活動都能在選舉中促進候選人的得票率提高。其中選舉支出對候選人的得票率有顯著影響。對於候選人來說大多數選舉支出都用於宣傳活動，若是能在選舉中增加經費的投入並且開展更多的宣傳活動，定能給候選人帶來更多的選票。

2.5.2 建議

選舉支出能夠在很大程度上影響選舉結果，難免會出現資金充足的組別在選舉中做出用金錢換選票的舉動，在澳門立法會選舉歷史上也出現過各種各樣的賄選情況。因此有關選舉的制度與法案方面還需要澳門政府不斷地加強完善。

經過相關法律法規的修改，澳門現行的立法會選舉制度實際上雖然已經在逐步完善，但亦存在一些問題。如果簡單地將每個問題單獨分析以謀求解決之道，一來容易忽視表象背後的問題，二來極易割裂部分和整體的關係。制度的形成、變革和發展既有歷時性因素，也有共時性因素。而所有這些因素經過累積，構成了制度形成和演進的傳統資源，並成為支撐制度運作，滋養制度生長的歷史生態環境。通過對傳統資源和歷史生態環境的整理與挖掘、剖析和省思，才有可能在理清和深刻認識制度深層問題的同時，尋找到正確解決問題和彌補缺陷的思路和方向。民主制度無疑是許多國家孜孜以求的目標，亦是人類社會的美好狀態。終點或許一樣，但推進及擴大民主的方式和程度不應有統一的、絕對的標準，面對其他國家或地區的經驗，不能人云亦云，丟失主體性意識。我們也應該綜合現有條件，尊重歷史傳統，珍視本土資源，從而提高澳門自身的發展和實力。

第 3 章

女性候選人的差異化策略

章節簡介

　　隨着澳門現代社會的發展與法治時代的來臨，民主選舉在澳門目前的政治體系中扮演着越來越重要的角色。同時，有越來越多的女性產生參與到民主選舉的意義。在這一背景之下，本章針對影響澳門候選人得票率的因素出發，對 2005－2017 年澳門立法會直接選舉組別政綱進行統計，運用內容分析法及定性比較分析法對選舉過程中女性候選人的差異化策略進行研究。在候選人所在組別的政綱色系方面，發現落選女性候選人所在組別政綱版面色系與勝選組別存在差異。其中勝選女性候選人的政綱多以暖色系版面為主，而落選女性候選人的政綱則傾向冷色系。在版面表現形式方面，勝選的女性候選人所在的競選組別與落選組別也存在差異。從分析的結果可以判定勝選的女性候選人組別在版面形式方面傾向以圖片結合文字的文宣風格。而落選候選人方面，更加多地選擇了文字呈現的方式。可見，勝選女性候選人與落選女性候選人的政綱文宣風格存在較大差異。

3.1 文獻綜述

3.1.1　選舉議題相關研究

選舉在澳門的民主政治實施環節中扮演着重要的角色，市民可以通過實施自身的選舉權利來決定澳門立法會直接選舉中立法會議員的當選情況，並且藉此影響地區的治理。而在選舉過程中，各個候選人為了贏得選舉的成功，獲得選民的支持，就會在議題上做文章。因此，談到政治就是談到議題。[1]

無論對於世界各地，選舉歷來就是一場宣傳戰，而通過選舉宣傳廣告等各種宣傳管道有效地設置議題，從而直接搶奪其話語權已經明顯地成為了選舉宣傳的最重要一個組成部分。從其概念上而言，有多個專家學者對於選舉中議題的真正基本含義和其主要作用、意義進行了討論。對於那些作為選舉宣傳者的候選人而言，議題的設置往往是通過候選人傳達其所謂的競選訊息（campaign-massage）得以實現的，即一個候選人主動與眾多選民溝通分享其資訊，表達其在眾多選民心目中所關切的議題上所可能持有的意見和立場。在其後續的競選議題研究中，也陸續有學者和相關國內、外的學者對這個所謂的議題本身進行了進一步對研究，議題本身即候選人們所主張且最受選民關心的選舉和公共政策，是意味着候選人和其選民之間最為直接而有效的連結。而在競選過程中議題的設置（issue-setting）不但可能決定了一個候選人

1　Edward G. Carmines & James A. Stimson. *Issue Evolution: Race and the Transformation of American Politics*. Princeton University Press, 1989.

可以選擇表達甚麼以及通過甚麼的方式進行表達，還可能意味着候選人自己在當選後的公共政策和傾向，因而議題在選舉和未來的公共政治中佔據了一個最核心的位置。

通過對各個國家、地區間特別是美國的總統大選進行分析後，學者發現不同的競選議題會在公眾視域內獲得顯著的認知差異[2]。比如越年輕的選民越有可能支持聯邦經濟中立的立場；而接受聯邦政府教育的程度愈高者愈有可能理解和支持聯邦政府的經濟立場；而處於底層社會的聯邦選民在該經濟議題上的政治立場差異較其它階層的選民大。而多集中於社會管理階層對於選民在該議題立場上的影響不存在。在教育議題上，不分學生的年齡、教育背景、家庭與社會的階層，立場都呈向一端集中的趨勢，即越有可能持增加公立的學校家庭與聯邦教育支出的極端立場。但是年齡越小者，所屬家庭與社會的階層越低者越有可能持增加公立學校家庭與聯邦教育支出的極端立場。

基於這一認識，越來越多的學者採用媒介影響理論，研究政治選舉怎樣通過議題宣傳影響甚至控制公眾的認知、評價，從而實現政治影響的擴大甚至取得更多的選票乃至取得選舉的勝利。

3.1.2　候選人形象構建相關研究

人類的社會經濟生活對形象的追求和關注一直都處在活躍的發展狀態。人們口頭、書面、形體、行為方式和語言

2　Maxwell E. McCombs & Donald L. Shaw. "The Agenda-Setting Function of Mass Media."*The Public Opinion Quarterly*, vol.36, no.2, 1972, pp.176-187.

越來越多地離不開形象這兩個字。從一定的程度上可以說，對形象的追求與塑造已經廣泛地成為了維繫我們個人、大眾、企業、政府和其他城市、地區、民族等其他社會經濟組織的生存和經濟社會發展的一種基本的目標和重要手段。形象的覆蓋面已經廣泛地包含在了人們的社會經濟生活的各個角落。

關於候選人形象的研究較為豐富，其中受到廣泛認同的包括候選人決定論和認識決定論。候選人決定論指出，候選人通過特定的競選策略，刻意塑造自己的形象，強調個人特徵，並在傳播之後，對候選人在選民心中的形象產生至關重要的影響。認識決定論是指選民根據候選人的現有立場和政治偏見來評價候選人的形象。

在形象的策劃、塑造與管理中，需要重點注意八點：對形象的規劃、策劃、塑造、管理、危機、評估（主要包括形象策劃評估的基本含義與價值、主要的內容、原則與管理方法等）；個體的形象（主要包括個體的角色、職業、性別和禮儀等）；和不同企業組織類型的形象學研究（主要包括大型企業、醫院、學校、政府、城市、區域和國家形象等。）

政治語境中的形象構建起源於社會科學，越來越多的學者從政治競選的角度研究候選者在相對應的政治環境下應當採取的身份構建措施和手段[3]。關於形象構建，有學者從禮貌與形象構建的角度研究競選者的公眾形象[4]。還有學者研

3　Anna De Fina, et al., editors. *Discourse and Identity*. Cambridge University Press, 2006, pp.1324-1328

4　陳倩、冉永平：〈有意不禮貌環境下身份構建的和諧——挑戰語用取向〉，《外語與外語教學》，第 6 期（2013），頁 15—18。

究了競選者在公眾可見的日常工作中和與市民的對話中如何構建不同的形象來建立彼此和諧的關係[5]。也有學者研究在競選演講和競選政治綱領的表達中，競選者如何通過對於自身形象的構建來取得市民的信任[6]。

個人形象通常是指一個社會獨立個體基於自身表徵具有獨特性的自我形象範疇，具體而言可能但不限於涵蓋這一個體的品質、性格、與他人交際的能力，為人處事的風格等等。關於個人形象的構建，有學者研究了在 2016 年美國總統大選中，希拉莉·克林頓是如何通過自身形象構建來取得選區選民的信任的[7]。希拉莉·克林頓通過電視辯論、網路自媒體等途徑構建出一個既有事業心，又親切且具有女性特質的競選者形象。

但同時，需要認識到無論政治形象構建抑或是個人形象構建都無法單獨孤立存在，候選人在通過構建自身形象進行政治競選的過程中既要關注與自身個人形象，同時也要緊緊抓住政治形象構建。

3.1.3　文宣風格相關研究

政治競選活動營銷相關文案與其他政治競選活動相關

5　李成團：〈中日美命令/請求言語行為回應中關係管理與身份構建的對比研究〉，《外語與外語教學》，第 2 期 (2013)，頁 51—55。

6　陳露：〈美國 2012 總統大選辯論中競選者個體身份建構研究〉，碩士論文，南京大學，2015 年。

7　夏玉瓊：〈美國總統大選辯論中的身份建構與解構 —— 以 2016 年總統候選人希拉里·克林頓為例〉，《華僑大學學報 (哲學社會科學版)》，第 1 期 (2019)，頁 138—148。

文案，簡稱為廣告文案，是泛指從文案設計到表現的整個傳播活動過程中能有效地傳遞政治競選活動主持人的所有競選內容的一種廣告文本。它的內容幾乎包括了廣告作品的全部，如廣告文字、繪畫、照片及佈局等。政治候選人營銷廣告是一種廣告形式，它主要通過競選廣告宣傳自身資訊，包括報紙，定期的電視廣告或網站標題等等諸多方式。隨着互聯網的發展，很多競選者也大規模地運用互聯網手段來進行有關自身及自身所在黨派的相關宣傳，而通過博客或 Twitter 等現代化方式進行宣傳已經成為推廣政治資訊的一種新方式。

在所有產品的文案宣傳或廣告中，產品都具有使用價值和象徵價值（符號價值）。在這個現代社會和消費模式的社會中，各種各樣的商品的供應超過需求，人們消費和生活方式已經從過去對實用價值的追求逐漸轉變為對品牌價值的追求，即追求具有符號價值的產品。由於各種商品的符號價值逐漸形成，我國的商品經營者越來越重視廣告製造商給商品經營者帶來的符號價值和意義，因此廣告主需要充分利用各種廣告元素和形式來展示不同的產品。要充分利用各種廣告的標誌性價值，在整體的外觀、材質和功能上，充分展示不同產品的文化歷史、風格、社會主流和價值，甚至用戶的政治身份和社會地位。

本章吸收並採納在前人在議題方面的主要分類，採用女性的妝容特質等來衡量女性形象構建中女性特質，採用廣告文字、繪畫、照片和佈局等作為文宣風格的衡量依據，並由此研究澳門立法會競選中男性與女性，勝選與落選女性在選舉議題、候選人形象構建和文宣風格這三方面的差異，具有一定創新價值。

3.2 研究方法

3.2.1 研究假設

在議題方面，分析多年來的相關研究可見，女性與男性在政治參與，政治態度以及政治傾向上存在差異[8]。影響女性候選人獲得澳門立法會議員議席的原因有很多，但民眾對於競選中候選人的政綱較為敏感。基於此，結合澳門立法會議員競選，我們假設，男性與女性候選人在競選議題上存在差異。同時，我們假設競選議題也是造成女性候選人之間存在差異的原因。

在形象構建方面，男性與女性在自身形象、政治形象上存在差異，女性在競選中更加偏向於親切、獨立和關愛大眾的形象，而男性往往表現為在個人形象上更加有力量。女性候選人的親切和親民的形象在其政治選舉中是區別與男性的一個優勢。而因此，我們假設，澳門立法會議員選舉中，男性候選人與女性候選人在形象構建方面存在差異。同時假設，勝選女性候選人與落選組別女性候選人的形象構建存在差異。

在文宣風格方面，不同性格、性別的候選人有着不同的文宣圖案、構圖模式和顏色等等，我們試圖探究，男性候選人與女性候選人在文宣風格方面是否存在差異，以及，女性候選人之間在文宣風格方面是否存在差異，並以此分析文宣風格是否是決定候選人取得競選勝利的原因。因此，我們假

8　周碧娥：〈性別體制、政經結構、和婦女運動的多元化〉，《思與言》，第 1 期（1990），頁 69—91。

設，男性候選人和女性候選人，勝選女性候選人和落選女性候選人之間在文宣風格方面存在差異。

為了研究澳門立法會競選中男性候選人與女性候選人，勝選女性候選人和落選女性候選人在競選議題、形象構建與文宣風格上的差異，本章採用內容分析法與定向比較分析法，客觀地分析 2005—2017 年歷屆澳門立法會選舉。

3.2.2　數據來源

本章的樣本為 2005 年 2017 年歷年競選中女性候選人政綱部分的議題、候選人形象和文宣風格。在議題方面主要是整理、統計和總結了每年參與直接選舉女性候選人的競選組別中的政治主張議題。在形象構建方面主要統計女性候選人在宣傳政綱中的形象。

在資料統計中，首先統計了 2005 年至 2017 年在直接選舉中勝選的競選組別的政綱議題，議題頻率和直接競選候選組別的政治議題與性別分佈情況。

本章涉及到的變量包括：條件變量與結果變量。條件變量包括議題方向、候選人形象與政綱宣傳的文宣風格。結果變量為候選人所在組別獲得議席的情況以及候選人是否當選立法會議員。

具體而言，在議題方向主要分為政治、宏觀經濟、住房、交通、女性保障、醫療和養老等。候選人形象包括妝容和服裝等。政綱文宣風格主要為主題顏色、數位資料運用、圖片與漫畫運用等。

表 3-1 研究變量定義

變量類型	變量名稱	定義
結果變量	澳門立法會議員競選結果	通過歷屆立法會議員競選結果的得票率以及是否當選直選議員。
原因變量	議題方向	議題方向主要分為政治、宏觀經濟、住房、交通、女性保障、醫療、養老等。
	女性個人形象特質	候選人形象包括妝容和服裝等
	政綱中文宣風格	政綱文宣風格主要為主題顏色、數位資料運用、圖片與漫畫運用等。

3.3 描述性統計分析

3.3.1 候選人議題差異

一、男性與女性候選人議題選擇差異

　　本章針對可能存在的，關於男女候選人在競選議題上的差異進行比較和分析，本部分研究共分成：政治議題、財政經濟議題、稅賦預算議題、澳門特別行政區與中國內地相關議題、治安犯罪議題、交通議題、住房建設議題、文化教育議題、健康醫療議題、環境品質議題、勞工議題、社會福利及弱勢團體議題、婦女議題、就業議題和其他議題，分別與候選人性別進行比較。

　　從 2005 年—2017 年競選的議題分佈情況來看（見表3-2），各個組別在個議題的分佈上較為平均。

表 3-2 2005 年—2017 年取得直接選舉議席競選組別與其政綱議題

年份	勝選名單	議題
2005 年	第三組 民主新澳門	廉政、財政政策、社會公平
	第十八組 澳門民聯協進會	政務、安居、教育、政治、城市規劃、勞資、社保
	第十四組 同心協進會	勞動權益、政府、經濟、民生、和諧社會
	第七組 羣力促進會	幾乎每個議題均有涉及
	第九組 澳門發展聯盟	博彩政治、教育科技、民生福利、經濟
	第十六組 新希望	民生、公屋、勞工、教育等 49 條
	第八組 愛澳聯盟	內地議題、愛國、經濟、政府、教育、法治
	第十三組 繁榮澳門同盟	法治、經濟、政治、醫療、教育、治安、勞工、行政
2009 年	第十二組 同心協進會	勞動權益、生活品質、經濟發展、制度建設
	第七組 澳門民聯協進會	法治、行政、經濟、房屋、就業、教育、青年
	第四組 民主昌澳門	貪腐、民主、民生
	第十組 澳發新聯盟	政治、環保、民生
	第十三組 羣力促進會	各方面 22 條
	第二組 新希望	民主政治、公屋、醫療、教育、社保、經濟發展
	第十五組 民主新澳門	貪腐、民主、就業、住房
	第一組 澳粵同盟	行政、勞資、中小企業、婦女、青少年、廉潔公平
	第五組 革新盟	教育、勞工、行政、青少年、毒品、政治、經濟、民生
2013 年	第十三組 澳門民聯協進會	廉政、法治、公屋、醫療、交通、環保、經濟、福利
	第八組 澳粵同盟	醫療、交通、公屋、中小企業、環保、教育、官員
	第十四組 羣力促進會	民生、公屋、食品安全、法治、中小企業、生活環境
	第九組 新希望	民主法治、官員、房屋公屋、醫療、教育文化、社保
	第一組 澳發新聯盟	博彩、經濟、廉價官員、公屋、扶弱人才、交通
	第六組 同心協進會	經濟、勞動權益、民生、民主、生活環境、教育、青年
	第十九組 民主昌澳門	高官、特首、貪腐、公屋、填海造地
	第五組 民主新澳門	青年、貪腐、民主、就業、公屋

年份	勝選名單	議題
2017 年	第二十組 澳粵同盟	青年、住房、交通、政府
	第十六組 同心協進會	本地居民就業、勞資、經濟、住房、交通
	第九組 澳門民聯協進會	博彩分紅、公屋住房、醫保、托兒、養老、政治
	第六組 新希望	公屋、現金分紅、女性產假
	第二組 羣力促進會	住房、交通、教育、經濟、法治、生活環境
	第十三組 民主新澳門	安居、就業、交通、養老、教育、扶弱、人權、財政
	第十四組 澳發新聯盟	經濟結構、民生、政策、生活環境
	第八組 民眾建澳聯盟	住房公屋、政治、醫療、企業、博彩業、安全、扶弱
	第三組 民主昌澳門	政治、住房公屋、扶弱
	第四組 澳門公民力量	住房、交通、教育、環保、扶弱、就業、政治
	第十一組 共建好家園協會	女性議題、扶弱扶老、教育、交通
	第七組 新澳門學社	政治、人權、交通、公屋、移民、政治、博彩等均有

　　雖然各個組別在個議題的分佈上較為平均，但在性別分佈上存在一定差異（見表 3-3），其中，在政治議題、財政經濟、賦稅預算、內地議題、治安犯罪、交通議題和住房公屋等議題上，男性候選人更加集中；而在文化教育、健康養老、生活環境、勞工議題、社會福利、女性議題和就業議題方面有女性或女性較多的組別則更加側重。因此，可以看出不同性別的立法會議員直選候選人在其關注的議題方面有一定差異。

表 3-3 整體參與直接競選候選組別政治議題與性別分佈

議題	2005		2009		2013		2017	
	男	女	男	女	男	女	男	女
政治議題	12	5	10	3	13	5	18	6
財政經濟	9	3	7	1	11	2	15	7
賦稅預算	6	4	4	2	8	6	12	3
內地議題	3	1	2	1	6	5	10	5
治安犯罪	7	3	5	3	9	6	13	6
交通議題	11	6	8	4	12	8	15	2
住房公屋	9	3	7	3	11	7	15	7
文化教育	6	9	4	7	8	11	12	7
健康養老	7	5	5	5	7	9	11	9
生活環境	3	9	4	7	8	11	12	13
勞工議題	2	2	3	4	7	8	11	4
社會福利	10	10	7	8	12	12	13	8
女性議題	3	8	2	6	6	10	8	8
就業議題	7	9	4	7	8	11	12	5
其他	2	3	3	2	7	6	6	2

二、勝選與落選女性候選人議題差異分析

從勝選與落選女性候選人議題分佈情況來看，在 2005
年，勝選組別的女性議員對於住房、財政政策、文化教育、
就業議題的關注度較高；2009 年的立法會議員競選中，勝
選女性議員在議題選擇上佔比最多的議題為，政治與廉政議
題，交通議題以及社會福利議題。而落選組別的女性候選人

議題關注度最高的分佈在文化教育與廉政建設與政治；2013年的立法會議員直接選舉中，勝選女議員更加關注交通、住房、社會福利議題。而落選組別的女性候選人議題關注度最高的分佈在交通與住房；在 2017 年的立法會議員直接選舉中，勝選女議員更加關注交通議題住房公屋、文化教育、健康養老、生活環境、勞工議題。而落選組別的女性候選人議題關注度最高的分佈在交通、生活環境、文化教育（見表3-4）。

表 3-4 勝選與落選女性議員候選人所在組別議題分佈

議題	2005		2009		2013		2017	
	落選	當選	落選	當選	落選	當選	落選	當選
政治與廉政議題	2	1	0	3	1	2	1	0
財政經濟	1	3	0	1	1	2	1	3
賦稅預算	0	0	1	0	2	1	2	3
內地議題	1	0	0	0	0	0	0	0
治安犯罪	1	2	1	0	1	1	1	2
交通議題	1	1	2	4	2	3	2	4
住房公屋	1	3	2	2	1	3	1	3
文化教育	2	3	0	0	1	1	1	3
健康養老	0	0	1	2	1	2	1	2
生活環境	1	1	0	2	1	1	2	3
勞工議題	1	0	1	1	0	1	1	4
社會福利	1	1	1	3	1	2	1	3
女性議題	0	0	0	1	0	0	0	1
就業議題	1	2	1	1	0	1	1	3
其他	0	0	0	2	2	1	1	2

通過以上對比可以看出，在議題選擇方面，勝選組別女議員與落選組別的女議員之間並沒有太大差異，普遍集中在與市民生活、保障等相關的議題，例如：交通、社會福利、教育、住房與公屋建設等。因此，議題的選擇與性別的關係更加聯繫緊密，而在直接選舉中勝選與落選的女性候選人之間並沒有明顯差異。也就是說，無論是勝選組別還是落選組別的女性候選人，其政綱中的議題都較為相似和集中。這也更加從側面證明了，性別可能造成議題選擇的差異。

3.3.2 女性候選人形象構建的差異

本章同時從女性議員候選人的候選人形象構建方面進行分析和比較，從而研究勝選與落選組別中女性候選人的個人候選形象。由於各個競選組採取的宣傳與競選營銷方式多種多樣，因此，主要對比其共通或統一的政綱的大致內容。也就是說，從政綱中體現出的女性候選人形象來進行落選女性候選人與成功競選的女性議員之間的形象差異對比分析。

一、勝選與落選女性候選人形象差異

在對於女性候選人形象構建的對比因素的選擇上，主要從妝容、面部表情、特殊手勢動作和服飾特點等進行考察比較和分析。

表 3-5 女性候選人形象差異

		妝容	戴眼鏡	微笑	正裝	統一服裝
2005 年	勝選	85.1%	0.0%	100.0%	25.0%	0.0%
	落選	21.5%	66.3%	45.2%	78.5%	63.4%
2009 年	勝選	87.5%	24.6%	85.0%	33.1%	11.5%
	落選	44.5%	64.3%	43.8%	76.1%	61.5%
2013 年	勝選	88.4%	24.8%	85.9%	33.4%	11.6%
	落選	49.4%	71.4%	48.7%	84.5%	68.3%
2017 年	勝選	84.0%	23.6%	81.6%	31.8%	11.0%
	落選	38.0%	55.0%	37.5%	65.1%	52.6%

　　從上表的統計結果來看，在歷年立法會議員的競選中，在形象構建方面，勝選組別女議員與落選組別的女性候選人之間具有較大的區別。尤其在 2005 年的競選中可以看出，成功成為議員的女性，絕大多數宣傳形象為妝容精緻、微笑的形象。而在落選的女性候選人中，戴眼鏡與着正裝的比例最高。其實，這一趨勢幾乎在每一年的女性候選人中都較為明顯。因此，在女性形象構建中，我們可以總結，勝選女議員的形象多數為，微笑有親和力，着非正裝，或沒有穿着競選團隊統一服裝。而未能成功競選的女性候選人，大多數較為嚴肅，服裝色彩較為單一等等。因此，總結而言，柔和親切的形象能夠在某種程度上成為女性候選人的競選優勢。

二、個案分析

　　為增強對於女性候選人形象特質分析的可信度，本節針對多次立法會議員中勝選女性候選人和個別落選女性候選人之形象進行對比。2005—2017 年四屆的，獲得立法會直接選舉議席的女性立法會議員如圖 3-1。

圖 3-1 2005 年立法會女性當選議員

　　從 2005 年立法會成功當選的女性議員特質來看，她們都面帶微笑，其中 3 名女性議員具有較為精緻的妝容，1 名女性議員佩戴首飾。

圖 3-2 2009 年立法會女性當選議員

　　從 2009 年當選立法會議員的女性候選人情況來看，3 位中 2 位具有明顯妝容，具有明顯具有親和力的微笑。而 1 位女性佩戴眼鏡，較為嚴肅，從這一屆的結果來看，形象親切柔和的女性候選人佔多數。

圖 3-3 2013 年立法會女性當選議員

從 2013 年成功當選的立法會女性議員的情況來看，5
位女性中有 4 位具有明顯的微笑。

圖 3-4 2017 年立法會女性當選議員

從 2017 年立法會當選的女性議員的情況來看，4 位具
有較為精緻的妝容。而只有 2 位佩戴眼鏡，只有 1 位女性表
現出握拳的力量感。從 2017 年的情況來看，形象更柔和親
切的女性在女性議員佔多數。

綜合而言，在女性候選人形象構建中，偏向於妝容精
緻，微笑親和等特質的女性更多機會獲得市民的青睞。

3.3.3 候選人文宣風格的差異

在議題選擇、女性候選人形象構建之外，在政綱的文宣
風格方面，也可以反映出男性與女性的差異，以及勝選與落
選的女性候選人之間的差異。選擇政綱作為文宣風格的比較
出處，主要是由於各個組別在進行宣傳與競選營銷方面採取
的方式眾多，難以統一進行分析比較，而政綱是各個組別統
一會使用的材料。所比較的內容主要包括背景顏色、文字數
量、是否有漫畫以及在標誌設計上是圖畫標誌還是文字標誌
等。關於政綱色系及形式方面，本章將政綱版面色系分為暖
色系（指紅、橙、黃、粉等色彩）以及冷色系（指灰、藍、綠、
棕、黑、白等）；而將版面形式分成多字數少圖片以及少文
字多圖片。

一、男性與女性候選人政綱文宣風格差異

首先，本章針對男女候選人在文宣中所呈現的圖像訊息類型進行初步的統計。在本章所分析的樣本中，原本 69 件樣本中，有 56 件樣本具有圖像訊息。但在包含女性候選人的競選組別與只有男性候選人的競選組別之間中，差異較為明顯。其中，只有男性候選人的組別在 2005 到 2017 年中有 7 個，其中 5 個競選組別的政綱都是沒有圖像，同時為多文字的。而其餘包含女性候選人的政綱文宣，則表現為色彩較為豐富或鮮豔，在版面設計上，圖文均有安排，同時多有政綱議題要點。

其次，在漫畫圖片的運用情況上，所分析的 2005 年至 2017 年的競選中，只有 5 個組別運用了漫畫圖片，而其中 3 個組別在當年的立法會直接選舉中獲得席位。由此可以看出漫畫風格的運用可能會帶來一定程度的優勢，可以吸引選民注意力以及營造與眾不同的文宣氛圍。

另外，只有男性候選人的競選組別的政綱色系形式與包含女性候選人的競選組別的政綱色系之間也存在一定差異。而經過與候選人性別的對比之後，本章發現男女候選組別在政綱版面色系以及版面形式方面皆呈現顯著的差異。

圖 3-5 為某屆競選中只有男性候選人組別的政綱文宣。其圖片的色調、風格較為黯淡，沒有鮮明的色彩。

圖 3-5 某競選組政綱局部

　　另外，圖 3-6 競選組別的文宣風格來看，雖然有女性候選人存在，但符合刻板印象的女性形象較為不明顯，並且表示出有力量的揮拳動作。從文宣的版面風格來看，文字篇幅較多，圖片的審美感相對較弱。

圖 3-6 競選組別政綱

由此可見，一方面，在候選人所在組別政綱色系方面，所有包含女性候選人組別的政綱中，採用暖色系作為版面色彩者佔 77.4%，而採用冷色系作為版面色系者則只佔了 22.6%。相對於女性，純男性候選人組別中則有高達 66.2% 的比例採用冷色系作為政綱版面顏色。由此可知，男女候選人對於政綱版面色系的傾向是顯著不同的，其中包含女性候選人的競選組別偏向以暖色系版面為主，而只有男性候選人的競選組別則傾向冷色系。

另一方面，在版面表現形式方面，在所有包含女性候選人的競選組別中，包含圖片者佔了 86.9%、而純文字的政綱只佔了 13.1%。在只有男性候選人的組別中，包含圖片者佔了 66.4%，而純文字的政綱只佔了 33.6%。純男性候選人的組別採用的政綱中，雖然包含圖片的政綱同樣居多，但與女性候選人比較之下，仍然在比例上落居女性候選人之後（女性 86.9%> 男性 66.4%）。從以上的結果可見，包含女性候選人的組別在版面形式方面是更傾向以圖片結合文字的文宣風格。

二、勝選與落選女性候選人政綱文宣風格比較

首先，本章先針對勝選與落選候選人在文宣中所出現的圖像訊息類型進行初步的統計。而在本章所分析的樣本中，包含女性候選人的組別共有 54 件樣本，有 52 件樣本具有圖像訊息。同樣是有女性候選人的組別，勝選與落選的組別的政綱差異較為明顯。

圖 3-7 競選組政綱局部

　　一方面，在政綱版面色系方面，勝選女性候選人組別採用暖色系作為版面色彩者佔 78.5%，而採用冷色系作為版面色系者則佔了 21.8%。相對於勝選女性候選人，落選女性候選人組別中則有高達 56.2% 的比例採用冷色系作為政綱版面顏色。由此可知，勝選女性候選人的競選組別以暖色系版面為主，而落選女性候選人所在的競選組別則傾向冷色系。

　　另一方面，在版面表現形式方面，勝選的女性候選人的競選組別中，包含圖片者佔了 87.7%，而純文字的政綱只佔了 12.3%。在落選女性候選人的組別中，包含圖片者佔了 36.4%，而純文字的政綱佔了 63.6%。從以上的結果我們可以判定獲得議席的女性候選人組別在版面形式方面傾向以圖片結合文字的文宣風格。而落選候選人方面，更多選擇以文字形式呈現。

　　總結來看，男性候選人更加傾向於採取文字較多、色彩鮮豔、少漫畫、多紀實性圖片的文宣風格，而女性候選人，尤其是勝選組別的女性候選人在文案色彩上更加多地傾向暖色調、少文字以及重點清晰的文案風格。

3.4 實證分析

3.4.1 研究變量

一、結果變量：是否取得席位

本章根據要分析的問題——女性候選人在政綱議題、文宣風格、候選人形象的差異，確立最後結果變量即"是否取得立法會直接選舉議員議席"。在針對這一羣體的研究中，把勝選的結果視為1；而未能取得直接選舉中的議員席位的結果變量賦值為0。

二、條件變量

政綱議題方向變量：根據2005年到2017年取得直接選舉議員議席組別的政綱議題情況，在前文對比分析中，女性議員更加傾向生活環境和公屋建設等民生議題。因此將關注民生相關議題，賦值為1，未涵蓋民生相關政綱議題的，賦值為0。

候選人形象變量：經過對前文的研究發現，在單一原因研究和分析中，形象更加柔和親切的候選人更容易取得最後競選的勝利。因此將具有微笑、妝容精緻、沒有明顯力量體現等定義為形象柔和，賦值為1，反之賦值為0。

政綱文宣風格變量：在政綱文宣風格上，根據前文的研究，勝選的女性候選人在政綱文宣風格上更加偏向於暖色，且有漫畫穿插。因此將暖色系的，有漫畫，圖文比例適中，賦值為1，反之，賦值為0。

形成的條件變量及編碼說明如表3-6。

表格 3-6 條件變量及編碼説明

變量名稱	編碼判斷説明	頻數	編碼
政綱議題方向	涵蓋民生問題	43	1
	無民生問題	25	0
女性候選人形象	有妝容	33	1
	無妝容	35	0
	無力量表現	40	1
	有力量表現	28	0
政綱文宣風格	暖色調	38	1
	冷色調	30	0
	圖文並茂	45	1
	圖文分佈不平衡	23	0
結果變量	取得席位	18	1
	未取得席位	50	0

3.4.2　多案例比較分析

一、單變量必要性分析

　　依照對於模糊集進行分析的步驟，在對所設定對變量進行編碼操後，開始運行 fs-QCA3.0 軟體系統。首先，對各個條件變量是否為結果變量的必要條件進行檢測，即檢測女性候選人的政綱議題方向，選舉形象和政綱文宣風格是否為取得澳門立法會議員選舉席位的必要條件。然後進行多個條件形成的條件組合的結果覆蓋率的測量，並根據測算結果來分析條件組合對與結果的解釋力。

　　首先，在表 3-7 的單變量必要條件計算結果中，所採用的條件變量都被整理為二分變量，並將"是"賦值為 1，"否"賦值為 0。一致性是測量某一個結果在多大程度上需要某一個變量的存在，判斷的標準為一致性程度達到 0.8 的時候，該條件變量是形成結果的充分條件，當一致性程度達到 0.9 的時候是條件變量形成結果的必要條件 [9] [10]。

表格 3-7 單變量的必要條件檢測（結果變量取值為 1）

變量名稱	一致性 （Consistency）	覆蓋率 （Coverage）
涵蓋民生問題（取值為 1）	0.71	0.54
未涵蓋民生問題（取值為 0）	0.66	0.62
有妝容（取值為 1）	0.97	0.70
無妝容（取值為 0）	0.77	0.64
無力量表現（取值為 1）	0.89	0.58
有力量表現（取值為 0）	0.71	0.62
暖色調（取值為 1）	0.66	0.52
冷色調（取值為 0）	0.63	0.57
圖文並茂（取值為 1）	0.96	0.61
圖文單一（取值為 0）	0.69	0.71

根據表 3-7 的結果，達到必要條件的三個單因素變量的覆蓋率也較高，分別為有妝容（0.70），圖文並茂（0.61）和無力量表現（0.58）。覆蓋率被用來判斷條件變量或者變量組合對於結果的解釋力度。例如，當覆蓋率為 0.8 的時候，說

9　S. E. Skaaning，J. Møller. "The Lopsided World of Democracy: Toward a Theoretical Model.", 2011

10　Charles　C. Ragin. *Redesigning Social Inquiry: Fuzzy Sets and Beyond.* University of Chicago Press, 2008.

明該條件變量或者條件變量的組合能夠解釋 80% 的案例。在表 3-7 中則說明該單因素變量深刻地影響着女性候選人的競選結果。但是，競選的成功與否是一個多因素導致的複雜結果，我們還要進一步將這些條件變量進行組合分析來提取推動其取得競選成功的多原因組合。

而從一致性來看，單因素的一致性可以反應該因素對於結果變量的影響。首先，在是否涵蓋民生問題這一條件變量上，涵蓋民生問題為 0.71，未涵蓋民生問題為 0.66。二者的影響力度上差異不大，甚至未涵蓋民生問題的影響力度更鮮明一些。從這一單一因素來看，是否涵蓋民生問題並不是影響女性候選人得票率的必要因素。而在妝容是否精緻，有無力量表現這兩個條件變量上來看，妝容精緻、無力量表現的一致性分別為 0.97 和 0.89，分別構成必要條件和充分條件。進一步證明了柔和親切的形象有利於女性候選人的競選結果。

從上述結果中，觀察文宣風格對女性選舉結果的影響。是否冷色調或暖色調對於女性候選人的競選結果並沒有明顯差異，一致性分別為 0.66 和 0.63，都沒有達到 0.8。造成這一結果的原因，首先可能與樣本數量有關，另外，對文宣色彩風格的傾向可能與選民自身性別比率分佈等有關，不能進行單一變量觀察，而要更多考慮結合其他因素的結果。而圖文並茂（0.96）的一致性遠大於單一文字或單一圖片的組別（0.69），因此圖文並茂從單一條件上看，對與澳門立法會女性議員對競選具有重要影響。

二、原因組合分析

原因組合分析是在單變量必要性檢測的基礎上，測量條件變量的不同組合方式對結果的影響，在必要性條件的檢測中，已知有妝容（0.97）和圖文並茂（0.96）是促進女性候選人競選成功的必要條件，無力量表現（0.89）是促進女性候選人競選成功的重要條件，但是它們中的任意一條在單個的情境下均不能促成結果變量的發生。因此，要明確結果變量的因果關係，即要明確不同條件能夠決定候選人是否能夠取得澳門立法會競選議席，需要將條件變量進行組合分析。在選擇組合條件時，篩選出的是變量分析中大於 0.7 的，或較為接近的各個因素，即涵蓋民生問題、有妝容、暖色調、非暖色調和圖文並茂。表 3-8 為 fs-QCA3.0 生成的條件組合的分析結果。

表格 3-8 條件組合變量的必要條件檢測

序號	條件變量組合	原覆蓋率	淨覆蓋率	一致性
1	涵蓋民生問題 * 有妝容 * 無力量表現 * ～暖色調 * 圖文並茂	0.07	0.07	1.00
2	涵蓋民生問題 * 有妝容 * 無力量表現 * ～暖色調 * 圖文並茂	0.07	0.07	1.00
3	涵蓋民生問題 * 有妝容 * 無力量表現 * 暖色調 * 圖文並茂	0.25	0.09	1.00
4	涵蓋民生問題 * 有妝容 * ～無力量表現 * ～暖色調 * 圖文並茂	0.04	0.04	1.00
5	涵蓋民生問題 * 有妝容 * 無力量表現 * ～暖色調 * ～圖文並茂	0.04	0.04	1.00
6	～涵蓋民生問題 * 有妝容 * ～無力量表現 * 暖色調 * 圖文並茂	0.04	0.04	1.00

整體覆蓋率 (solution coverage) 0.843
整體一致性 (solution consistency) 0.985

註：“*”是條件變量的連接子號，表示“且”，即所連接的條件變量一起形成一個條件組合，“~”表示非，即表示該條件變量不發生。

從上述的條件組合分析結果可知，能夠促成競選成功這一結果變量的發生的條件變量有 6 種條件組合形式。其中最佳條件組合形式為（涵蓋民生問題＊有妝容＊無力量表現＊暖色調＊圖文並茂），這一條件組合的原覆蓋率達 0.25。"議題中涵蓋民生問題"是能否促成女性候選人達成競選成功結果上是非常重要的條件，它被涵蓋在前五種組合中。同時，值得注意的是，在第 6 種條件組合方式中，除非涵蓋民生相關議題這一必要條件之外，促成女性候選人成功取得議席的還包括"暖色調文宣風格＊圖文並茂＊有妝容"。將這一條件變量組合對比第 4 種條件變量組合方式，即"涵蓋民生問題＊有妝容＊～無力量表現＊～暖色調＊圖文並茂"，發現女性形象特質的條件變量也是促成女性候選人取得競選成功的重要影響因素。從上述分析中，可以進一步探知，無力量表現等因素在單因素、組合因素中都有利於女性候選人的成功。

第二部分

選舉中階段

第 4 章

椿腳及選民動員策略

章節簡介

　　椿腳作為各個組織在社會中的延伸，可以為組織擴大影響力，進而帶來選票的優勢。本章希望指出澳門立法會選舉中侍從主義的實質影響，為組織參與立法會選舉提供借鑑。本章研究的問題是澳門的社會團體在立法會選舉的過程當中，通過椿腳能夠對立法會的選舉結果產生多大的影響，如何才能最有效地改變選舉結果，儘可能為本組織爭取最大化的選舉回饋。本章使用 QCA 的方法，對 2021 年澳門立法會選舉中的侍從主義影響程度進行研究，以椿腳體系為着眼點，以羣力促進會作為研究對象，結合變量和選舉得票的實證關係指出侍從主義對澳門立法會選舉有顯著影響，越是有椿腳覆蓋的選舉團體越是能夠獲得選舉的優勢。同時，組織福利供給水準越高，椿腳分佈越廣泛，所屬組織規模越龐大，選舉人受到的選舉支持力度越大。綜合來看，侍從主義對立法會選舉的作用要視乎候選人椿腳的拓展能力而定。澳門立法會選舉中對得票影響最大的是椿腳分佈，所屬組織規模和組織福利供給情況，澳門各個組織想要在選舉中獲勝應該關注民眾的需求。

4.1 文獻綜述

4.1.1 侍從主義理論

朱偉認為，統治者提供被統治者保護與特權，被統治者則回饋以持續的政治支持[1]。Kitschelt 等人在研究中對選民進行了實地的問卷調查之後認為，候選人通過網路進行擴散，能夠為選舉提供更多的政治資本，例如通過侍從主義在網路當中向年輕人宣傳，提高年輕人對本黨派的支持力度，從而控制網路選舉資源為自己服務，提高得票率[2]。Aspinall 等人在研究中指出，越來越多的黨派在選舉當中將侍從主義作為一項拉票的內容，從其他政黨的陣營當中挖掘選民從而擴大自身的選舉基礎，為選舉的勝利創造新的條件[3]。

4.1.2 椿腳和動員分析

椿腳是地方派系培養起來的一批分佈在各種權力機構的掌權者或忠誠支持者。而現在椿腳更多指建立在特定人際關係上，擁有動員其他人員的能力，能為特定政治人物提供選票的人，他們是連接政治人物和選民的仲介者。

---

[1] 朱偉：〈從 "依侍主義" 到 "新合作主義"：台灣地方派系的嬗變研究〉，碩士論文，華中師範大學，2012 年。

[2] Herbert Kitschelt & Steven I. Wilkinson, editors. *Patrons, Clients and Policies: Patterns of Democratic Accountability and Political Competition.* Cambridge University Press, 2007.

[3] Edward Aspinall & Ward Berenschot. *Democracy for Sale: Elections, Clientelism, and the State in Indonesia,* Cornell University Press, 2019.

Gingerich 等人在研究中指出，椿腳最初的作用實際上是選舉的中間經紀人，將選民和候選人之間的關係進一步的拉近，為候選人獲得相應的選民支持[4]。

Duarte 等人在研究中指出在選舉中椿腳發揮着重要的作用，椿腳能夠對選票進行不斷地記錄和更新，並且將椿腳的宣傳機制和理念傳遞給選舉人的陣營，讓選舉人適應變化，針對未來可能的回饋支持調整策略，實現長期選民對其的支持[5]。

Jacobs. J. Bruce 在研究中指出，椿腳在選舉的過程當中擁有重要的作用，通常是基於同一個生活羣體或者環境下的相同人羣之間，互相傳達相似的結果，從而影響他們最終的選舉投票結果[6]。

張茂梓、陳俊傑在研究中指出，甚至某種程度下，椿腳自身也可以作為一個仲介機構，串聯起不同信仰、不同層次的受眾，形成政治的共同認知[7]。

呂季蓉提出地方政治人物以地緣、血緣、宗族或社會關

[4] Daniel W. Gingerich & Luis Fernando Medina. "The Endurance and Eclipse of The Controlled Vote: A Formal Model of Vote Brokerage Under The Secret Ballot." *Econ Polit*, vol.25, 2013, pp.453-480.

[5] Raul Duarte, Frederico Finan, Horacio Larreguy & Schechter Laura. "Brokering Votes with Information Spreadvia Social Networks. "Working Paper Series No.WPS-103, Center for Effecrive Global Action. University of California, 2019.

[6] Jacobs J. Bruce. "Local politics in a rural Chinese cultural setting: A field study of Mazu Township, Taiwan."*Contemporary China papers*, vol.14, 1980, pp. 109-116.

[7] 張茂梓、陳俊傑：〈現代化、地方派系與地方選舉投票率之關係：自由派理論的再檢討〉，收錄於《中國政治學會投票行為與選舉文化研討會論文集》，1986 年，頁 494。

係為基礎，相互聯合以爭取地方政治權力的一種組織，並無固定的正式組織與制度，其領導方式依賴個人政治、經濟和社會關係，而其活動則採取半公開方式，以選舉、議會為主要活動場域[8]。

結合以上學者的論述觀點，個人認為樁腳的動員和連帶作用巨大。當選舉中有一方使用樁腳時，其他黨派也會爭相效仿，會讓政治的目標發生變化，從政治訴求變成黨爭，進而引發利益集團的傾軋，造成嚴重社會後果，例如特朗普和拜登選舉引發的社會動亂。因此各個組織要善加利用樁腳，最終目的是實現社會經濟和政治的穩步推進，而不是單純的打擊對手。

4.1.3 選舉議題

P. E. Converse 認為，在選舉中，選民就是理性人。理性選民在選舉投票中，面對眾多的候選人，能夠根據自身偏好理性評估各候選人當選能夠帶給自己的利益和期望效用，從而得到優劣排序並作出最終選擇[9]。只有當選民對政治議題表示極度關心時，選舉人才能通過選舉議題的帶動，提升選民對公共話題的興趣

David O. Sears 等人認為選舉議題需要的內容必須要符合幾個方面的認知，首先讓選民能夠充分地參與到議題當

[8] 呂季蓉：〈地方派系、社會運動與環境治理：以八輕在雲、嘉設廠決策分析為例〉，碩士論文，台灣政治大學公共行政研究所，2007 年。

[9] P. E. Converse. "The Nature of Belief Systems in Mass Publics." *Critical Review*, vol.19, no.1, 2006, pp.1-74.

中 [10]。其次，在此基礎之上選舉組織可以做出自己的轉變，在原先議題的基礎之上做出一定的調整，引起更多人的重視，這是非常重要的內容。除此之外，相比起經濟情況等短期的現實利益考量，具有政治象徵意義的態度，如自由主義或保守主義的意識形態、政黨認同、種族偏見等，對選民的議題政策偏好有更加顯著的影響。

Edward R. Tufte 指出選民的議題內容和選民的受教育程度以及選民的認知情況、社會經濟發展走勢有重要的關聯性 [11]。選舉組織必須要了解當前社會輿論的導向，提出自己的觀點和立場，儘可能鮮明的表達自己對於某一事物或意見的看法，在選民當中引起更廣泛的回應。同時，政治家在選舉的過程當中必須要認識到社會經濟問題會對選民產生重要的偏移後果，在不同的經濟發展階段提出政治經濟的目標能夠有效地刺激選民，讓選民保持警惕的意識

結合以上學者的觀點，筆者認為，選舉議題是參選者和選民之間溝通和互動的妥協產物。參選者要分析選民感興趣的內容，包括民生的、社會經濟的、文化的幾個方面內容，而選民根據自己的理解表達支持和否決的意願。另外，選舉議題能夠代表選民的態度，各個組織應該對選舉的議題和未來政治走向有自己的理解，傳遞給選民，這才是高效利用選舉議題的最佳方式。

---

[10] David O. Sears, et al. "Self-Interest vs. Symbolic Politics in Policy Attitudes and Presidential Voting."*The American Political Science Review*, vol.74, no.3, 1980, pp.670-684.
[11] Edward R. Tufte. *Political Control of the Economy*. Princeton University Press, 1978.

4.2 研究方法

4.2.1 變量設計

本章採取 QCA 的分析方法，以澳門民聯協進會和羣力促進會為分析對象的代表。在研究當中將候選人視作優先因素，而椿腳影響的選舉方式基於傳統和創新兩種內容進行，結合所屬的社會環境、經濟環境、文化環境和族羣所屬關係等等內容，發揮椿腳在實際當中的影響作用，通過侍從主義形成選民和候選人之間的互動內容，從而提高社會團體參選獲勝的機率。最終的判定標準是立法會選舉的結果是否能夠符合預期的設定。

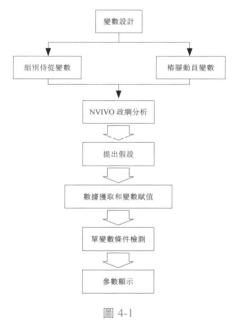

圖 4-1

本章以澳門立法會選舉得票率為結果變量，以社會文化類、經濟財政類、運輸公務類的議題數量和選舉組織福利供給，選舉組織動員，樁腳分佈和所屬組織規模為條件變量。

從選舉的話題類型來看，社會文化類議題是近些年湧現出的一個熱潮。從目前統計的資料來看，在 2013 年和 2017 年羣力促進會對社會文化議題當中提到的最多的是健全法治、公正廉潔和公民監督，認為這些內容會對於選民的選舉產生重要的影響。選民會認為這些內容和自己的切身利益是相關聯的，澳門立法會本身就是一個立法機構，需要強調對全社會的公平，強調對於廣大中低收入階層的關注，這些人士是社會當中人數佔比最多的，因此和他們自身的利益密切相關。澳門社會曾經在社會文化認同方面缺乏共識，例如在 2021 年澳門立法會選舉期間，23 名人士被判定沒有選舉資格，是因為在澳門選民對"愛國者入局、亂澳者出局"的基本倡議下，對亂澳者的鄙夷，對國家的熱愛是基本要求。

隨著近些年全球經濟的低迷加上新冠疫情的影響，人們對於未來的長遠經濟增長比較擔心，如何能夠保證澳門經濟長遠持續的發展，各個組別能否給出自己的合理建議會對選舉的物質結果產生重要的影響。從 2017 年的情況來看，羣力促進會關於社會保障和扶持就業這些經濟類的議題是選民最為關心的內容。在 2021 年立法會選舉中，多個黨派提出了關於經濟振興的議題，由於受到新冠疫情的影響，澳門經濟萎靡，多個組織提出了"橫琴方案"，讓澳門融入粵港澳大灣區，這是改善澳門經濟環境的重要議題，為贏得選民認可提供基礎，然而當所有組織都打這張牌時，大家又站在了同一起跑線。

運輸公務類議題關係着社會基礎設施的建設，隨着澳門加入大灣區的建設，更多的澳門人看到了祖國內陸的基礎設施建設情況，對澳門自身的基礎設施也有自己的想法，對於運輸公務類的內容提出了自己的見解。從話題的增長數量來看，相比於 2013 年，羣力促進會在 2017 年增加了交通方面和環保方面的議題，這些都對選民產生了影響。環保是一個長遠不變的話題，而運輸交通效率更是跟人們的生活息息相關，無論是出行還是商貿往來，都能夠帶動澳門社會經濟文化長遠的進步和發展，增加和其他地域的交流。

　　選舉組織福利供給對於選民也有着現實的影響。如果候選人對於自己的選舉是關心的，對於自己的日常生活就業等情況保持着高度的警惕，對個人的社會生活、工作、家庭生活採取支援的態度，選民就可能會對政治選舉更加關心，認為這些會關切到自己長遠的利益，能夠給自己未來的工作和生活帶來好的調整，起到促進選民關心選舉的作用，對於選舉組織採取支援鼓勵的態度，從而影響立法會選舉的最終進程。

　　變量的度量我們可以結合參照組和目標組在立法會選舉中的投入來做測度。我們假定每個組別的花費中，50% 用於宣傳、物料、人員支出，剩餘 50% 用於樁腳和選民的直接花銷，無論是現場的贈品還是請客吃飯等花銷，都可以算作是組織賦予的福利供給，以此作為測度指標。事實上，澳門立法會選舉也限定了各個組織的選舉投入，在 2001 年要求的上限為 270.42 萬澳門幣，2005 年達到了 432.03 萬澳門幣，2013 年批准的選舉費用上限為 564.42 萬澳門幣，並且一直沿用至今。每個組織基本上都是按照最高限為例投入的，可以認定澳門民聯協進會和羣力促進會的選舉福利供給是一致的。

選舉組織動員能力實際上是一種綜合能力的體現，其通過樁腳來輻射選民，對選民進行政治的宣講和義務的宣傳，讓選民認識到自己真正需要投票或者支援的候選人是誰。選舉組織動員能力更多的是考量樁腳在基層的實際輻射，通過人小樁腳來發動選民，他們對於基層的選舉有極強的掌控力，通過自己和選民之間的日常生活或者工作家庭交往等帶動選民做選舉的最終結果，由此產生了選舉結果的差異化內容。

以組織支持的候選人得票作為測算依據。2021 年羣力促進會的梁鴻細得票是 15,100 票，澳門民聯協進會的施家倫選票為 26,599 票，這可以作為選舉組織動員的評估值。

在 2021 年選舉前，各個組織會儘可能地延伸樁腳輻射範圍，例如向學校的管理層滲透，讓學校管理層在校園中擴散組織的進步性，增加基層的擁躉。如果默認每一個樁腳覆蓋的羣體是 100 人，羣力促進會的樁腳分佈有 151 個，澳門民聯協進會的樁腳分佈則約為 265 個。

所屬組織規模是一個可衡量因素。2021 年立法會選舉和之前歷屆的選舉相比都是寡頭效應顯著，排名靠前的都是大組織成員。在澳門立法會歷屆選舉中，大的團體得票率自然都是極高的。其中，羣力促進會和澳門民聯協進會的候選人分別是梁鴻細和施家倫，得票情況分別是 15,102 張票和 26,599 張票。這印證了所屬組織規模對選舉結果的影響情況。

4.2.2 研究假設

針對以上的變量，本章提出如下假設：

H1：組別社會文化類議題的數量越多，選舉組別得票率越高；

H2：組別經濟財政類議題的數量越多，選舉組別得票率越高；

H3：組別運輸公務類議題的數量越多，選舉組別得票率越高；

H4：組別福利供給水準越高，選舉組別得票率越高；

H5：組別選舉組織動員能力越強，選舉組別得票率越高；

H6：組別樁腳分佈越廣泛，選舉組別得票率越高；

H7：所屬組織規模越大，選舉組別得票率越高；

4.2.3　數據獲取和變量賦值

在清晰集的分析方法中，一般用 0 和來表示二分法的隸屬關係：0 表示變量不屬於該集合（該條件不存在或情況未發生），1 則表示變量屬於該集合（該條件是存在的或情況是發生的）。但是本章研究的情況比較多樣化，根據此邏輯將本章所選取的 8 個條件變量進行 0、0.33、0.66、1 的賦值，詳細賦值規則如表 4-1 所示：

表 4-1

條件變量賦值	0	0.33	0.66	1
社會文化類議題的數量（ST）	競選中沒有社會文化類議題	競選中有 1 個社會文化類議題	競選中有 2 個社會文化類議題	競選中有 3 個及以上社會文化類議題
經濟財政類議題的數量（ET）	競選中沒有經濟財政類議題	競選中有 1 個經濟財政類議題	競選中有 2 個經濟財政類議題	競選中有 3 個及以上經濟財政類議題
運輸公務類議題的數量（TT）	競選中沒有運輸公務類議題	競選中有 1 個運輸公務類議題	競選中有 2 個運輸公務類議題	競選中有 3 個及以上運輸公務類議題
組織福利供給（WP）	選舉的福利供給水準為規定上限的 50%	選舉的福利供給水準為規定上限的 70%	選舉的福利供給水準為規定上限的 80%	選舉的福利供給水準為規定上限的 100%
選舉組織動員（EM）	選票得票在 5000—10000 之間	選票得票在 10001—14000 之間	選票得票在 14001—18000 之間	選票得票在 18001 以上
椿腳分佈（PD）	椿腳的數量在 50—100 之間	椿腳的數量在 101—140 之間	椿腳的數量在 141—180 之間	椿腳的數量在 181 以上
所屬組織規模（SO）	組織規模在 5000—8000 之間	組織規模在 8001—12000 之間	組織規模在 12001—20000 之間	組織規模在 20001 以上

　　結果變量賦值主要以候選人的實際得票率作為主要的依據，如果在站點高於 9%，則結果變量賦值為 1；如果為 5%—9% 之間，則為 0.66；如果 1%—4% 之間則為 0.33；如果低於 1% 則為 0。這主要是由於得票率和獲得的立法會選舉議席席位有關系，如果高於 9% 議席的席位是兩位以上，如果在 5%—9% 的區間範圍內得的席位是一個，如果低於 5% 則無法獲得席位，但可以通過其獲得得票率的變化趨勢來反映侍從主義對立法會選舉的實際影響情況，具體如表 4-2 所示：

表 4-2

結果變量賦值	樁腳的票站得票率
0	候選人得票率低於 1%
0.33	候選人得票率 1%-4%
0.66	候選人得票率 5%-9%
1	候選人得票率高於 9%

4.3 描述性統計分析

4.3.1 澳門立法會樁腳簡介

早在澳門特別行政區成立之初，澳門的立法會選舉就確定了社會自尊自強、互相監督、合作信任、崇尚法治、多元包容、理性開放和責任承擔的理念。因此，澳門立法會選舉制度的內容也要求更多的人員參與到澳門立法會選舉的過程當中，對澳門立法會選舉進行監督和指導，囊括更多的民主意見進入其中，為澳門立法會選舉的民主化進程做相應的準備。各個組織在進行立法會選舉的過程當中，也形成了自己的樁腳體系分佈，借助於民主法制建設的過程，加強了樁腳體系的實質建設。

4.3.2 澳門椿腳構成

表 4-3

椿腳類型	椿腳內容
組織椿腳	公會組織負責人
	工會組織負責人
	休眠社團管理者
	企業管理者
	商會組織負責人
生活椿腳	學校負責人
	親友
	同鄉會
	街坊管理機構
	公共部分負責人

　　澳門的椿腳構成是非常多樣化的，有企事業單位、同鄉會、親友、企業管理層等等。其構成方式靈活，分為兩大類別，分別是相關組織類別和生活椿腳類別。

　　澳門椿腳的構成具備多樣性特點，並且已經滲透到人們生活工作以及所處的社會關係中。澳門的椿腳可以說已經分佈在每一個澳門市民周圍，對整個立法會的選舉都有相應的影響機制。

4.3.3 澳門樁腳選民動員方式

澳門立法會樁腳的選民動員方式是多種多樣的，最常見的是公眾選舉前，樁腳會通過提前發佈資訊，邀約當地的選民到現場參與以下活動如表 4-4，營造氛圍。

表 4-4

普遍的動員方式
請客吃飯
拉家常
同鄉會
親友接觸
企業接觸
街頭宣傳
茶話會

樁腳將自己生活當中遭遇的種種內容，以潛移默化的形式向他人傳遞。例如自己曾經在一個偶然的機會下接觸到某某組織的成員，某某組織的成員告訴自己某某組織的好處以及他們的專業化水準等等，以這樣的方式來感染身邊的人。或者對一些比較重要的選舉網點進行突破，如和所在地的學校、政府機構人員進行洽談溝通，儘可能地爭取他們成為所在地區的宣傳陣地，加大在社會宣傳當中的影響力。

第二種形式則是針對性的動員，如表格 4-5 所示，在重點企業內部利用自己企業的影響力向企業內的員工宣傳，甚至強行要求企業內的員工必須要投票企業所支持的組織，以他們的得票來作為監督內容，達到的實際效果更加明確，並且傳遞的效果也更好。在公益性的組織內，比如學校、政府，動員則更加有效，涉及到的人員會再次傳遞或再次動員的可能性非常之高。

表格 4-5

重點的動員方式
學校動員
政府動員
社區動員
企業動員

綜合來看，澳門樁腳的選民動員方式是基於法律調控範圍之內進行的，有節制的對選民進行拉動和宣傳講解。在選舉動員方式中有長期和短期之分，短期的通常是指在選舉即將到來的時間內，對選民進行鼓動宣傳。長期的是和選民進行長期的互動，例如通過舉辦一些現場的小型抽獎活動、演講、請客吃飯等等來獲得選民們對候選人的認可，這是一種常見的方式，也是整個社團在選舉過程當中長期沿用的動員方式。

4.4 實證分析

4.4.1　議題變量的政綱分析

對目標組別從 2019 年到 2021 年期間的選舉席位變化情況來看，在 2009 年羣力促進會的席位相對於 2005 年有所減少，澳門民聯協進會的席位基本不變；在 2013 年羣力促進會、澳門民聯協進會的席位開始增多；在 2017 年羣力促進會的席位不變，澳門民聯協進會的席位減少；這和其議題的內容點變化有重大的關聯。從對比情況來看，可以分為三大類的情況進行對比，分別是社會文化類議題、經濟財政類議題和運輸公務類議題，將三個議題分別設為不同的變量來進行分析，分析該變量是否會對其席位和得票情況有明顯的關聯。

一、社會文化類議題變量分析

羣力促進會在社會保障話題當中提出，應該增加社會保障福利制度的發放；在青年議題上分為兩個方面，一方面是對青年創業的金融扶持，另一方面是對青年就業的培訓支出；教育方面的內容，主要是外地就學的澳門學生學歷認可並增加學術資助。

表 4-6

年份	羣力促進會	澳門民聯協進會
2017 年	社會保障 (2)、青年 (2)	醫療 (2)、老幼弱勢 (3)
2021 年	社會保障 (1)、青年 (2)、教育 (1)	青年 (2)、教育 (1)、醫療 (2)

表 4-7

羣力促進會社會文化議題類型	議題內容
社會保障	調升社會保障制度多項福利金及津貼金額
青年	增加青年創業金融扶持政策
青年	增加本地青年就業培訓財政支出
教育	澳門在外留學學生澳門學歷認可，增加學術資助

澳門民聯協進會在教育方面主要的議題是提升澳門職業教育的水準；在青年議題上澳門民聯協進會主張青年羣體應該積極的參與政治；在醫療方面的話題包括兩方面，一方面是增加醫療護照，允許設立私立醫院。另外在疫情測試方面，考慮到疫情的影響仍然存在，建議澳門增加疫情的測試。

表 4-8

澳門民聯協進會社會文化議題類型	議題內容
教育	提高澳門職業教育水準，提升職業教育和實際操作能力
青年	保障青年參與政治，發表意見
	完善高層次青年人才引進機制
醫療	增加更快捷的醫療照顧，可以選擇私立醫院
	增加新冠疫情測試，保障澳門市民安全

　　從社會文化類議題情況來看，2009 年羣力促進會的議題分別包括醫療、教育、老幼弱勢、社會保障、青年 5 個內容，澳門民聯協進會的話題是醫療、教育、老幼弱勢、津貼、社會保障 5 個內容；2013 年羣力促進會的議題分別包括醫療、教育、社會保障 3 個內容；2017 年羣力促進會的議題包括社會保障、青年 2 個類別；在 2021 年羣力促進會的議題包括社會保障、青年、教育 3 個內容，澳門民聯協進會包括青年、教育、醫療 3 個內容。

二、經濟財政類議題變量分析

　　從經濟方面分析，澳門羣力促進會在旅遊文化上有兩項建議，首先是提升澳門旅遊基礎設施的建設，另外則是在澳門旅遊文化方面應該加強建設；在博彩業的話題上面，羣力促進會認為博彩業畢竟是澳門的支柱產業，應該增加新形象的正面建設；在就業方面，羣力促進會認為澳門的勞工事務局應該增加建築業崗位的就位。

表 4-9

年份	羣力促進會	澳門民聯協進會
2009 年	區域經濟 (1)、旅遊文化 (1)、扶持企業 (1)、就業 (2)	區域經濟 (1)、扶持企業 (1)、就業 (1)
2013 年	區域經濟 (2)、就業 (2)、旅遊文化 (1)、扶持企業 (1)	扶持企業 (1)
2017 年	區域經濟 (1)、旅遊文化 (1)、扶持企業 (2)、博彩 (1)	0
2021 年	旅遊文化 (2)、博彩 (1)、就業 (2)	博彩 (1)、就業 (2)、旅遊文化 (1)

表 4-10

羣力促進會社會經濟議題類型	議題內容
旅遊文化	提升旅遊基礎設施建設
旅遊文化	推介澳門旅遊文化，吸引大陸遊客進入澳門
博彩	推動澳門博彩業並樹立正面形象
就業	督促勞工事務局增加建築就業崗位
就業	優先保障澳門本地僱員

　　澳門民聯協進會在經濟的議題方面的話題，首先在博彩業方面認為應該限制博彩業批給數量，降低博彩業新進入者

數量；在就業方面首先認為應該增加心理疏導，對於就業羣體的心理疏導能夠緩解就業壓力；旅遊文化方面，澳門民聯協進會認為應該完成葡澳文化的資源整合。

表 4-11

澳門民聯協進會社會經濟議題類型	議題內容
博彩	限制博彩業批給數量
就業	提供求職解壓培訓
	提供職業諮詢，為求職者提供就業輔導
旅遊文化	打造澳門旅遊文化資源集合

從此項分析，2009 年羣力促進會的議題，包括區域經濟、旅遊文化、扶持企業、就業 4 個內容，澳門民聯協進會有區域經濟、扶持企業、就業 3 項內容；2013 年羣力促進會的議題包括區域經濟、就業、旅遊文化、扶持企業 4 項，澳門民聯協進會扶持企業只有一次提出；2017 年區域經濟、旅遊文化、扶持企業、博彩 4 項，澳門民聯協進會在 2017 年的議題包括了 0 項；2021 年澳門羣力促進會旅遊文化、博彩、就業方面都分別有提及，和澳門民聯協進會的內容基本相似。

三、運輸公務類議題變量分析

羣力促進會在運輸公務類議題的環保方面認為應該推行街道社區的垃圾分類工作，將垃圾分類回收處理，儘可能地提高資源的回收和利用效率；另外在居民環保意識方面提出要儘可能地提高環保意識，將環保意識落實在每一個居民行為中，包括日常的生活出行等等，都會體現自己環保的意識，而通過加強環保意識能夠帶來澳門環境的整體治理和改善；在住房方面則認為應該限制經濟房屋的交易條件，避免政府給予的經濟房、廉租房被商業化，從而影響澳門羣體居住的選擇權。

表 4-12

年份	羣力促進會	澳門民聯協進會
2009 年	城市規劃 (3)、交通 (1)、環保 (1)、住房 (1)	交通 (1)、住房 (2)
2013 年	城市規劃 (1)、交通 (1)、環保 (2) 住房 (2)	交通 (1)、環保 (1)、住房 (1)
2017 年	城市規劃 (1)、交通 (2)、環保 (2)、住房 (2)	住房 (3)
2021 年	環保 (2)、住房 (1)	環保 (1)、住房 (2)、交通 (1)

表 4-13

羣力促進會運輸公務議題類型	議題內容
環保	推行街道、社區的分類回收
	提高居民環保意識宣傳
住房	限制經濟房屋的交易條件，避免商業化

澳門民聯協進會在運輸公務類的議題，首先在環保領域認為應該對塑膠袋徵費進行相關的立法工作；在住房方面增加經濟房屋的供應量；在交通方面，主張降低港珠澳大橋的通行標準。而羣力促進會則在環保方面更加關注，這也是目前人們議論的熱門話題，加強對環境的保護，改善人居環境，提高生活品質。

表 4-14

澳門民聯協進會運輸公務議題類型	議題內容
環保	塑膠袋徵費立法
住房	增加經濟房屋供應量
	降低經濟房屋的申請門檻，月薪 15000 澳門元可申請
交通	降低港珠澳大橋通行標準

4.4.2 單變量條件檢測

根據 QCA 的標準，如果某一條件變量的吻合度超過 0.9，此條件變量將會視為研究中的必要條件，而被暫時排除出充分條件分析的計算過程。對目標羣力促進會和澳門民聯協進會的單變量內容進行分析，為立法會選舉結果做出實證，具體如表 4-15：

表 4-15

賦值	吻合度	覆蓋率
ST	0.668175	0.894175
~ST	0.659687	1.000000
ET	0.596641	0.706694
~ET	0.480366	1.000000
TT	0.4148221	0.878962
~TT	0.374890	0.889304
WP	0.836957	0.880692

賦值	吻合度	覆蓋率
~WP	0.801173	0.886694
EM	0. 873004	0.741990
~EM	0.888496	0.911036
PD	0.927461	0.834162
~PD	0.955924	0.942361
SO	0.975934	0.842108
~SO	0.941906	0.892381

通過對以上的單變量條件進行檢測之後，認定其吻合度如果低於 0.7 可判定為基本無效，而在此其中運輸公務類議題的數量這一項吻合度過低，可以判定為無顯著影響，應該予以去除。這樣得下來的其他數據更加真實而有效。對目標組羣力促進會和澳門民聯協進會進行分別對照之後了解確定兩者之間存在的變量差異影響。

4.4.3 參數顯示

表 4-16

變量	2017 年		2021 年	
	羣力促進會	澳門民聯協進會	羣力促進會	澳門民聯協進會
社會文化類議題的數量	0.66	0.66	1	1
經濟財政類議題的數量	1	0	1	1
運輸公務類議題的數量	1	0.33	0.66	1

變量	2017 年		2021 年	
	羣力促進會	澳門民聯協進會	羣力促進會	澳門民聯協進會
組織福利供給	1	1	1	1
選舉組織動員	0.33	0.66	0.66	1
椿腳分佈	0.33	0.66	0.66	1
所屬組織規模	0.33	0.66	0.66	1
候選人得票率	0.66	0.66	1	1

4.4.4 充分條件組合分析

在定性比較分析的結果運算中，會生成三種不同的解，即三種不同類型的條件變量組合，分別是複雜解、極簡解以及中等解。其中複雜解是對運算結果不做任何化簡的解，在這個解中每個原因組合中都幾乎包含了所有的條件變量，所以其包含的資訊太過繁雜，不利於後續的理論化簡和結果表達；極簡解是通過布爾運算生成的最簡明的解，其中包含的資訊過少，因為極簡解所得到的原因組合一般只生成在各個案例中共同包含的因素；而中等解是在理論預設基礎上進行布爾代數化簡得出的結果，一定程度上可以避免複雜解和極簡解的劣勢，所以本章採取的是定性比較分析結果中的中等解。如表 4-17 所示：

表 4-17

組合	初覆蓋率	淨覆蓋率	吻合度
WP*ET*EM	0.912694	0.841588	1
-ST*ET*SO	0.541759	0.492861	0.968410
-ST*TT*PD	0.489634	0.492861	1
結果覆蓋率		0.869591	
結果一致性		0.910587	
組合	初覆蓋率	淨覆蓋率	吻合度
PD	0.895691	0.895691	0.970593
結果覆蓋率		0.895691	
結果一致性		0.970593	
組合	初覆蓋率	淨覆蓋率	吻合度
-ET*TT*PD	0.379604	0.056980	1
TT*WP*SO	0.798224	0.626360	0.910753
結果覆蓋率		0.874935	
結果一致性		0.904934	

4.4.5 分析結果

以上的分析當中，不同組別狀態分析了相關變量的組合以及影響實際情況，確定了其原覆蓋率和淨覆蓋率，再根據以上的分析情況來確定。在表 4-18 當中將會列出各個變量在組合當中的狀態，用不同的符號來代表其狀態，用三角符號代表其缺失，五角星代表的核心要素。

表 4-18

賦值	組合 1	組合 2
社會文化類議題的數量	△	★
經濟財政類議題的數量	★	△
運輸公務類議題的數量	△	△
組織福利供給	△	★
選舉組織動員	★	★
樁腳分佈	★	★
所屬組織規模	★	★
原始覆蓋率	0.379604	0.798224
唯一覆蓋率	0.056980	0.626360
一致性	1	0.904934
解的覆蓋率	0.874935	
解的一致性	0.904934	

註：★代表核心條件存在，△代表核心條件空缺。

4.4.6　結果

通過 QCA 分析基本判定以上 7 個假設當如下：

表 4-19

	假設	結果
H1	組別社會文化類議題的數量越多，選舉組別得票率越高。	不成立
H2	組別經濟財政類議題的數量越多，選舉組別得票率越高。	不成立
H3	組別運輸公務類議題的數量越多，選舉組別得票率越高。	不成立
H4	組別福利供給水準越高，選舉組別得票率越高。	成立

	假設	結果
H5	組別選舉組織動員能力越強，選舉組別得票率越高。	成立
H6	組別椿腳分佈越廣泛，選舉組別得票率越高。	成立
H7	所屬組織規模越大，選舉組別得票率越高	成立

其中最能夠影響立法會選舉結果的是 H5、H6、H7 三項內容，從其數值的變化情況可以明顯的看出。對組合的分析情況確定的結果如下：

組合狀態一為：組織福利供給 * 運輸公務類議題的數量 * 選舉組織動員。對於澳門立法會選舉中，最主要的影響包括組織福利供給、選舉組織動員內容。在 2017 年的選舉當中，羣力促進會就是借助街坊的力量，迅速傳遞了自己的理念，從而在選舉中贏得了認可，通過街坊發動更多的人來獲得選票，將自己的選舉理念散播到更多人心中，獲得大眾認可從而增加了立法會席位。澳門的椿腳分佈體系已經延伸到各個範圍當中，由於椿腳的實際影響力長期存在，會對選民和候選人之間的侍從關係產生深遠的影響，每一個社團成員都會支持本社團的候選人。

組合狀態二為：運輸公務類議題的數量 * 社團福利供給 * 所屬組織規模。而其中所屬組織規模對於立法會選舉的影響程度更大。在澳門立法會選舉的過程當中，任何黨派體系想要獲得立法會的席位，必須要通過椿腳的長期分佈和延伸來獲得廣大選民的支援，之後需要椿腳來將訊傳遞到選民陣營，甚至滲透到其他的黨派所屬羣體當中來，擴大自己的影響力。

除此之外椿腳分佈、選舉組織動員、社團福利供給也是重要的指標內容，通過在以往長期的培育椿腳，擴大支持陣營規模，獲得所屬羣體組織的選民支持，能夠獲得初選資格，進而在立法會選舉當中發揚自己執政能力和經驗，擴大選民認可，但一切都需要以樁腳分佈來作為延伸基礎，從而對選舉的結果產生最大的變化。

4.5 結論與建議

4.5.1 結論

文章採用 QCA 的方法來對澳門立法會選舉情況和侍從主義的相關內容進行研究分析。從而得出結論，侍從主義對澳門立法會選舉結果有深遠的影響。而從侍從主義的分佈內容來看，包括社會文化類議題的數量、經濟財政類議題的數量、運輸公務類議題的數量、組織福利供給、選舉組織動員、樁腳分佈和所屬組織規模，在其中組織福利供給、選舉組織動員、樁腳分佈和所屬組織規模的影響情況較為顯著。樁腳分佈是打破不同團體界限的載體，能夠有效地爭取到在廣大自由選民當中的支持力度，從而對整個的選舉結果產生最大限度的影響，而最終實現這一目的的則是選舉組織動員，通過自身的輻射能力帶動更多的選民支持自己所屬組織的候選人，提高其得票率，這三者對所屬組織規模來說又是一個良性迴圈。

4.5.2 建議

澳門社會團體經歷了初期局面，正在向集約化的方式發展。各個黨派之間如何能夠做好樁腳體系的延伸。對於未來澳門政治和立法會的走向將會產生深遠的影響。在樁腳體系之上更多的只是個人的表現，比如通過樁腳體系將個人能力和個人操守優勢發揮到最大程度，吸引選民支持自己。在不同的時期，澳門的經濟走勢也會發生變化，經濟越好則個人的福利越好，並且當地的醫療保障水準，泰爾指數也越小，對於廣大選民而言，經濟表現能夠將政治人物的政治能力最大化發揮。

澳門立法會選舉中，各個組織想要擴大自己的選舉優勝率，最終的着眼點仍然是在民生和經濟層面，如何通過當選來為澳門經濟的發展和民眾的生活改善作出更大的保障，讓社會真正地實現大同之治，才是各個組織在選舉當中應該慎重思考的。不能夠單純地以侍從主義作為選舉的重要突破口，應該以民眾實際需求的滿足情況作為依據，作為組織選舉的最大優勢，這才是選舉獲勝的長遠保證。只有關心民眾的實際需求，推動澳門政治向民主化擴散才能夠發揮澳門立法會的真實作用。從而讓組織在澳門民眾心目當中贏得好的口碑，真正達成立法會選舉最終訴求，讓澳門的組織和澳門的民眾共同推動澳門經濟繁榮，社會穩定，政治清明。

第 5 章

候選人形象管理及推廣策略

章節簡介

本章研究以實驗的方式探討澳門立法會選舉中的選民對候選人形象的重視程度，以及候選人的類型和議題類型是否對澳門選民的投票意願造成影響。本章以候選人個人特質形象與候選人議題形象作為刺激變數，將議題介入作為模型中的有機體，將選民的投票意願作為反應態度，以 SOR 理論框架來研究候選人形象影響選民投票的意願。本次參加情景實驗的澳門選民對候選人形象有着較高的重視程度，還發現在參加情景實驗的澳門選民對接下來的澳門立法會選舉有着中等偏上的投票意願；而不同類型的議題對本次參加情景實驗的選民投票意願沒有顯著影響，但是不同類型的候選人對參加本次情景實驗的選民投票意願有顯著的影響；參加本次實驗的選民其人口學變數（性別、居住地、受教育程度）對其他變數分析結果都呈現無顯著差異。

5.1 文獻綜述

5.1.1 "刺激—機體—反應"的 S-O-R 模型理論

學者 Mehrabian 和 Russell 認為,基於積極心理學的"刺激—機體—反應"(下文簡稱"S-O-R 模型"),其中"S"是指引發心理反應的交流刺激,"O"指的是受試者,"R"指行為反應。這一模型具體指一個有機體以特定的方式對某些刺激做出反應[1]。而在環境心理學領域中,SOR 模型理論是研究環境對個體行為的主要研究框架。而認知仲介模型擴展了眾所周知的 S-O-R 模型[2]。

基於上述分析,根據 S-O-R 模型,論文將候選人個人特質形象與候選人議題形象作為刺激變量,將議題介入作為模型中的有機體,將選民的投票意願作為反應態度來研究候選人形象影響選民投票的意願(見圖 5-1)。

5.1.2 刺激因素:候選人形象

本章將候選人的個人形象特質和議題形象作為刺激因素,研究對選民投票意願的影響。在選舉研究中,與候選人形象相關的研究開始晚於對政黨或議題的討論。形象是一種來自經驗的主觀認知。透過選舉研究,選民可以簡化關於候

---

1 Mehrabian & Russell. "A Verbal Measure of Information Rate for Studies in Environmental Psychology."*Environment and Behavior*, vol.6, no.2, 1974, pp.233-252.

2 Eveland, et al. "Forecast 2000: Widening Knowledge Gaps." *Journalism & Mass Communication Quarterly*, vol.74, no.2, 1997, pp.237-264.

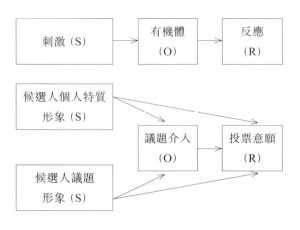

圖 5-1 理論框架圖

選人的資訊，融合政黨、候選人評價和議題立場三種取向進行評估，評估結果進而成為投票的依據。在當今電子媒體時代，候選人可以透過多種管道傳達和塑造個人魅力和特點，選民也可以主觀和客觀地認知評價候選人。在政治學中，候選人形象的概念大多歸結為候選人評價的概念，具體是指候選人自身的背景和性格特徵。而大眾傳播是指候選人的形象是選民對候選人的主觀認識、觀點和態度的綜合，選民可以根據自己對候選人的總體印象來評價候選人。本章著眼於選民的主觀認知，認為對於一般公眾來說，形象可以簡化許多因素和對候選人的評價，而候選人形象可以解釋公眾對候選人的認知，可以用來衡量一個候選人的整體評價。因此，本章假設候選人的個人形象特質和議題形象作為刺激因數，對有機體即選民的投票意願有影響。

一、候選人形象的概念

國外學者 Boulding 認為人們對一切事物都有一定

程度的認知程度，這就是人們的主觀認知（subjective knowledge），這種認識即為形象[3]。學者 Merril 為，形象即為印象、意見和態度的綜合，是形成態度和意見的基礎，以及描述一個國家的政府，人民或個人的特點的方式[4]。而 Nimmo 和 Savage 的研究指出形象主義研究的主要難點之一是形象的操作型定義難以獲得。綜合各學者的觀點之後提出形象是一種主觀的心理建構，是利用物體、事物或人物，所投射出可認知屬性（perceived atributes）的組合，而呈現出的概念[5]。此外，學者 Dichter 的觀點認為，形象是一個實體留在個人頭腦中的整體印象，對個人感知和反應事物的方式有重大影響[6]。由於現實世界太過複雜，變化太快，無法應對人類直接經驗所獲得的知識，因此，形象具有簡單化、概括化和情感化的特點，它是一種人格特徵屬性判斷和印象概念。

綜上，形象是人們對外在事物簡化後的主觀認知。若運用在選舉研究上，選民能透過形象模式的接收與過濾，篩選出他們心目中的最佳人選，同時候因選人的形象特質對選民有所刺激進而影響到選民的投票意願。

二、候選人形象形成來源

候選人形象形成的來源，根據各學者的觀點綜合，又衍

3　K. E. Boulding. *The Image, Ann Arbor.* University of Michigan Press, 1956.

4　Merril Samuelson. "A Standardized Test to Measure Job Satisfaction in the Newsroom." *Journalism Quarterly*, vol.39, no.3, 1962, pp.285-291.

5　D. D. Nimmo & R. L. Savage. *Candidates and Their Images: Concepts, Methods, and Findings.* Goodyear Publishing Company, Inc., 1976.

6　E. Dichter. "What's in an Image." *Journal of Consumer Marketing*, vol.2, 1985, pp.75-81.

生出刺激決定論、認知者決定論、候選人決定論和記者決定論的四種説法[7]：

1. 刺激決定論（stimulus-determined）

又稱"媒介決定論"，乃以心理學"刺激—反應"理論為基礎。即選民對候選人形象的認知取決於他們所接觸到的媒體資訊，而選民也會受到媒體呈現的候選人形象的影響，從而形成他們對候選人形象的認知[8]。

2. 認知者決定論（perceive-determined）

認知者決定論以平衡理論為基礎，認為由選民的政治立場和偏見決定會決定選民對候選人的形象認知，並根據自己現有的參照系或價值觀，無意識地選擇或者扭曲資訊[9]。因此，選民會以自己的偏見或本身的政治立場對候選人探取選擇性的認知。

3. 候選人決定論（candidate-determined）

候選人決定論（candidate-determined）強調的是候選人在形象構成中的作用，認為選民會根據候選人投射出的各種品質來評價候選人的形象，因此候選人在形象包裝.上所刻意塑造的個人特質，透過媒介的傳播，會對選民心中的候選人形象具有決定性的影響效果[10]。

4. 記者決定論（joumalist-determined）

7　王冠翔：〈政治營銷：候選人形象定位及認知差異之研究〉，碩士論文，元智大學管理研究所，2000 年。

8　62 Irving E. Sigel. "The attainment of concepts. Review of child development research."Russell Sage Foundation, 1964, pp.541.

9　D. D. Nimmo & R. L. Savage. *Candidates and Their Images: Concepts, Methods, and Findings*.Goodyear Publishing Company, Inc., 1976.

10　潘國華：〈候選人形象研究〉，碩士論文，國立政治大學新聞研究所，1998 年。

記者決定論更多的是強調記者報導時所選擇的取向與立場，是造成選民對候選人形象認知的重要關鍵因素。選民對候選人的認知是依據記者賦予候選人形象來決定，因此新聞報導的過程對候選人形象塑造有關鍵的影響。

　　根據 Luttbeg and Gant 的觀察認為美國選民的投票行為會隨着時代有所改變，主要改變在於：政黨認同衰退、政治參與減少與政治信任感降低[11]。政黨認同的衰退可能與候選人形象在投票行為中角色加重有關，因而對政黨認同的依賴也隨之減少。選舉的競爭也逐漸從政黨轉向候選人，候選人形象在選舉中越來越重要，使得美國選舉走向候選人中心的趨勢，因此，候選人形象之相關研究，也開始受到學界重視[12]。

5.1.3　有機體：議題介入

　　在 SOR 框架的中心，有機體由議題介入表示。根據對以往相關文獻的研究，議題介入在個人處理資訊的程度。如前所述，議題介入是描述消息與接收者相關的程度。具體指當某個議題具有內在重要性時，就會出現高的議題介入程度。或是個人意願，比如當人們期望問題具有重大意義時，以及與議題本身相關的結果相形見絀的時候，也會出現高的議題介入程度。與此同時，學者 Petty 和 Cacioppo 認為，因

11　65 Norman R. Luttbeg & Michael M. Gant. "The Failure of Liberal/Conservative Ideology as a Cognitive Structure."*The Public Opinion Quarterly*, vol.49, no.1, 1985, pp.80-93.

12　鄭夙芬：〈候選人因素與投票抉擇〉，《台灣民主季刊》，第 11 卷第 1 期（2014），頁 103—151。

為個人在處理資訊時最有可能獲得認知平衡，所以當有關議題資訊問題涉及度較高時，態度評估和形成最有可能發生，而個人對問題涉及度較低的資訊會產生抵制[13]。此外，較高程度的議題介入有助於提高選民對議題相關資訊的回憶。同時議題介入被視為說服框架中產生的一個主要刺激因素，或最直接的決定因素。這一因素也有助於增加對議題相關資訊中關注度較高的傾向觀眾的參與度。學者 Anol Bhattacherjee 和 Clive Sanford 提出，在該模型中，對議題相關資訊的處理包括兩條路徑：中心路徑與周邊路徑。當選民具有批判性思維能力並有動機審視資訊的真實價值時，資訊的中心路徑會因為需要更多的認知努力而受到影響。因此，動機低、批判性思維能力較低的受眾更有可能使用周邊路徑來處理資訊[14]。因此，基於以上相關研究得出結論，高度關注議題的選民主要是處理資訊中心的資訊內容，而參與度低的選民則傾向於處理資訊周邊的資訊內容

此外，有關學術研究將公民參與政治議題描述為消費者（選民）個人對購買或使用某一物品（議題）的興趣，個人的參與程度在於個人和整體利益、個人價值和社會需求之間，這些價值和需求促使他們走向參與議題的目標。個人可能對某一物品有持續的興趣（例如產品類型或購買行為等）因此，他／她可能會保持長期的參與度。根據上述學者的研究

---

13 R. E. Petty & J. T. Cacioppo. "Effects of message repetition and position on cognitive response, recall, and persuasion."*Journal of Personality and Social Psychology*, vol.37, no.1, pp.97-109.

14 Anol Bhattacherjee & Clive Sanford. "Influence Processes for Information Technology Acceptance: An Elaboration Likelihood Model."*MIS Quarterly*, vol.30, no.4, 2006, pp.805-825.

總結，將政治參與定義為是：選民在大多程度上將焦點對象（選舉和投票）視為他們生活的核心部分，是他們生活中有意義和參與的對象，因此參與公共議題對他們來說是重要的。

5.1.4　反應：投票意願

本章認為，候選人的個人形象特質和議題形象會影響候選人其議題介入，而候選人的議題介入會會影響到選民的投票意願。

關於人們是否投票的早期理性推論來自 Anthony Downs 的著作 [15]。作者就選民投票的有效性提出，如果投票報酬高於成本，人們自然會投票；反之，人們就不會投票。

而學者 Campbell 等人對影響投票意願的因素進行研究，更進一步指出影響選民投票決定的三大因素，包括政黨認同、議題取向與候選人取向 [16]。要討論候選人對選民投票方向的影響，就必須從候選人的背景、經驗、個人特徵、政黨屬性和在關鍵問題上的立場這些因素以及他們之間的相互作用的角度進行考量。同時，也需注意投票的意願並不等於實際的投票行為。

一旦候選人的形象發展起來，就不容易通過新的資訊來改變它。當選民對候選人有成見時，他們會把現在的成見投射到他們將來看到或聽到的資訊上。所以在候選人競選的每一個階段都要為候選人的形象精心管理，以免對未來造成損

15　Anthony Downs. "An Economic Theory of Political Action in a Democracy."pp.135-150.

16　A. Campbell. *The Voter Decides*. Praeger, 1971.

害無法彌補的影響。

根據根據韋伯第七部新《大學詞典》的定義，可信度的意義在於信源和資訊的品質。關於其他層面選民的投票意願的相關研究，學者提出可信度是接受資訊者對傳播者可相信程度（believability）的評估，因此是一種認知的可信度[17]。

學者 Fiorina 則認為候選人形象是對過往的回朔性評估在一定程度上可影響到選民的投票意願，而評估內容包含施政表現及自身形象[18]。學者陳韻如認為候選人個人特質確實影響選民的投票意願進而影響到選民投票意願。與此同時，透過對"因果關係漏斗模型"的研究發現，影響投票行為的因素主要有三個變量，分別為：政黨認同、候選人取向、議題取向[19]。因此，根據此關聯性，得出假設：候選人形象對投票意願具有顯著的正向影響，即刺激因數影響有機體從而影響到作出的反應。基於以上分析，我們提出以下六個假設：

H1：不同的候選人類型對投票意願的影響

H2：候選人的不同議題類型對投票意願的影響

H3：候選人形象對投票意願有顯著正向影響

H4：公共議題與議題介入有顯著正向影響

H5：議題介入與投票意願有顯著正向影響

H6：議題介入於公共議題與投票意願之間有仲介效果

---

17 Iyer P, Yazdanparast A, Strutton D. "Examining the effectiveness of WOM/eWOM communications across age-based cohorts: implications for political marketers."*Journal of Consumer Marketing*, vol. 34, no. 7, 2017.

18 Morris P. Fiorina. "Congressmen and their Constituents: 1958 and 1978." Social Science Working Paper, no.384. California Institute of Technology, 1981.

19 陳韻如：〈候選人形象與勝選因素：以 2014 澎湖縣長選舉為例〉，碩士論文，國立中山大學，2015 年。

5.2 研究方法

方法本章採用實驗法，以問卷調查為基礎。

一、實驗參與者

研究通過網上宣傳的方式獲得實驗參與者，所有實驗參與者都必須是年滿 20 歲（法定投票年齡）。根據調查實驗的標準，正式實驗共有實驗參與者 400 名（N=400），根據刺激物的區別分為有 4 個實驗情景組，每組 100 人。實驗參與者儘量保證實驗參與者在其他無關變量上的同質性。

二、實驗設計

本章採取情景實驗設計的方式，進行問卷施測，問卷分為四種情景，分別為候選人提出的議題（經濟議題和福利議題）與候選人個人特質（熱情親民型候選人和能力出眾型候選人）。通過對實驗結果的分析探討這些情境對投票行為的影響力。參與者將會隨機接受不同的實驗材料，在進行問卷填寫已確認接受操縱，同時測量參與者的對澳門立法會候選人形象的重視程度、議題介入、投票意願。

三、實驗變量

關於投票意願的研究，學者多以候選人類型和公共議題等因素為自變量，以投票意願作為因變量進行回歸分析，這樣的分析容易受到混雜效應的影響，其結論往往是相關性而不是因果關係。對於大規模的研究，大多採用以抽樣調查為主的調查研究方法。但是很多調查過程中非處理因素沒有進行人為的控制,使得變量間因果關係結論不夠可靠 [20]。因此,本調查研究在檢驗自變量與因變量的因果關係時,也對其他可能影響到實驗結果的因素加以控制。實驗的引數為候選人類型和議題類型。實驗參與者通過閱讀相應的文本材料進行不同實驗條件的啟動。實驗的因變量包括投票意願。

四、實驗材料

考慮到實驗材料對實驗參與者而言的可理解性、真切性和啟動效果,本章以社會中現實新聞為素材,收集熱情親民候選人、能力出眾候選人、地方經濟發展議題和社會福利照顧議題的相關描述,自編實驗材料。

實驗材料為一段描述民眾將要進行立法會選舉為背景的媒體報導,參照社會主流媒體的格式進行編排,內容圍繞兩個自變量(候選人個人特質、公共議題)不同水準的主題,結合相關實際材料進行編寫,並且保持材料字數相約。

五、實驗流程

實施實驗時,首先將情景實驗參與者隨機分派至各個情景,要求實驗參與者仔細閱讀情景中的全部內容,再請實驗參與者回答有關於情景中內容的問題,以便檢驗實驗參與者是否認真閱讀情景內材料內容。同時,也提醒實驗參與者在填答後,不得再返回之前流覽的情景,且要求實驗參與者結合自己在閱讀情景材料中的感受確實作答。

---

20 James N. Druckman, et al. "The Growth and Development of Experimental Research in Political Science." *American Political Science Review*, vol.100, no.4, 2006, pp.627-635.

最終收集完成問卷 435 份，回收率為 93.56%。樣本中，女性 208 名（51.1%），男性 199 名（48.9%）。從實驗參與物件年齡分佈情況來看，參與者都集中於 20—29 歲之間。教育程度方面，小學及以下 3 人（0.7%），初中 4 人（1.0%），高中或中專 12 人（2.9%），大專或本科 188 人（46.2%），碩士或碩士以上 200 人（49.1%）。婚姻狀況方面，未婚（無伴侶）265 人（65.1%），未婚（有伴侶）104 人（25.6%），已婚 31 人（7.6%），離異 7 人（1.7%）。

5.3 描述性統計分析

5.3.1　2017 年立法會直選組別

首先我們回顧一下 2017 年第六屆澳門立法會選舉直選組別部分，當時有 24 組社團參加了澳門立法會的直選，各組別的基本情況如表 5-1 所示。

表 5-1 第六屆澳門立法會直選組別介紹

組別序號	組別標誌	組別宗旨	第一候選人
1	新澳門夢	既尊重民意亦反映民心，監察政府高官不再自肥。	程樂蓀
2	羣力促進會	你我攜手 團結前進 羣策羣力 為澳出力	何潤生
3	民主昌澳門	在圍堵和諸多禁制中 我們仍積極參與、自強不息	吳國昌
4	公民監察	這個理想的澳門，需要我們直面矛盾，拆解衝突，提出政策解決問題，澳門需要新的時代精神。	林玉鳳

組別序號	組別標誌	組別宗旨	第一候選人
6	新希望	敢言直說 維護公義 全職服務	高天賜
7	學社前進	我們想的不只是一場選舉,更是一個世代:這一代的責任,不要再推卸給下一代了。我們社團是經驗務實、專業理性、積極進取。長遠棍野的組合,我們承諾以促進永續發展為己任,凝聚澳門人的向心力和歸屬感。	蘇嘉豪
8	澳門民眾協進會	為民眾做實事 民心是我心	宋碧琪
9	澳門民聯協進會	用心為民,是我們的服務理念,也是我們傳承和踐行"民心是我心"的責任擔當,更是我們多年實際工作的為心跡!	施家倫
10	思政動力	推動社會公義廉潔奉公 維護公務人員合法權益	葛萬金
11	美好家園聯盟	美好家園聯盟本着"共建美好家園"的理念,彙聚民意,共建幸福、美滿、健康、繁榮及和諧家園。為婦幼,爭權益!為家庭;謀福利!推動政府預留十億元支持家庭。	黃潔貞
12	市民力量	不再與別不同 支持市民力量	施利亞
13	民主新動力	爭取民主 改善民生	區錦新
14	澳門發展新連盟	我們全心致力於完善各項澳門民生政策,全面提高市民的生活水準。	梁安琪
15	傳新力量	傳新力量推動政府從生活、管治及發展三方面着手,以革新角度、方法,全力助澳門人圓夢、"上車"。	林宇滔
16	同心協進會	"同心協進會"以同心同德、發展澳門、維護權益、服務居民為宗旨,以貫徹落實"一國兩制"、"澳人治澳"、高度自治方針和擁護《基本法》為己任,是建設澳門的參政力量。	李靜儀
17	澳門公義	我們堅持敢言,爭取澳門公義! 我們積極實幹,謀求市民利益	李少坤
18	改革創新聯盟	為下一代拼搏	陳美儀
19	公民一心建澳促進會	我們倡議澳門最終落實雙普選,以達到有能者任之、真正監督政府作為、提高施政效率的最終目標!	洪榮坤

組別序號	組別標誌	組別宗旨	第一候選人
20	澳粵同盟	幸福澳門 以您為本	麥瑞權
21	基層之光	我們的勇氣！決心！ 與"公務人員公積金制度"的您！ 力手退休後，也要享有房屋津貼	林偉駒
22	基層互助	為人民服務	黃偉民
23	澳門 民主起動	議會抗爭 對抗權貴 改樊才有希望	利建潤
24	海一居業主 維權聯盟	誓要解決海一居事件，收樓！ 堅決維護合法權益，收樓！	高銘博
25	博彩員工最 前線	一直以來，我們博彩員工的團結促使"禁止 出入外勞"，賭場一步步邁向"室內全面禁 煙"，"有你們同行，才能走得更遠。"	周鏞芳

5.3.2 詞頻統計與詞雲

本章對 24 位元候選人的相關資訊、新聞（資料來源 2017 年慧科新聞資料庫）中的高頻關鍵字進行統計，並以視覺化詞雲圖展現出來的圖形即詞雲圖。這 24 位元候選人中，最多資訊佔達 1200 多篇新聞，最少的佔達 24 篇資訊內容。

表 5-2 候選人詞條統計表

姓名	資料數	詞條數	有效高頻詞閾值
程樂蓀	40	157	12
何潤生	575	946	25
吳國昌	398	865	27
林玉鳳	206	715	25
高天賜	453	886	25

姓名	資料數	詞條數	有效高頻詞閾值
蘇嘉豪	192	633	24
宋碧琪	899	1221	29
施家倫	1220	2498	36
葛萬金	173	420	18
黃潔貞	815	986	24
施利亞	130	350	17
區錦新	463	1089	29
梁安琪	1174	1353	30
林宇濤	268	591	23
李靜怡	859	999	26
李少坤	47	217	16
陳美儀	603	896	25
洪榮坤	76	382	20
麥瑞權	804	1980	34
林偉駒	28	110	12
黃偉民	24	356	16
利建潤	39	187	14
高銘博	63	227	15
周鏽芳	71	219	16

　　將預處理的資訊內容，導入文本挖掘工具 ROST Content Mining 6 中進行高頻詞提取處理。並根據 Donohue 於 1973 年提出的高低頻分界公式：$T=\frac{-1+\sqrt{1+8I}}{2}$（T 為樣本有效高頻詞閾值，I 為頻數僅為 1 的詞條數）計算出有效高頻詞的臨界值，得出相關閾值數（如表 5-3 所示），詞頻具體結果如表 5-3。

表 5-3 候選人詞頻表

姓名	詞條與詞頻						
程樂蓀	民主 52	程家 13					
何潤生	積極 189	愛國 101	慈善 80	衛生 79	友好 33	忠誠 31	災後 25
吳國昌	民主 315	健康 97	積極 74	有效 58	重視 48	合理 38	激進 33
林玉鳳	民主 82	積極 34	平等 33	正式 28			
高天賜	民主 164	慈善 122	愛國 101	積極 92	團結 47	友好 38	衛生 38
蘇嘉豪	民主 105	安全 79	健朗 50	激進 40	憂慮 29	積極 27	穩定 27
宋碧琪	積極 275	穩定 142	安全 125	長遠 116	災後 102	仁慈 59	慈善 57
施家倫	積極 451	愛國 332	健康 177	穩定 150	災後 140	慈善 58	親切 36
葛萬金	重要 36	明確 30	直接 29	慈善 21			
黃潔貞	友善 393	積極 318	愛國 255	衛生 186	安全 126	穩定 118	長遠 65
施利亞	不足 23	民主 36	主辦方 19				
區錦新	民主 394	不足 120	有效 96	積極 77	激進 65	愛國 58	主動 37
梁安琪	愛國 352	積極 344	旅遊休閒 246	慈善 168	災後 125	優秀 81	熱心 30
林宇濤	不足 62	大三巴 56	反方 53	嚴重 52	繁忙 32	不便 28	困難 28
李靜怡	健康 271	積極 246	民主 134	長遠 75	清潔 65	跨境 46	廉政 26
李少坤	民主 42	廉潔 16					
陳美儀	不足 166	困難 88	嚴重 53	友好 39	公平 30	自信 27	
洪榮坤	廉潔 64	嚴重 35					
麥瑞權	積極 237	愛國 202	安全 168	民主 131	衛生 108	災後 62	友好 51
林偉駒	民主 15						
黃偉民	民主 27						
利建潤	民主 108	明顯 18					
高銘博	張德江 42	民主 33					
周鏽芳	民主 30	無理 21	健康 18				

在統計出有效高頻詞後，使用 R 語言詞雲繪製包——wordcloud2 為有效高頻詞繪製視覺化詞雲，其效果如圖 5-2、圖 5-3 所示。

圖 5-2 當選候選人高詞頻詞雲圖

圖 5-3 未當選候選人高詞頻詞雲圖

詞雲圖可以將文字資訊轉換成圖像圖形，並按頻率進行加權調整，出現頻率越高，顯示在詞雲圖中的字體越大，視覺效果越突出。在詞雲渲染過程中，一個詞或短語的重複率越大，相同出現的單詞或短語越多。單詞或短語越容易被正確識別和顯示。如圖 5-2，據當選候選人高詞頻詞雲圖所示，其中反映候選人形象特質的詞，例如積極、愛國、民主、公平等詞比較高頻地出現，同時像慈善、健康、災後、衛生等相關對民生有利的議題也是頻繁出現。而相反的，未當選的候選人中，如圖 5-3，相關候選人形象特質的詞，如民主、不足等較為高頻，其他更多的卻是出現困難、反方、嚴重等不能反映其相關主題的詞。

同時，根據這 24 位候選人的高頻詞進行資料分析，以橫坐標為議題，縱坐標為個人特質，建立坐標軸。根據坐標軸的分佈分析發現，在個人的所有資訊當中，所有當選的候選人有關個人形象特質的詞條與有關議題的詞條的詞頻都是較高的。而相反的，未當選的候選人有關個人形象特質的詞條與有關議題的詞條的詞頻較為偏低。因此可以得出，候選人的個人形象特質與議題取向對選民的投票意願具有相關性。

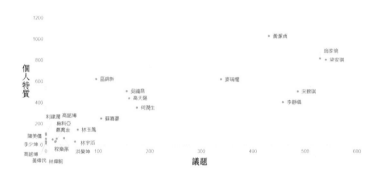

圖 5-4 候選人詞頻坐標軸

5.4 研究發現

5.4.1 相關性分析

以 Pearson 相關性分析結果如表 5-4。結果發現在 0.01 顯著水準上，自變量候選人個人特質形象 "r(405)=0.419, p<0.001"，議題形象 "r(405)=0.541, p<0.001"，仲介變量議題介入 "r(405)=0.450, p<0.001"，因變量投票意願之間呈現顯著正相關，其中自變量議題形象 "r(405)=0.453, p<0.001" 與仲介變量議題介入呈現顯著正相關，自變量候選人個人特質 "r(405)=-0.004, p= 941" 與仲介變量議題介入未顯示相關，驗證了本章假設。分析結果如表 5-4 所示：

表 5-4 各變量間的相關性分析表

	個人特質	議題形象	議題介入	投票意願
個人特質	1			
議題形象	0.491**	1		
議題介入	-0.004	0.453**	1	
投票意願	0.419**	0.541**	0.450**	1

註：n=407，* 在 0.05 水準上顯著相關。** 在 0.01 水準上顯著相關。

5.4.2 獨立樣本 t 檢定

一、操縱檢驗

　　檢驗實驗的情景幹預項是否能被實驗參與者所了解，並確實融入實驗情景中對投票參與意願，故本章針對實驗情景進行實驗驗證，確定操縱是否成功，在回答投票意願前，讓實驗參與者先填答情景檢驗題項。其問題包括候選人郭某是一位熱情親民的候選人，候選人郭某是一位能力出眾的候選人，候選人郭某希望通過地方經濟發展議題來帶動澳門的發展，候選人郭某希望通過社會福利照顧議題來帶動澳門的發展，共四題。

　　情景檢驗題的分析結果如下（表 5-5、表 5-6），在候選人類型操縱檢驗上，對應 "郭某是一個熱情親民的候選人" 題項，t 值 6.775（p=0＜0.05），達顯著效果；在議題類型操縱上，對應 "候選人郭某希望通過地方經濟發展議題來帶動澳門的發展" 題項，t 值 7.166（p=0＜0.05），達顯著效果。實驗顯示參與者有注意並了解情景內容，故本實驗情景的操縱是成功的。

表 5-5 候選人類型操縱檢驗的 t 檢定

干預項	個案數	平均值	標準差	T 值	情景檢驗題
熱情親民	204	3.657	1.0457	11.544***	候選人郭某是一個熱情親民的候選人
能力出眾	203	2.488	0.9968	11.545***	
熱情親民	204	2.392	1.0186	-11.317***	候選人郭某是一個能力出眾的候選人
能力出眾	203	3.547	1.0396	-11.317***	

1= 非常不同意，5= 非常同意，* = p＜0.05，** = p＜0.01，*** = p＜0.001

表 5-6 議題類型操縱檢驗的 t 檢定

干預項	個案數	平均值	標準差	T 值	情景檢驗題
地方經濟	203	3.980	0.9385	19.754***	候選人郭某希望通過地方經濟發展議題來帶動澳門的發展
社會福利	204	2.142	0.9387	19.754***	
經濟發展	203	2.276	0.9080	-18.357***	候選人郭某希望通過社會福利照顧議題來帶動澳門的發展
社會福利	204	3.897	0.8734	-18.356***	

1= 非常不同意，5= 非常同意，* = p＜0.05，** = p＜0.01，*** = p＜0.001

二、議題類型對投票意願的影響效果

本章以獨立樣本 t 檢定，探討不同候選人類型對選民投票意願產生的差異。在做獨立樣本 t 檢定前，先進行方差同質性檢定，檢定結果為不顯著（F=0.83， p=0.363>0.05），符合方差同質性假設。再進行獨立樣本 t 檢定，分析結果顯示，在社會福利議題的新聞情景時，實驗參與者對投票意願有較高的意願，平均數為 3.55，屬於（普通—同意）的程度。而在能力出眾型候選人的新聞情景時，實驗參與者與上一組的投票意願相比較低，平均值為 3.30，屬於（普通—同意）的程度。而研究結果也與學者研究相符，在關於候選人的研究的時候就認為熱情型候選人更能比能力型候選人贏得選民的好感。故本章假設（H1：候選人類型會對選民投票意願影響）成立。

表 5-7 候選人類型對投票意願影響的差異分析表

候選人類型	個案數	平均值	標準差	t 值
熱情親民	204	3.5556	0.97795	2.717**
能力出眾	203	3.3021	0.90203	2.718**

1= 非常不同意，5= 非常同意，* = p＜0.05，** = p＜0.01，*** = p＜0.001

三、不同議題類型類型對投票意願的影響效果

本章以獨立樣本 t 檢定，探討不同議題類型對選民投票意願產生的差異。在做獨立樣本 t 檢定前，先進行方差同質性檢定，檢定結果為不顯著（F=0.067，p=0.796＞0.05），符合方差同質性假設。再進行獨立樣本 t 檢定，分析結果顯示，兩組候選人類型是並無差異的，在經濟發展議題的情景時，實驗參與者對投票意願有較高的意願，平均數為 3.49，屬於（普通—同意）的程度。而在社會福利議題的情景時，實驗參的投票意願，平均值為 3.36，屬於（普通—同意）的程度。故本假設（H2：議題類型會對選民投票意願影響）成立。

表 5-8 議題類型對投票意願影響的差異分析表

議題類型	個案數	平均值	標準差	t 值
經濟發展	203	3.4959	0.94418	1.418
社會福利	204	3.3627	0.94987	1.418

1= 非常不同意，5= 非常同意，* = p＜0.05，** = p＜0.01，*** = p＜0.001

5.4.3 回歸分析

一、回歸分析結果

以回歸分析考證候選人形象（個人特質）和候選人形象（公共議題）與議題介入和投票意願的關係，結果如表 5-9 所示。結果顯示考慮其他變量的情況下，候選人形象（個人特質）對投票意願有顯著影響（β =0.27，p<0.001），候選人形象（個人特質）得分越高，投票意願也就越強烈；候選人形象（公共議題）對投票意願有顯著影響（β =0.22，p<0.001），候選人形象（公共議題）得分越高，投票意願也就越強烈，故本章假設（H3：候選人形象對投票意願有顯著正向影響）成立。而候選人形象（公共議題）對議題介入有顯著影響（β =0.45，p<0.001），候選人形象（公共議題）得分越高，議題介入也就越強烈故本章假設（H4：公共議題對議題介入有顯著正向影響）成立。

表 5-9 回歸分析結果

因變量 自變量	投票意願			議題介入		
	B	SE B	β	B	SE B	β
候選人取向	0.27***	0.63	0.27***			
議題取向	0.27***	0.77	0.22***	0.48***	0.53	0.45***
R^2	0.21			R^2	0.205	
Adj R^2	0.21			Adj R^2	0.203	
F	55.23***			F	104.55***	
df	(2,404)			df	(2,404)	

註：N = 407，* = p＜0.05，** = p＜0.01，*** = p＜0.001

二、仲介效果分析

　　以回歸分析檢驗議題介入對公共議題和投票意願的仲介效果，結果如表 5-10。結果顯示，公共議題對議題介入具有較強的解釋力（β=0.453，p<0.001），公共議題對投票意願具有較強的解釋力（β=0.541，p<0.001），議題介入對投票意願有較強的解釋力（β=0.450，p<0.001），然讓他同時考慮到公共議題、議題介入對投票意願的解釋力時，公共議題（β=0.258，p<0.001）和議題介入依然顯著（β=0.424，p<0.001）。根據 Baron 與 Kenny 的方法進行檢驗，仲介效果成立，議題介入部分仲介了公共議題與投票意願的關係。故本章假設（H6：議題介入於公共議題與投票意願之間有仲介效果）成立。

表 5-10【公共議題→議題介入→投票意願】的仲介效果回歸分析

	議題介入		投票意願	
	模式 1	模式 2	模式 3	模式 4
公共議題	0.453***	0.541***		0.258***
議題介入			0.450***	0.424***
R^2	0.205	0.292	0.202	0.345
Adj R^2	0.203	0.291	0.200	0.342
F	104.549***	167.265***	102.817***	106.49***
df	(1,405)	(1,405)	(1,405)	(2,404)

註：表中數值為標準化回歸係數(β)，* = p<0.05，** = p<0.01，*** = p<0.001

5.4.4 Process 仲介檢驗

本章使用了 PROCESS 插件作為分析工具。PROCESS 是 Ohio State University 心理系教授 Andrew F. Hayes 開發的，專門用於單個、多個序列或並列中介變量、調節變量（包括有調節的中介）的處理，並報告 bootstrap 置信區間、中介效應效應量等的 SPSS 宏文件。

本章選用 Hayes 提出的簡單仲介模型，在控制常量的情況下對議題介入在議題形象與投票意願關係中的仲介效應進行檢測，結果如表 5-11 所示 [21]。

表 5-11 process 的仲介作用檢驗表

回歸方程 N=407		擬合指標			係數顯著性		置信區間	
因變量	自變量	R	R^2	F	B	t	LLCI	ULCI
參與	常數				1.8108	9.7005	1.4439	2.1778
參與	議題形象	0.453	0.2052	104.5489	0.4747	10.2249	0.3834	0.566
投票意願	常數				0.1693	0.7349	0.2835	0.622
投票意願	參與	0.5875	0.3452	106.4901	0.3155	5.7136	0.207	0.4241
投票意願	議題形象				0.5431	9.3841	0.4293	0.6569

21　Hayes, A. F. (2012). PROCESS: A versatile computational tool for observed variable mediation, moderation, and conditional process modeling [White paper]. Retrieved from http://www.afhayes.com/ public/process2012.pdf

由此可知，在以百分位和偏差校正的 Bootstrap 法重複抽樣 5000 次，置信水準為 95% 的條件下，各置信區間內均不包含 0，議題形象對議題介入的正向預測作用顯著（p<0.01），議題介入對投票意願的正向預測作用顯著（p<0.01），議題形象對投票意願的正向預測作用顯著（p<0.01）。

表 5-12 process 的仲介效應表

	效應值	Boots	置信區間	
		標準誤	LLCI	ULCI
直接效應	0.5431	0.0438	0.4293	0.6569
議題形象的仲介效應（間接效應）	0.1498	0.0301	0.0803	0.2528

此外，議題形象對投票意願影響的直接效應及議題介入的仲介效應的

bootstrap 95% 置信區間的上、下限均不包含 0（見表 5-12），表明議題形象不僅能夠直接預投票意願，而且能夠通過議題介入的仲介作用預測投票意願。在 Sobel 檢驗中也表明仲介效應顯著（Z=4.9697，p=0.000），假說 H6 成立。

5.5 結論與建議

5.5.1 研究結果

本章的研究結果從實驗情景的方式證明在不同的候選人類型選民的投票意願有顯著差異，Lasse Laustsen 和 Alexander Bor 在研究中發現熱情比能力更能影響選民對候選人的評估和投票意願[22]。所以，真正要想吸引選民的投票意願就要迎合選民並完善自身。

本章的研究結果從實驗情景的方式證明在不同的議題類型選民的投票意願沒有差異，其中兩個議題類型情景下投票意願都是處於中等偏高的，因此，想要提高選民的投票意願，就要貼合民心提出選民所想看到的議題。對那些接受教育或者政治參與度高的選民來説，候選人所提出的議題在他們的投票意願中比其他方面更具有重要的地位；所以，對選民來説議題對他的重要程度一樣時投票意願不會產生差異。

通過上述文獻綜述及實證分析，本章的結果解釋了候選人形象對選民的主體效應，結果表明候選人形象對選民的投票意願是具有顯著的影響，對於候選人形象的良好感知，能夠有效的提高選民的投票意願。

在澳門選舉過程中，議題介入對候選人議題形象和投票意願的關係具有顯著仲介的作用，通過本章的資料分析得出，議題介入在候選人議題形象和選民投票意願的關係中為

---

22 L. Laustsen & A. Bor. "The relative weight of character traits in political candidate evaluations: Warmth is more important than competence, leadership and integrity."pp.96-107.

部分仲介效應。

因此，本章歸納假設檢驗的結果如表 5-13 所示：

表 5-13 研究結果

	假設	結果
H1	不同的候選人類型對投票意願的影響	成立
H2	候選人的不同議題類型對投票意願的影響	不成立
H3	候選人形象對投票意願有顯著正向影響	成立
H4	公共議題與議題介入有顯著正向影響	成立
H5	議題介入與投票意願有顯著正向影響	成立
H6	議題介入於公共議題與投票意願之間有仲介效果	成立

5.5.2　研究啟示

候選人如何吸引選民，綜合研究得出的結論是，候選人的形象可能會起重要的作用。更具體地說，通常得出以下結論：與能力相關的候選人印象對候選人評估和投票選擇決策最為重要。在本章中測試了能力或熱情是否構成了對政治候選人進行評估時更重要的特徵。其實保持良好的形象是候選人最基礎的要求。誠信、道德、能力都是選民對候選人的要求標準，每個選民最終投票的對象都是候選人。無論是有社團還是公司或是家族包裝，遠遠比不上候選人本身最初在選民中的形象。經營候選人形象，其實就像經營一個品牌形象一樣，當候選人形象在民眾中的口碑好，候選人就會在選民中一傳十，十傳百，選民之間的傳播就是最好的宣傳媒介，這比花錢買廣告的效益好百倍。選民只有親身感受候選人的優點以及候選人好的形象才能讓選民有更高的投票意願。最後，從實際意義上講，我們的結果表明，尋求投票的候選人應主要集中於表現出熱情、同情和關懷，而他們可能對選民的能力、智力和知識認知更為放鬆。在政治領導者看來，溫暖是一個重要的特徵，比迄今為止對選舉行為的研究都更為重要。

5.5.3 研究局限及展望

本章進行的同時，受疫情、時間、研究對象等不同之因素影響，仍有許多不足之處。在研究結果有應用上的限制，故在此針對本章遺漏之處，對後續有意從事縣澳門選舉研究者提出參考建議。

本章之研究對象為澳門選民，由於疫情原因，本章採用的是滾雪球的方式抽樣，樣本中的資料大部分的受教育程度都是來自本科學歷，研究結果的適用範圍會有一定的局限性。建議後續研究者在進行相關研究時，可以選擇對不同地區、不同類別、不同目標族羣為研究對象並進行線下分層抽樣，或加入其他構面探討是否影響候投票意願，做更深入之探討。

在研究模型方面，由於本人閱覽文獻資料的數量有限，僅探討了候選人形象、議題介入和投票意願之間的關係，研究模型存在一定的局限性，其他構面的影響尚待發掘，在未來的研究中，希望後續研究者可以借鑑品牌形象對消費者購買意願的影響研究成果，並依據候選人形象與投票意願的相關研究，引入更多的變量到研究模型中。建議後續研究者除在現有研究上發揮外，可再開發更為合適選舉的評估模型，供學術用途。

第 6 章

選舉宣傳片策劃及執行策略

章節簡介

　　本章使用多案例比較分析法，選取了 2017 年與 2021 年兩屆澳門立法會選舉的所有的候選組別並對其宣傳片進行多要素條件組態分析。結果發現兩條不同的組態路徑，一種宣傳片是以候選人形象多樣性為核心要素，以豐富的鏡頭類別為輔助要素，傳播說服的效果較好；另一種是以訴求策略多樣性為前提，重點全面塑造候選人的形象，獲得的效果也較好。同時研究也發現，當鏡頭類別較為豐富的時候，剪輯技巧可以適當減少，這樣可以更好地把控宣傳片的節奏。

　　另外在對比候選組宣傳影片後還發現不同陣營的候選組所塑造出的候選人形象的側重點也不同。例如愛國愛澳傳統陣營的候選組別宣傳片將候選人形象塑造為保守和不出錯的形象，同時呈現出親民溫和、有經驗有能力，並且有品德操守的特質；而中間派陣營在候選人形象塑造方面則側重於創新的形象特質。不同的候選組別應對自身受眾時側重不同的宣傳要素，從而使宣傳片達到更好的說服效果。

6.1 文獻綜述

6.1.1　電視競選廣告

　　1960 年 9 月 26 日的美國總統競選辯論是美國歷史上第一次成功將總統競選與電視媒體相結合的案例。從此，不僅誕生了第一位 "電視總統" 甘迺迪（John F. Kennedy），同時，也使電視這種新的大眾傳播媒體開始受到人們的廣泛關注[1]。鄭自隆對競選廣告進行了內容和策略分析，並結合時代背景、候選人政見、大事件等進行分析，發現電視競選廣告中所呈現的視覺文化，共有以下幾項特點：(1) 民意的操縱與行為的操控；(2) 片段組合的再製與意識形態的再現；(3) 後現代的集體經驗[2]。楊奇光以希拉莉在 2016 年美國大選中推出的整裝待發（Getting Started）競選廣告為例，在視聽傳播方式與效果的基本框架內，分別從敘事模式、符號選擇和視聽語言三個層面，對該宣傳片展開全面的分析，並結合對其傳播現象的闡釋，他認為電視競選廣告的主要路徑選擇還是在於迎合受眾的情感需求，因為視聽手段的優勢就是通過引起受眾情感共鳴而使他們認同片中的價值觀[3]。

1　楊雪瑩：〈電視傳播與美國總統競選的關係及其影響 —— 以肯尼迪與尼克松競選為例〉，《新聞傳播》，第 13 期（2018），頁 2。

2　鄭自隆：《競選傳播：策略與管理》，台北：華泰文化，2012 年。

3　楊奇光：〈從希拉里的競選宣傳片看美國主流政治傳播策略〉，《對外傳播》，第 5 期（2015），頁 76—78。

6.1.2 競選策略

在選舉中，不同候選人的競選策略是非常多樣化的。孫藝琳對美國總統競選候選人形象背後的營銷傳播策略進行了分類：第一，需要符合選民需要的、差異化的形象定位策略；第二，多角度、多樣化的資訊訴求策略；第三，動之以情的感性溝通策略；第四，全方位覆蓋的媒體組合策略[4]。學者肖沛雄與王夢溪對 2008 年美國總統競選的民主黨派候選人奧巴馬（Barack Obama）所採用的競選策略進行了分析，在國內外特殊的傳播環境中充分有效地利用現代多媒體的優勢，並在各利益方、大眾傳媒和公眾三足鼎立的傳播調控態勢，確定了媒介傳播主體對象，聚焦經濟民生的傳播主題，可以說是在競選主軸策略、形象策略、議題策略、聯盟策略，以及新媒體策略這五個方面運籌帷幄，成功入主白宮[5]。各派別候選人在塑造形象特質上有明顯差異。莫莉、黃合水對比分析 2012 年台灣地區領導人選舉中，國民黨與民進黨的競選廣告策略並進行了探討，兩黨都強調了清廉的候選人形象，並以感性訴求為主，弱化了政黨色彩[6]。

4　張淑燕，孫藝琳：〈美國總統候選人形象廣告營銷傳播策略解讀〉，《廣告大觀（理論版）》，第 1 期（2011），頁 31—38。

5　肖沛雄，王夢溪：〈美國政治文化傳播的新趨勢 —— 奧巴馬競選總統的媒介傳播策略〉，《當代傳播》，第 1 期（2009），頁 32—35。

6　莫莉，黃合水：〈台灣兩大政黨競選廣告策略比較分析 —— 以 2012 台灣地區領導人選舉競選廣告為例〉，《台灣研究集刊》，第 4 期（2012），頁 50—59。

6.2 研究方法

6.2.1 模糊集定性比較分析法（fsQCA）

QCA 技術最初只能處理兩分類變量，而後又演變出可以處理多值變量的技術。目前 QCA 技術主要有 csQCA、mvQCA 和 fsQCA 等。而 fsQCA 能發現條件組態關係以及殊途同歸、有效識別多元條件之間因果效應的強弱；且相較於其他類型的分析方法，QCA 分析技術更具優勢，模糊賦值更客觀、充分地捕捉到前因條件在不同水準變化的細微影響。模糊集定性比較方法（以下簡稱 fsQCA）融合了定性和定量研究方法，利用布爾代數和集合論討論組態之間的因果效應，在給變量賦值時需要理論和實際知識作為依據，將變量進行校準、賦予模糊隸屬參數，有助於回答多重並發因果的組合效應。由於使用內容分析法或是其他傳統分析方法得出的結果較為單一，無法更好地解釋澳門立法會選舉的宣傳片是如何影響投票人態度，所以本章選擇 fsQCA 方法，藉此嘗試從多組態的角度來闡述這些宣傳片的傳播效果。

6.2.2 案例選取

本章收集有關澳門立法會選舉的分析和新聞報道，選取了典型愛國愛澳陣營的三個候選組別：羣力促進會、美好家園聯盟、同心協進會，還有隸屬於中間派別的傳新力量與公民監察兩個參選組別。第六屆立法會選舉投票人數為 17.5 萬人，投票率為 57.2%，較上屆上升約 2.2%。尤其是中間派在澳門政治的崛起（表 6-1）。本次選舉中，公民監察與傳新力量兩組別旗幟鮮明地開闢中間路線，標榜以專業、理性的方式議政，既以不同於傳統社團的批判角度監督政府施政，同時亦主張以理性方式為政府建言獻策，受到不少選民的青睞。他們的宣傳片側重於貼近澳門的中產階層、青年人及文藝界人士等相關風格進行拍攝。本章選取這兩組候選人宣傳片同時進行分析，判斷是否與愛國愛澳陣營的側重點會有所不同。傳統愛國愛澳陣營一直在立法會佔據主導地位，而其候選組別的宣傳片也具有代表性。第七屆立法會選舉這五組候選組別依舊參與了選舉，相比第六屆的得票率，羣力促進會、美好家園聯盟、同心協進會、傳新力量四組的得票率皆上升，而公民監察卻落選。由於 2017 年第六屆立法會選舉才把宣傳片統一納入到候選政綱的策略中，所以本章選取了總共十組有關 2017 年及 2021 年兩屆澳門立法會選舉官網候選名單各組所提供的宣傳片，將對其進行比較分析。

表 6-1 各個候選組別有效得票率

候選組別	年份	有效得票率
羣力促進會	2017	7.15%
	2021	11.43%
美好家園聯盟	2017	5.50%
	2021	10.78%
同心協進會	2017	9.67%
	2021	17.99%
公民監察	2017	5.56%
	2021	2.82%
傳新力量	2017	4.15%
	2021	6.64%

6.2.3　變量設計

　　競選宣傳片也屬於競選文宣的一種，因為競選文宣必須透過傳播的過程傳送給選民，才能發揮其效果，所以可稱之為競選傳播[7]。美國政治學家 Harold D. Lasswell 提及傳播過程中有五個重要的因素，即傳播者、訊息、媒介、閱聽人和效果（圖 6-1）。學者陳美華認為這個過程是單向線型的傳播過程，也可以用來解釋競選文宣的傳播模式[8]。傳播者是參加選舉的候選組別與候選人；訊息是競選文宣也就是宣傳片的內容，製作競選文宣首先要考慮訴求的方式；媒介是媒體，負責傳播訊息的工具；閱聽人在競選傳播的情境中指的是投票的選民；效果是關於競選文宣的傳播效果，在競選過程中指的是選民最後是否有被成功說服進行投票的行為。

圖 6-1 Lasswell 的 5Ws 傳播模式

圖片來源：Harold D. Lasswell, *Politics: Who Gets What, When, How*, P. Smith, 1950, pp. 59-67.

7　鄭自隆：《競選文宣策略：廣告、傳播與政治營銷》，台北：遠流出版社，1992 年，76 頁。
8　陳美華：〈台北市議員女性候選人競選文宣內容之分析──以第九屆政黨提名候選人平面文宣為例〉，碩士論文，中國文化大學政治學研究所 2004 年。

一、條件變量的設計

根據以往有關 fsQCA 法的研究經驗，需要從之前的有關理論或是文獻之中提取變量。本章的條件變量設置主要遵循 "Lassewell 的傳播模式"（5Ws of Communication）的理論框架模式，結合參考前文文獻綜述中的關於電視競選廣告的研究，以及美國學者 Kaid 與 Johnston 認為電視競選廣告由語意內涵和非語意內涵及製作技巧三元素組成[9]。本章參考了這兩位學者關於美國總統大選電視競選廣告進行內容分析時的編碼類目，從選語意內涵和非語意內涵及製作技巧三個元素中選取符合澳門立法會選舉宣傳片的條件變量。

語意內涵具體為候選人形象的多樣性。在選舉過程中，候選人對選民而言，是一種具有意義的符號，這種符號是候選人透過媒介主動地投射某些特質給選民[10]。候選人會透過宣傳片傳達出諸如由發言、舉止或是人格特質等訊息，並由此所塑造出候選人形象，選民會據此來進行主觀的評價。同時這些形象也會刺激選民的政治思想、感覺及傾向，從而使選民進行投票支持。大眾傳播媒介的發展意味着形象年代的到來，選舉時候選人的形象都是媒介專家研究設計的重點，而形象也時常決定了選舉的勝敗[11]。不少研究已經證明選民對於候選人的形象評價是決定其投票行為極其重要的因

9　Anne Johnston."Videostyle."*Encyclopedia of Political Communication*, vol. 2, 2008, pp.808-810.

10　D. D. Nimmo & R. L. Savage. Candidates and Their Images: Concepts, Methods, and Findings. Goodyear Publishing Company, Inc., 1976.

11　彭芸：《政治廣告與選舉》，台北: 正中書局，1992 年。

素 [12]。相關研究發現候選人形象設計有多重面向，由多種要素構成，但是大致可分為候選人政治形象與候選人的個人形象。參考既有國內形象的研究，可以將候選人形象細分為八個特質，分別是行政能力（解決問題、執行政策的能力），歷任公職經驗與表現，領導才能（判斷力、與部屬關係、具備領袖氣質等），魄力與創新觀點（對於市政的規劃是否主動積極以及有獨到的見解等），品德操守（清廉、誠實、值得信任），口才表達，外在儀表，羣眾魅力（親和力、是否受歡迎）[13]。該變量通過衡量各組在宣傳片中所塑造出的候選人形象特質的數量來判斷候選人形象的多樣性。

非語意內涵具體為候選人與觀眾的眼神接觸。隨着時代的發展，動態影像對接收者的感官刺激更需要被重視，即非語意內涵及製作技巧對觀看者產生的影響。非語意內涵比語意內涵更具可靠性，可傳遞語言無法傳達的肢體意義。曾有學者指出非語言傳播在人際與社交互動中扮演着極其重要的角色，會影響選民對候選人競爭力、可信賴度與社交能力的評價 [14]。有研究者認為，直接的眼神接觸可以避免旁觀者產生 "跟自己無關" 或者是 "自己的參與與否得不到重視" 的感覺。眼神交流也能夠傳遞交流雙方的一些人格特點，例如主動和別人進行眼神交流多被認為是自信的表現，更有領導能

12 吳三軍：〈基於勸服視角的美國競選廣告視覺元素分析〉，《現代傳播》，第 5 卷（2013），頁 126—130。

13 張淑燕，孫藝琳：〈美國總統候選人形象廣告營銷傳播策略解讀〉，頁 31—38。

14 J. K. Burgoon & B. A. Le Poire. "Nonverbal cues and interpersonal judgments: Participant and observer perceptions of intimacy, dominance, composure, and formality." *Communication Monographs, vol.66, no.2,* 1999, pp.105-124.

力，更有權力[15]。眼神接觸可以吸引觀眾注視並增進投票選民對候選人的信任。該變量通過衡量宣傳片中候選人直視鏡頭與觀眾進行眼神接觸的秒數佔總視頻時長的百分比來判斷候選人眼神接觸是否到位。

製作技巧具體為攝影機鏡頭類型及操作剪輯技巧。有研究指出攝影角度、運鏡和編輯等均會影響選民觀看情緒，引導選民對競選廣告的理解與詮釋[16]。競選廣告結構的安排不同，也會影響到接受的效果。鏡頭的變換與剪輯會影響投票人的情緒與記憶，可能會提高選民對候選組別的評價與投票支持[17]。例如運動鏡頭與固定鏡頭通過有效地剪輯手法穿插起來，就可以使畫面更加流暢，從而達到理想的宣傳效果，提升作品的觀賞性[18]。轉場特效就是畫面附加技巧的剪輯，經常用於一個畫面的淡出和一個畫面的淡入，如果無畫面附加技巧剪輯就是兩個鏡頭直接切換。不同的轉場帶來的效果也會不同，最好要結合多種轉場技巧，最終製作出引人入勝的宣傳片[19]。鏡頭類型包含特寫、中景、遠景和全景四個類型，操作剪輯技巧包含仰拍、俯拍、溶入、淡入、淡出、切和拭消[20]。該變量通過衡量宣傳片中所使用的鏡頭類型及剪輯技

15 李旭：〈眼神接觸知多少〉，《百科知識》，第 8 期（2015），頁 21—22。

16 R. Edmonds. *The Sights and Sounds of Cinema and Television: How the Aesthetic Experience Influences Our Feelings.* Teachers College Press, 1982.

17 吳三軍：〈基於勸服視角的美國競選廣告視覺元素分析〉，頁 126—130。

18 黃敬春：〈電視宣傳片的鏡頭剪接方法和技巧探討〉，《神州》，第 9 期（2016），頁 47—49。

19 卜禹伸、劉佳慧：〈淺談企業宣傳片鏡頭剪輯實踐形式與創新探索〉，《數碼世界》，第 4 期（2018），頁 1。

20 曹華：〈紀錄片中鏡頭的剪輯運用——以舌尖上的中國為例〉，《電影新作》，第 4 期（2017），頁 96—101。

巧的數目來判斷視頻本身的風格的多樣性。

除此之外，還應關注訴求策略多樣性。訴求是廣告中所表現的說服主題，也就是根據選民的動機製作而成的用於加強刺激的資訊，經過市場區隔產品定位與產品差異性的分析，在此情境下為選民區隔，來判斷出閱聽人的動機，再根據這個動機來擬定廣告說服主題。[21] 每一個廣告都應該有一個訴求點，這個訴求點是競選廣告的說服主題，若是沒有利用好這個訴求點，競選廣告就會失去廣告最主要的說服功能，只剩下告知功能。因此想要有好的宣傳效果，訴求策略就一定要正確，否則功效就會大打折扣。

候選組別在宣傳片中傳達廣告信息的時候，會在台詞上結合各種訴求方式以儘可能爭取選民的認同，一般有四種常用的訴求方式：理性訴求、感性訴求、恐懼訴求、名人訴求。理性訴求是指以數字、法律和事實等邏輯性內容來陳述候選組別，以此來尋求觀看者的認同與接納；感性訴求是指以情感的刺激來引起觀看者的情緒與共鳴，例如希望、驕傲、失落和興奮等等；恐懼訴求是指視頻中陳述了面臨的困境或者危機，從而提出解決焦慮的方法，但恐懼訴求不宜太強烈，否則會導致選民抗拒，從而使說服效果降低；名人訴求是指視頻中請到了知名人士或是受人尊敬者進行表態支持，為候選組別背書。[22] 不同的訴求策略吸引的受眾也不相同，例如理性訴求在邏輯上的說服力強於感性訴求，部分觀

---

21 鄭自隆：《競選文宣策略：廣告、傳播與政治營銷》，台北：遠流出版社，1992 年。

22 金水：〈平面商業廣告中的理性訴求與感性訴求〉，《美術大觀》，第 5 期 (2007)，頁 124。

看者會覺得比較乏味單調，感性訴求過多地注重情緒心理上的渲染，對於想簡單明瞭了解政綱的選民來說，會覺得過於拖沓。[23] 若是能結合多種訴求類型，那麼說服的選民範圍可能會更大一些。該變量是衡量各組在宣傳片中所使用的訴求類型的數量來判斷該視頻的訴求策略多樣性。

二、結果變量設計

本章選取了兩屆澳門立法會選舉，而每一屆的投票總數都是不一樣的，並且都存在着廢票或是白票的情況。如果單純地比較各界候選組別的票數是無法得出結果的，所以本章的結果變量是選取各個候選組別的有效投票率（有效得票總數佔總有效票數的百分比），以此來衡量候選組別宣傳片的宣傳效果。

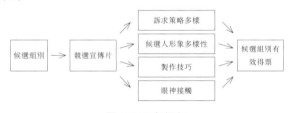

圖 6-2 研究框架

研究採取 fsQCA 的研究方法，QCA 方法需要在基於定量和定性結合的情況下對變量進行賦值。本章參考既往有關立法會選舉的研究，將採用模糊集賦值方式是四均值賦值法，即使用 "0、0.33、0.67、1" 四值對變量進行具體地分類賦值，其中 "0" 表示的是完全不隸屬；"0.33" 表示不隸屬

---

23 張力引：〈綠色廣告的訴求類型研究〉，《大眾文藝》，第 12 期（2019）。

的程度大於隸屬程度；"0.67" 表示隸屬程度大於不隸屬的程度；"1" 則表示完全隸屬。賦值依據採用客觀方式逐一對變量進行賦值，即單個變量中各個案例樣本數據在整體案例樣本數據中的百分比。筆者通過參考整理相關文獻與研究後，對本章的條件變量和結果變量賦值的具體設定如表 6-2：

表 6-2 條件標量賦值依據

條件變量賦值	訴求策略多樣性	候選人形象	候選人與觀眾眼神接觸	攝影機鏡頭類型及操作剪輯技巧
0	宣傳片中沒有採用任何訴求類型	宣傳片中沒有塑造任何有關候選人的形象特質	宣傳片中沒有出現任何眼神接觸	宣傳片中沒有使用任何鏡頭類別或是剪輯技巧
0.33	宣傳片中採用了 1 種訴求方式	宣傳片中出現了 1-3 種有關候選人的形象特質	宣傳片中候選人與觀眾眼神接觸的秒數佔比在 1-30%	宣傳片中使用了 1-5 種鏡頭及剪輯技巧
0.67	宣傳片中採用了 2 種訴求方式	宣傳片中出現了 4-6 種有關候選人的形象特質	宣傳片中候選人與觀眾眼神接觸的秒數佔比在 31-60%	宣傳片中使用了 6-8 鏡頭及剪輯技巧
1	宣傳片中採用了 3 種及以上的訴求方式	宣傳片中出現了 7 種及以上有關候選人的形象特質	宣傳片中候選人與觀眾眼神接觸的秒數佔比在 60% 以上	宣傳片中使用了 9 種及以上鏡頭及剪輯技巧

6.2.4 結果變量賦值

本章參考既往相關研究，發現當候選組別有效得票率高於 9% 時，可以獲得兩席或是三席的議會席位；有效得票率高於 5% 並且低於 9% 的組別均能獲得一席議會席位；有效得票率低於 5% 的候選組別均不能取得議會席位（表 6-3）。

表 6-3 結果標量賦值依據

結果變量賦值	各候選組別有效票的得票總數佔總有效票數的百分比
0	候選組別有效得票率低於 1% 的視為無
0.33	候選組別有效得票率在 1-4% 之間的視為低
0.67	候選組別有效得票率在 5-9% 之間的視為中
1	候選組別有效得票率高於 9% 的視為高

6.3 實證分析

6.3.1 模糊參數顯示

在 fsQCA 分析法中，給案例賦予集合模糊隸屬分數的過程是校準，本章採用的是間接校準法，通過對各個變量反覆校準後，結果如表所示（表 6-4）。

表 6-4 模糊數據集

年份	候選組別	有效得票率	訴求策略多樣性	候選人形象	眼神接觸	鏡頭／剪輯技巧
2017	羣力促進會	7.15%	0.67	0.67	0.33	0.67
	美好家園聯盟	5.50%	0.33	0.67	1	0.33
	同心協進會	9.67%	0.67	0.67	0.33	1
	公民監察	5.56%	0.67	0.67	0.67	0.67
	傳新力量	4.15%	0.67	0.33	0	0.33
2021	羣力促進會	1	1	0.67	0.33	0.67
	美好家園聯盟	1	0.67	0.67	0.67	1
	同心協進會	1	1	1	0.33	1
	公民監察	0.33	1	0.67	0.33	0.67
	傳新力量	0.67	1	0.33	0.67	0.67

6.3.2 單一條件的必要性分析

同主流的 fsQCA 的研究一致，本章首先將 5 個條件變量進行了單一條件的必要性分析，檢驗單個符號是否能成為澳門立法會候選組別高得票率產生的必要條件。在 fsQCA 分析中，當結果發生總伴隨着某個條件的存在，即一致性衡量標準達到 0.9 時，該條件就是結果的必要條件。研究結果可知，攝影機鏡頭類型及操作剪輯技巧這一變量的一致性大於 0.9，可以作為立法會候選組別選舉產生高得票率的必要條件。即當攝影機鏡頭類型及操作剪輯技巧運用較少時，各個候選組別的高得票率機會也會下降（表 6-5）。

表 6-5 必要條件分析

候選人形象	一致性（Consistency）	覆蓋率（Coverage）
訴求策略	0.863760	0.825521
候選人形象	0.865123	0.949178
眼神接觸	0.589918	0.929185
鏡頭與剪輯技巧	0.908719	0.951498

6.3.3 條件組態的充分性分析

條件組態分析是用來分析多個條件構成的不同組態引發結果的充分性分析。在分析組態充分性上，使用一致性0.75，頻數閾值設定為 1 來衡量。一致性低於 0.75 的值表明實質上的不一致，應予以刪除。執行操作後，fsQCA 3.0 軟件會輸出三種複雜程度不同的解：複雜解、簡約解和中間解。參考既往的 fsQCA 定性分析方法，複雜解完全尊重原變量設置且沒有使用邏輯餘項，簡單解可能含有反事實案例的邏輯餘項，中間解會包含有意義的邏輯餘項並且不允許消除必要條件。所以本章主要在此匯報中間解，並輔之以簡約解。從表中可以看到各組態的一致性水平均高於可接受的最低標準 0.75。說明所有的組態情況能解釋案例研究的情況（表 6-6—表 6-8）。

表 6-6 複雜解

	原覆蓋率 raw cover-age	原覆蓋率 unique cov-erage	一致性 consistency
訴求策略 * 候選人形象 * 鏡頭與剪輯技巧	0.818801	0.683924	0.946457
訴求策略 * 候選人形象 * 眼神接觸 * 鏡頭與剪輯技巧	0.181199	0.0463215	1
結果覆蓋率 solution coverage		0.361035	
結果一致性 solution consistency		0.361035	

表 6-7 簡約解

	原覆蓋率 raw cover-age	淨覆蓋率 unique cov-erage	一致性 consistency
候選人形象	0.865123	0.865123	0.949178
結果覆蓋率 solution coverage		0.865123	
結果一致性 solution consistency		0.949178	

表 6-8 中間解

	原覆蓋率 raw cover-age	淨覆蓋率 unique cov-erage	一致性 consistency
訴求策略 * 候選人形象 * 眼神接觸	0.271117	0.0463215	1
訴求策略 * 候選人形象 * 鏡頭與剪輯技巧	0.818801	0.594005	0.946457

	原覆蓋率 raw coverage	淨覆蓋率 unique coverage	一致性 consistency
結果覆蓋率 solution coverage		0.865123	
結果一致性 solution consistency		0.949178	

6.3.4 組態分析結果

以上所得出的條件組態代表了候選組別取得高得票率的充分條件組合，可以用來進一步分析宣傳片發揮作用提高選民支持的不同組態。表 6-9 根據以往研究經驗使用圖表的方式展示，採用"●"表示變量在要素條件組態中出現，用"○"來表示變量在組態中缺席，其中大圈"●"表示的是核心要素。核心要素條件為同時出現在簡約解與中間解的條件。如表 6-9 所示。QCA 在條件組態的充分性分析後給出了 2 個組態，總一致性和總覆蓋率為 0.95 和 0.87，具有較強解釋力。

表 6-9 不同候選組宣傳片的有效得票率到影響組合要素

	組態 1	組態 2
訴求策略	○	●
候選人形象	●	●
眼神接觸	●	/
鏡頭與剪輯技巧	●	●
原始覆蓋度	0.271117	0.818801

	組態 1	組態 2
唯一覆蓋度	0.0463215	0.594005
一致性	1	0.946457
解的覆蓋度	0.865123	
解的一致性	0.949178	

註：● = 核心條件存在，○ = 核心條件缺席，"/"表示該條件可存在亦可缺席。

6.4 結論與建議

組態一為"訴求策略＊候選人形象＊眼神接觸＊鏡頭剪輯技巧"。是以候選人形象與鏡頭剪輯技巧為核心要素，以眼神接觸為輔助要素，訴求策略缺席結合而成。形象就是印象、意見與態度的綜合體，是形成態度與意見的基礎[24]。陳明通的研究結果顯示，選民以候選人形象特質為投票依據高達70%[25]。還有學者有同樣的論點，認為候選人個人特質構或是影響選民投票的重要關鍵因素[26]。通過刺激決定論來説，選民對於候選人的形象認知來自於選民接觸的媒介訊息，選民會因為媒介所呈現出的候選人形象而形成或改變對候選人的

24 韓運榮，田香凝：〈新媒體語境下的政治營銷策略比較研究 —— 以 2016 美國大選為例〉，頁 122—127。
25 陳明通：《派系政治與台灣政治變遷》，台北：月旦出版社，1991 年。
26 郭策：〈用"定位理論"分析 2004 年美國總統競選的電視廣告〉，碩士論文，廈門大學，2007 年 。

看法[27]。若在宣傳片中塑造的候選人的形象越全面和豐富，對選民產生的影響力就會隨之增加。

例如同心協進會在第七屆澳門立法會選舉中所提供的宣傳片，短短 90 秒的視頻中，出現了 7 種不同的候選人形象特質，包括行政能力、歷任公職經驗與表現、領導才能和親和力等等特質。試想選民在觀看完這樣的宣傳片後，會否對候選人有更深刻的印象？若是宣傳片中的候選人僅僅身穿西裝背台詞般訴說自己關心羣眾和專業素養，說服力會遠遠低於直接展現候選人在街頭與民眾交流解決問題的畫面。宣傳視頻中關於候選人形象特質畫面出現的越多，說服選民的可能性就會越大。

在該組態中，鏡頭剪輯技巧也是一大核心要素條件。鏡頭與剪輯技巧運用代表了視頻的精美程度。合適的剪輯節奏和拍攝角度會使觀看者產生不一樣的感受，單一的鏡頭運用或畫面播放都會降低觀看者的興趣。即使選民已經具有影像識別功能，仍然會受到競選廣告影像編輯的影響，從而提高對候選人評價與支持[28]。競選宣傳片的運鏡和構圖都有不同的意涵，例如，特寫鏡頭的鏡頭意義表示親密，而從上往下拍的俯角鏡頭則會帶來權力威嚴的感覺[29]。公民監察在 2017 年立法會選舉中的宣傳視頻運用了 8 種有關的鏡頭剪輯，很

---

27 初廣志：〈電視競選廣告的訴求形態及表現形式研究 —— 美國電視競選廣告（1952—2008）文本分析〉，《廣告大觀》，第 5 期（2011），頁 85—88。

28 Gary Noggle & Lynda Lee Kaid. "The Effects of Visual Images in Political Ads: Experimental Testing of Distortions and Visual Literacy."*Social Science Quarterly*, vol.81, no.4, 2000, pp.913-927.

29 吳三軍：〈基於勸服視角的美國競選廣告視覺元素分析〉，頁 126—130。

好地把控了整體視頻的節奏，轉場運用也很流暢，使選民想要繼續看下去，同時也增加了選民對候選人的印象。眼神接觸作為輔助條件，對宣傳片的傳播輸出效果也有幫助。在宣傳片中，候選人說話時面帶微笑與觀眾進行眼神接觸會吸引觀眾注視，從而增進選民對候選人的信任，因此，在宣傳片最後所有候選人進行喊口號拉票時，大部分候選組別都選擇了直視鏡頭與選民進行眼神接觸，以此來提升信任程度及政治參與度。訴求策略條件的缺席對於這個組態來說，覆蓋的組別只有美好家園聯盟在 2017 年立法會選舉中的宣傳片視頻，當有着長時間的眼神接觸時，也可以很好地提高選民對候選人的信任，即使台詞上都是通過理性邏輯訴求來說服觀眾，但是仍獲得了比較高的得票率。

而眼神接觸在一定程度上可以彌補訴求策略的缺失，可以幫助候選組別通過宣傳片取得選民信任，並得到更高的選舉得票率。

組態二為"訴求策略＊候選人形象＊鏡頭與剪輯技巧"，是以候選人形象與鏡頭剪輯技巧為核心要素，以訴求策略為輔助要素結合而成。這一組態中候選人形象與鏡頭剪輯技巧和上一組態類似，而輔助要素條件為訴求策略。這一組態的覆蓋度高，有 6 個案例樣本都符合這個組態。那麼這個組態中，除了必要的多樣性候選人形象和充分運用鏡頭剪輯技巧之外，訴求策略的運用也有助於獲得更高的有效得票率。理性訴求最常用於競選宣傳片之中，宣傳片通過提出證據以邏輯說明道理來說服觀眾選民。劉冰認為一則成功的廣告都是運用理性與感性結合的廣告訴求策略，因為這樣可以讓受眾產生情感反應與認知反應，在此基礎上，運用輕微程度的恐懼訴求可以較好地導致意見改變[1]。所以若能將幾種訴求策略結合在一起，可以達到更好的說服效果。

例如 2021 年立法會選舉中，羣力促進會與同心協進會均使用了三種訴求策略，運用了適當程度的恐懼訴求，點出澳門現在處在一個危機時刻，提醒觀眾選民需要他們的幫助來度過難關，很好地影響了觀眾的情緒波動。而在這個組態中，眼神接觸要素條件可運用在宣傳片中，也可不運用在宣傳片中，影響並不是很大。

綜上所述，塑造全面多樣的候選人形象，運用好鏡頭剪輯技巧，並輔以合理多樣的訴求策略，可以最大程度地說服選民，取得較高的投票率。

1　劉冰：〈論情感訴求廣告策略的應用及發展〉，《傳播與版權》，第 7 期（2017），頁 77—78。

第 7 章

告急晚會策劃及執行策略

章節簡介

　　"選情告急"是選舉時常用的競選廣告策略，在澳門立法會的直接選舉中亦是如此。本章的研究對象為參加澳門第七屆立法會直接選舉的參選組織，研究進行選情告急的組別對獲得支持率的影響。本章採用多案例比較分析的方法來進行實證分析。選擇了第七屆澳門立法會選舉中進行了選情告急的參選組織，研究他們在告急晚會中表現形式的異同。以主要候選人演講時間佔比、動員投票次數、參與演講人數和告急晚會距投票日的時間為變量，區別各個參選組織在告急晚會中的表現形式。與其在第六屆與第七屆立法會選舉時支持率的變化量進行對比，從而得出較為優秀的宣傳形式。本章研究發現：主要候選人演講時間佔比對支持率變化的影響不顯著；動員投票次數對支持率變化呈正向影響；參與演講人數對支持率變化呈正向影響；告急晚會距投票日的時間對支持率變化呈正向影響。通過本章研究，希望能為後續參與澳門立法會選舉的參選組織提供一定的參考價值。

7.1 文獻綜述

盛杏湲在研究中指出，候選人在選情告急時常常使用維持選票或者擴張選票的策略。維持選票的策略為固票，而擴張選票的策略為催票和挖票[2]。候選人經常在投票日前幾天打出進行告急，試圖在短時間內使用固票策略鞏固已經擁有的選民，避免被其他競選者挖走。使用催票的方式則是提高選民投票意願。李佳蓉則認為，告急策略是指在選舉末期時，選舉人以使用催票、固票、挖票或配票的策略進的策略，目的是為了吸收遊離票、動員投票、鞏固票源、爭奪選票以及平均分散選票給同一團體候選人[3]。在澳門立法會選舉團體中，廣為使用的是催票及固票策略。根據文獻與現象觀察，催票策略目的為吸引尚未決定投票對象的遊離選民，並鼓勵其支持者踴躍投票。在競爭激烈、票票關鍵的情形下，數百甚至數十票的差距都可能決定勝負，因此每一票都必須催到。催票廣告便強調"再差一點就可以選上了""在當選和落選邊緣危急萬分""不去投票就落選"等緊急呼救，促使支持者凝聚危機意識，前往投票。蕭展正提出，除了"告急""危險"等口號，候選人亦常以各種方式動員拉票，呼籲選民不可放棄珍貴的一票，務必投給候選人使其順利當選。因此作者認為催票策略的定義為：為了吸收遊離票與動員投票，提出危急搶救口號、動員拉票、強調選票的重要性，以及

2　盛杏湲：〈政黨配票與候選人票源的集散度：一九八三年至一九九五年台灣地區立法委員選舉的分析〉，《選舉研究》，第 5 卷第 2 期（1999），頁 73—102。

3　李佳蓉：〈競選廣告中的告急策略類型與其效果：儒家文化與本土心理學取徑之研究〉，《廣告學研究》第 32 期（2009），頁 55—90。

呼籲為政黨（或團體）"增加、力拼席次"等口號。越接近選舉末期，謠言與黑函攻擊越烈，企圖影響選民的投票決定。因此固票策略乃常以"勿信謠言假民調""跑票流失就落選"的口號抵擋謠言攻勢，去除候選人"穩當選"的認知。根據上述的文獻與觀察，筆者認為固票策略包括："團結勿分散口號""勿信謠言假民調""跑票流失就落選"，以及喊出"保住、確保一席立委"等，目的為了穩住、凝聚既有的票源，避免支持者的選票流失。

縱觀國內外的競選，選情告急的活動是多種多樣的，Ben B. Hansen 等人在研究中提及了通過電話、郵件或者短信的行為去聯繫民眾從而對選舉進行宣傳的可行性和必要性，在美國康涅狄格州的選舉中，競選者對這一競選策略使用的規模較大，成果也非常顯著[4]。他們發現，在上一次選舉中選舉告急策略在投票和未投票的人之間的效應存在差異。選情告急電話對於上一次選舉中投票的人影響很小，甚至於沒有影響，但是它似乎更多地遣散了上一次選舉中的非選民，而不是動員他們。告急郵件似乎集中在那些在上一次主要選舉中投票的人身上。打電話對先前選舉的非投票者產生負面影響要弱一些。總的來說，選情告急郵件對有助於提醒那些打算投票的人，但是不太能說服那些尚未形成投票意向的人。

Kosuke Imai 在對選情告急電話宣傳做出了研究，他們提出，電話調查的負面結果源自於實施中出現的錯誤，願意

4　Ben B. Hansen & Jake Bowers. "Attributing Effects to a Cluster-Randomized Get-Out-the-Vote Campaign."*Journal of the American Statistical Association*, vol.104, no.487, 2009, pp.873-885.

接電話並進行被訪問的民眾往往都是願意進行投票的民眾，或者説是對電話那頭的組織比較有好感度[4]。而沒有接電話的，或者是不願意被訪問的，往往是沒有投票意願、對政治冷感，或者是對致電的組織不敢興趣的民眾，這就導致了資源的浪費，以及影響了拉票的效率。

歷屆競選成功的組織幾乎都開展過造勢晚會，也進行過選情告急，這也足以見得告急晚會在澳門立法會選舉中佔據着舉足輕重的地位。造勢大會與告急晚會也是多年以來澳門立法會選舉的傳統，通過對以往的立法會選舉結果來看，可以説，進行了告急晚會的組織不一定選舉成功，但是沒有進行選情告急的組織大概率不會競選成功。

7.2 研究方法

7.2.1 研究架構

根據文獻綜述中對現有研究成果的歸納以及梳理可知，主要候選人演講時間佔比、動員投票次數、參與演講人數以及告急晚會距投票日的時間對於參選組織得票支持率會產生一定的影響。本章將通過 QCA 的方法對以上因素進行實證分析，驗證其作用。

本章選取了 7 個組別的告急晚會視頻。在觀看晚會視頻

4　Kosuke Imai. "Do Get-Out-the-Vote Calls Reduce Turnout? The Importanceof Statistical Methods for Field Experiments."*American Political Science Review*, vol.99, no.2, 2005, pp.283-300.

時發現，每個組別的主要候選人演講時間存在差異。有的候選人通過演講回顧組織過往的政績、展望當選後的行動，有的組織宣揚組織的政治綱領，有的卻只是簡短的幾句求救口號。主要候選人演講作為宣傳中主要的環節，對於候選人的形象、組織的政治綱領以及政治訴求等都會很好地在這個環節中展現出來。

周軒逸在中指出，催促投票次數過多會使選民產生鐘擺效應，即過多的催促投票次數反而會適得其反，這種效應對於上一屆選舉獲勝的組別來說會更為明顯[5]。在本章研究中，作者發現每個組別的動員投票次數具有明顯的差異，有的組別是在演講的時候順帶提一句，有的組別則是將催促投票常掛嘴邊。

另外，在告急晚會上，每個組別或多或少都會讓非主要競選人上台參與演講，其中會包含組織內的其他次要候選人，或者曾經幫助過的民眾，在觀察晚會視頻與查閱參選資料中作者發現，上台演講的非主要競選人會有不同的年齡階層、不同的職業、不同的社會地位等。除此之外，經過數據調查發現，各個競選組別的告急晚會開展時間也有不同。

基於以上分析，本章提出以下四個假設：

H1：主要候選人演講時間與支持率變化呈正比

H2：動員投票次數與支持率呈變化正比

H3：參與演講人數與支持率呈變化正比

H4：告急晚會距投票日的時間期與支持率變化呈正比。

研究模型如圖 7-1：

5　周軒逸、吳秀玲、周繼祥：〈哀兵訴求簡訊在競選中之廣告效果〉，《東吳政治學報》第 34 卷第 3 期（2016），頁 1—63。

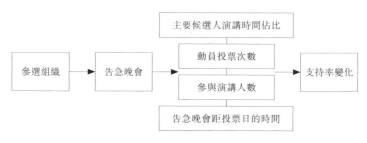

圖 7-1 研究模型圖

7.2.2 案例選擇

本章研究分析在第七屆澳門立法會直接選舉中進行過選情告急並開展了告急晚會的 7 個參選組織，其中有建制派的澳粵同盟、澳門民聯協進會、同心協進會、羣力促進會和美好家園聯盟，中間派的公民監察以及民主派的新希望，表 7-1 為 7 個組織的支持率變化。

表 7-1 參選組織的支持率變化

	第六屆	第七屆	變化量
同心協進會	9.67%	17.99%	8.32%
澳門民聯協進會	14.47%	20.14%	6.18%
新希望	8.33%	13.80%	5.47%
美好家園聯盟	5.50%	10.78%	5.28%
羣力促進會	7.15%	11.43%	4.28%
澳粵同盟	9.97%	12.73%	2.76%
公民監察	5.56%	2.82%	-2.74%

由表格內的數據可以看出，雖然這些組織都採取了相同的廣告宣傳手段，但是支持率變化卻不一樣。在競選成功的組別中，變化量最多的同心協進會比變化量最少的澳粵同盟多了 5.56%，公民監察甚至下跌了 2.74%。

7.3 實證分析

7.3.1 案例分析

一、同心協進會

同心協進會是由澳門工會聯合總會所組織的參選組織。澳門工會聯合總會成立於 1950 年，是一個歷史悠久的澳門本土組織，其辦會宗旨是：發揚愛國愛澳精神，廣泛團結澳門僱員，發展壯大工會組織；爭取和維護僱員合法權益，維護僱員社會文化權利，開辦僱員文教、康體及福利各項服務事業；擁護"一國兩制"，維護基本法，參與特區建設，促進社會進步和經濟發展。

同心協進會自 1992 年開始參加澳門立法會選舉，到如今從未落選。在第六屆澳門立法會選舉中，同心協進會獲得了 9.67% 的支持率和 2 個議員席位。在第七屆澳門立法會選舉中，同心協進會獲得了 17.99% 的支持率和 2 個議員席位。同心協進會於 9 月 10 日開展了告急晚會。由於告急晚會上他們的訴求為"保住兩席"，所以本章研究中將第一候選人李靜儀和第二候選人梁孫旭定義為同心協進會的主要競選人。李靜儀於 2013 年第五屆澳門立法會選舉中通過間接選舉進入澳門立法會，並於 2017 年第六屆澳門立法會直接選舉與 2021 年第七屆澳門立法會直接選舉加入立法會，是一個歷經三屆的議員。梁孫旭則於 2017 年第六屆澳門立法會的直接選舉加入澳門立法會，這一屆是他的第一次連任。

在告急晚會上，主要競選人的演講內容以回顧同心協進會的發展史，回顧兩位議員之前的政治功績為主要內容，講述了同心協進會一直以來努力前行，為民眾服務。回顧兩位領軍議員 4 年任期所面對的挑戰，形容多個選團已公開表示要力爭更多議席，梁孫旭進入議會困難重重，懇請選民們給予機會，並稱團隊一直着重推動本澳人才培訓和青年發展，促請政府重視青年人的聲音和訴求。當時，《橫琴粵澳深度合作區建設總體方案》已出台，梁孫旭認為要推動本地人專業成長，並為本地區儲備人才隊伍，政府有責任針對各專業需求，作出具實效的培訓推動和鼓勵計劃，更需致力創造條件讓有能力、有理想、肯拼博、敢創新的年輕人和企業家有足夠的成長發展空間。除了主要候選人的演講之外，還有社會不同階級的人上台訴說收到同心協進會的幫助，大至校長、主任、小至普通的社工、志願者，甚至前澳門立法會議員，同心協進會的老前輩，在立法會工作 20 年的關翠杏議員也下場為他們拉票。他們稱，同心同德，發展澳門，維護權益，服務居民一直是"同心人"的奮鬥理念和目標，近三十年來不忘初心，始終為維護澳門整體利益、居民的安居樂業努力。希望各位居民支持"同心"，讓李靜儀和梁孫旭連任（見圖 7-2）。

圖 7-2 同心協進會告急晚會現場

二、澳門民聯協進會

澳門民聯協進會是以澳門福建社團聯會為骨幹的民眾建澳聯盟所組織的競選組織。民眾建澳聯盟成立於 2008 年，其宗旨為發展和壯大"愛國愛澳"的力量；堅定不移貫徹執行"一國兩制""澳人治澳"和"高度自治"的方針；擁護基本法；全力支援澳門特別行政區政府依法施政，發展經濟，改善民生，推進民主；廣泛團結澳門各界同胞，促進澳門長期繁榮穩定。

澳門民聯協進會自 2005 年開始參加澳門立法會選舉，當時民眾建澳聯盟尚未成立。在澳門第六屆立法會選舉時，民眾建澳聯盟採取了配票的策略，率領澳門民聯協進會和澳門民眾協進會兩個組織參加選舉。共獲得 14.47% 的支持率和兩個席位。在第七屆澳門立法會選舉中，民眾建澳聯盟沒有繼續採取配票的策略，最終澳門民聯協進會獲得了

20.14% 的支持率和 3 個議員席位。

　　澳門民聯協進會於 9 月 9 日打出"告急牌"。在告急晚會中，由於他們的訴求為"保住二席"，所以本章研究中將第一候選人施家倫和第二候選人宋碧琪定義為同心協進會的主要競選人，他們均為 2013 年開始進入立法會工作至今。在晚會上主要候選人演講內容多為回顧過往傑出政績，其中包括 2013 年第五屆澳門立法會選舉時，澳門民聯協進會曾獲得 3 席，是自 1992 年澳門立法會改革以來首個獲得 3 個席位的組織。第一候選人施家倫、第二候選人宋碧琪及其他成員上台宣講政綱，內容包括主打重啟全民基金，設全民醫保試點，經屋年年開隊，重啟七千元注資，崗位津貼穩就業，補貼青年融灣區，推免費入託，設居家育兒津貼，落實官員問責和根治水浸交通等。由於民眾建澳聯盟的主要工作方向為民生，所以政治訴求也偏向於民生（見圖 7-3）。

圖 7-3 澳門民聯協進會告急晚會現場

三、新希望

　　新希望是澳門公職人員協會所組織的競選組織，是第七屆僅存的民主派。澳門公職人員協會成立於 1987 年，其宗旨為關注低級公務員、散位及合約公職人士的權益，訴求穩定公務員工作，保障及完善公職退保制度。新希望於 2005 年開始參加澳門立法會選舉。在第六屆澳門立法會選舉中，新希望獲得了 8.33% 的支持率和 1 個議員席位。在第七屆澳門立法會選舉中，新希望獲得 13.8% 支持率和 2 個議員席位。

　　新希望於 9 月 7 日開展了告急晚會，在晚會中，新希望主要候選人高天賜動員選民，希望選民能決斷地站出來，善用其手中寶貴的一票，為自己，更為下一代爭取權益，讓選民投出心中真正支持的代表到立法會為市民繼續爭取最合理的權益。新希望呼籲選民珍惜期選票，千萬不要認為僅得一票不重要而放棄投票，不要對社會失望而放棄投票，認為只要市民的一票一票齊集起來，足以將新希望送進立法會再次為廣大澳門市民服務，並監督制衡政府施政。主要候選人高天賜的演講多為談論最近所發生的社會問題，以及講解他幫助民眾解決問題的例子。相對於其他競選組別的告急晚會來說，新希望的告急晚會並沒有邀請受助者上台演講，而是通過高天賜的主觀視角來講述他幫助民眾的事跡。並且和其他組織不同的是，高天賜是新希望從開始參加澳門立法會選舉到目前仍沒有退選的主要候選人（見圖 7-4）。

圖 7-4 新希望告急晚會現場

四、美好家園聯盟

　　美好家園聯盟是澳門婦女聯合總會所組織的競選組織。澳門婦女聯合總成立於 1950 年，其宗旨為增進婦女之愛國團結、關心社會、服務社會，辦好婦女兒童福利事業及維護婦女合法權益。該團體在 2017 年第六屆立法會選舉之前一直與澳門街坊會聯合總會共同組成羣力促進會參選，自 2017 年第六屆立法會開始參加獨自組織參選組織參加澳門立法會選舉。獲得了 5.50% 的支持率和 1 個議員席位。2021 年獲得了 10.78% 的支持率和 2 個席位。

　　美好家園聯盟於 9 月 9 日開展了告急晚會。在晚會上他們以 "全家總動員，票投好家園" 為口號進行拉票。正如婦聯的宗旨一樣，美好家園聯盟的主要政治訴求為婦女及兒童，這些羣體也是美好家園聯盟在告急晚會上主要的拉票對象。第一候選人黃潔貞鞠躬衷心感謝市民及團隊的支持讓她進入議會為市民服務和發聲；她表示，四年前 "美好家園聯盟" 得到 9,496 票，在十四個直選議席中是最後一位女性進入議會，說明女性參政議政絕不容易。作為一直以婦幼維權，從源頭立法保障婦幼權益為己任的團隊。因為曾經失去議席，所以市民的一票尤其重要，如果要讓議會有婦幼家庭聲音真的一票都不能少。她回顧過去四年的議會工作，即使議會內婦幼家庭聲音勢單力薄，但她也一直不會忘記競選初心，堅持為了婦幼權益，為了家庭福利在議會內大力發聲，成功爭取提升產假侍產假、出生津貼、經屋再次開隊等大量惠及婦幼和社會各階層的政策，她期望這些政策得到延續，得到優化，得到落實，得到成功；自宣傳期開展，美好家園團隊就馬不停蹄持續走訪本澳各區，虛心聆聽市民意見，她懇請大家投美好家園聯盟，可以繼續將市民的聲音帶入議會及達成市民的囑託。她需要大家的支援，爭取成功連任，不能讓好家園聲音在議會內消失。今年選情嚴峻，美好家園聯盟更需要得到選民的支援，才能繼續為民服務、為民發聲、為民監督。

本職是教師、第二候選人馬耀鋒亦分享了加入美好家園聯盟的感受，他提到自己出生自基層家庭，表明好家園團隊對基層羣體的重視與關注，期望是次參選為教育界、為基層家庭、為學生做更多實事，為落實"教育興澳，人才建澳"貢獻自身力量，為青年人創設更多向上流動平台。期間他亦圍繞住教育議題方面，闡述了很多前線教育工作者的看法與訴求。他提到隨着社會教育環境的轉變，加上疫情的影響，很多私校教師都向他反映工作壓力持續增加。為此，他建議當局應對實施快將十年的《非高等教育私立學校教學人員制度框架》進行檢討，包括調整教學時數與非教學工作量，減輕教師壓力；進一步提升教師薪酬福利與退休保障，提升教師生活品質；同時為教師專業進修創設更多津貼資助與脫產培訓平台，促進教育品質的提升。他表示，必定珍惜市民的支持，亦已準備好將好家園的聲音，將教師的聲音帶入議會，與廣大居民攜手共建美好家園（見圖 7-5）。

圖 7-5 美好家園聯盟告急晚會現場

五、羣力促進會

羣力促進會是澳門街坊會聯合總會所組織的競選組織。澳門街坊會聯合總會，成立於 1983 年，是領導澳門各區街坊會和附屬機構的社團。該組織於 1991 年開始參加澳門立法會選舉。在第六屆澳門立法會選舉中獲得了 7.15% 的支持率和 1 個席位，在第七屆澳門立法會選舉中獲得了 11.43% 的支持率和 2 個席位。羣力促進會於 9 月 6 日開展了告急晚會，在晚會上以"羣策羣力，為澳出力，誓取兩席"為宣傳口號進行宣傳，由於澳門街坊會聯合總會的主要服務對象為基層，所及整個告急晚會的目標對象為青年，主要以發展和傳承為議題，以帶動現場的年輕人。第一候選人梁鴻細，第二候選人顏奕恒等表示，團隊將繼續堅持以民為本、實幹篤行精神。同時，他們提出由於第七屆選情激烈、嚴峻，再次呼籲街坊動員身邊親友支持羣力,讓候選人進入議會,擔當起居民共同利益和澳門發展長遠利益的忠實代表。梁鴻細、顏奕恒總結稱,羣力切實維護居民合法權益,認真兌現參選承諾,在與街坊共同努力下,成功推動多項政策和措施,落實改善民生目標。未來將全力推動政府回應社屋需求,完善交通出行;優化教育及青年發展;提高社服水準,改善醫療保障;理順市場消費,優化澳門金融發展;改善居民就業,精準扶助中小企;優化博彩規劃,扶持新興產業;完善問責制度,提升公共服務效率與立法統籌績效。同時,將致力完善政制,維護國家安全;落實舊區改造,改善共融環境;優化社區環境,構建綠色城市;共用灣區機遇,共商共建橫琴(見圖 7-6)。

圖 7-6 羣力促進會告急晚會現場

六、澳粵同盟

　　澳粵同盟是澳門江門同鄉會所組織的競選組織,該團體於 2009 年開始參加澳門立法會選舉,走的是富商路線和鄉親路線。在第六屆澳門立法會選舉中獲得了 9.97% 的支持率和 2 個席位。在第七屆澳門立法會選舉中獲得了 12.37% 的支持率和 2 個席位。澳粵同盟於 9 月 10 日開展了告急晚會，跟其他組別不同的是，澳粵同盟在告急晚會上的表現是多為求救，對於議題的討論少之又少，"澳粵同盟，與你同行，你的一票，至關重要"在整個告急晚會上被反復提及。而且上台演講並拉票的人次是所有告急晚會裏最多的。在晚會期間，第一候選人鄭安庭、第二候選人羅彩燕帶領其餘九名候選人登場，輪流介紹參選政綱及關注重點。該組受託人甄瑞權和總顧問團成員梁伯進、麥瑞權等亦月台助陣，並發言呼籲居民支持該組。現場逾一百人出席，穿着橙色的競選衣服，不時揮舞打氣棒表示支持，並在主持人帶領下多次高呼口號。鄭安庭表示，今屆的選舉宣傳限制是歷來最嚴的一屆，選舉氣氛較淡，加上入閘的門檻高，不少身處內地的選民受疫情限制無法來澳，直言選情危急（見圖 7-7）。

圖 7-7 澳粵同盟告急晚會現場

七、公民監察

公民監察是澳門公民力量所組織的競選組織，於 2009

年始參加澳門立法會選舉。直到 2017 年才獲得席位，獲得 5.56% 支持率。但是於第七屆獲得 2.82% 支持率再度落選。公民監察於 9 月 9 日開展了告急晚會，在告急晚會中他們的口號為 "9 月 12 號，堅持投 2 號" 第一候選人林玉鳳稱，過去四年着力監督政府，用盡每次質詢機會，冀大家保住監督力量，讓她續為社會發聲、為民服務。其過去四年立法會出席率百分之九十九，是首個站出來反對 "先消費後優惠" 的消費優惠計劃、要求重推現在電子消費優惠的議員，也是首先反對事前無諮詢的六百億澳投基金法案，過去推動並成功落實照顧者津貼等。她強調過去四年着力監督政府，"如果政府有咩唔啱，一定會企硬，並提出意見要求修改"。又稱該組別無大財團背景，反而有很多專業人士。四年來，服務五千多名居民、一千多個案，發現存在很多制度問題。若當選，會繼續應批評時批評，繼續站在監督位置，有問題必定提出，是其是、非其非。再次呼籲選民不要放棄手中的選票，冀給予她連任的機會（見圖 7-8）。

圖 7-8 公民監察告急晚會現場

7.3.2 多案例比較分析

根據上述數據，整理出表 7-2。

表 7-2 各參選組織動員大會情況匯總

	主要候選人演講時間佔比	動員投票次數	參與演講人數	告急晚會距投票日的時間	支持率變化量
	X1	X2	X3	X4	Y
同心協進會	19.52%	10	17	2	8.32%
澳門民聯協進會	27.36%	12	15	3	6.18%
新希望	59.16%	11	6	5	5.47%
美好家園聯盟	23.37%	18	20	3	5.28%
羣力促進會	25.83%	23	16	6	4.28%
澳粵同盟	9.61%	92	60	2	2.76%
公民監察	41.82%	26	17	3	-2.74%

本章選取 fsQCA 來進行實證分析，樣本總數為 8 個。結果變量為支持率變化量，前因變量有四個，分別為：主要候選人演講時間佔比（X1）、動員投票次數（X2）、參與演講人數（X3）、告急晚會距投票日的時間（X4）。

第一步，對數據進行預處理。將百分數調整為千分位數，檢查是否出現空格，並將數據轉換成 CSV 格式。

第二步，校準。且本次校準採用 fsQCA 較為通用的錨點，即（0.95、0.05、0.5），其中 0.95 表示完全隸屬，0.05 表示完全不隸屬，0.5 表示交叉點。在 Excel 中使用 PERCENTILE 函數找到每個變量對於三個隸屬度的指標值，將結果導入 fsQCA 校準後生成表 7-3。

表 7-3

條件和結果		校準		
		完全隸屬	交叉點	完全不隸屬
結果變量	Y	0.07571	0.0478	0.009095
條件變量	X1	0.511605	0.26595	0.130785
	X2	68.9	15	3.5
	X3	45.3	16.5	6.35
	X4	5.65	3	2

　　第三步，進行單個條件的必要性分析，這裏的 "~" 代表 "非" 的意思，即條件不存在。覆蓋度的值越小代表條件對結果的影響越罕見，一致性是用來檢驗結果是否存在必要性原因，一般認為一致性大於 0.8 便是存在單一必要條件。從表 7-4 中可得，無論是 Y 還是 ~Y，所有條件的一致性均低於 0.8，說明並不存在單一的必要條件，更適合進行組態分析。

表 7-4

條件變量	Y		~Y	
	一致性	覆蓋度	一致性	覆蓋度
X1	0.592593	0.607595	0.711392	0.711392
~X1	0.718518	0.718518	0.607595	0.592593
X2	0.506173	0.571031	0.711392	0.78273
~X2	0.807407	0.741497	0.610127	0.546485
X3	0.555556	0.642857	0.602532	0.68
~X3	0.723457	0.651111	0.683544	0.6
X4	0.607901	0.618593	0.634937	0.630151
~X4	0.636543	0.641294	0.615696	0.604975

第四步，構建真值表，這一步是組態分析的預備步驟，通過布爾簡化來確定合適的路徑。由於樣本數量小於 100，所以默認使用一次性閾值（0.8）及頻數閾值（1）。

第五步，進行組態分析。由於本次實驗樣本數量少，相較於簡單解、中間解與複雜解，對比過後選擇中間解進行分析（如表 7-5）。

表 7-5

	原始覆蓋度	唯一覆蓋度	一致性
~x1*x2*x4	0.348395	0.118765	0.865113
~x1*~x2*x3*~x4	0.372839	0.14321	0.932099
解的總體覆蓋度		0.491605	
解的總體一致性		0.900497	

其中最左列即為可能的條件路徑組合，原始覆蓋度代表

能被該路徑所解釋的樣本佔比，唯一覆蓋度代表僅能為該路徑解釋而不能被其他路徑解釋的樣本佔比。一致性是我們着重要看的指標，一般來說只選取一致性大於 0.8 的可能路徑，即在中間解又在簡單解中出現的路徑或路徑子集，將其標記為核心存在變量。其中"●"表示該條件為該路徑的核心條件，"•"表示該條件為該路徑的邊緣條件，"⊗"表示該條件在該路徑中缺失，可標記為"~"（如表 7-6）。

表 7-6

條件組態	組態 1	組態 2
X1	⊗	⊗
X2	•	⊗
X3		●
X4	●	⊗
一致性	0.865113	0.932099
原始覆蓋率	0.348395	0.372839
唯一覆蓋率	0.118765	0.14321
解的一致性	0.900497	
解的覆蓋度	0.491605	

由表可得兩條可能的路徑：

路徑 1 為：~X1*X2*X4，即"非高主要候選人演講時間佔比 × 高動員投票次數 × 高告急晚會距投票日的時間"。該路徑的核心存在變量為高告急晚會距投票日的時間，核心缺失變量為主要候選人演講時間佔比，邊緣存在條件為動員投

票次數。該組態核心代表案例為羣力促進會（0.54，0.43）和美好家園聯盟（0.501，0.63）

路徑 2 為：~X1*~X2*X3*~X4，即"非高主要候選人演講時間佔比 × 非動員投票次數 × 高參與演講人數 × 非高告急晚會距投票日的時間"。該路徑的核心存在變量為高參與演講人數，核心缺失變量為動員投票次數和告急晚會距投票日的時間邊緣缺失條件為主要候選人演講時間佔比。該組態的核心代表案例為同心協進會（0.51，0.98）

第六步，進行穩健性檢驗。將構建真值表的一致性閾值從 0.8 調整為 0.85，來檢驗結果的穩定性。由結果可得總體一致性和可能的路徑都沒有變化，說明結果是穩定的。

7.3.3 研究假設及分析結果

通過 QCA 得出的結果，判定 4 種假設結果如表 7-7。

表 7-7 研究假設及分析結果

	假設	結果
H1	主要候選人演講時間佔比與支持率變化呈正比	不成立
H2	動員投票次數與支持率呈變化正比	成立
H3	參與演講人數與支持率呈變化正比	成立
H4	告急晚會距投票日的時間與支持率呈變化正比	成立

7.4 結論與建議

7.4.1　研究結論

　　本章通過 QCA 方法分析了 7 組參選組織的告急晚會，希望得出一個民眾體感最好且得票率最好的告急方法。從結果來看，如果參選組織在非臨近投票日期時開展大會，讓告急資訊發佈的時間久一些，並在告急晚會上進行高強度的催票則容易獲得較好的支持率，這個案例明顯的組別是美好家園聯盟和羣力促進會。可以接受高強度地與羣眾互動從而帶去的焦慮感，往往是團體的受益者或者是擁簇者，在這種情況下往往能收到很好的票數，加上澳門街坊會聯合總會與澳門婦女聯合會都是澳門成立較久的組織，當民眾發現曾經獲得利好的組織有危難，通常也會伸出援手。

　　另一個結果指向高參與演講人數也會激起民眾的投票，明顯的組別是同心協進會，通過派出不同年齡段、不同職位、不同社會階層的民眾代表進行演講並拉票，使得各個階層各個年級的人或多或少都取得共鳴，以證明他們服務的對象覆蓋面積廣，競選後提出的政治建議可照顧多年齡段、多階層的人民。值得一提的是，澳粵同盟在動員投票次數與參與演講人數這兩個表現都很突出，但是獲得的支持率提升卻不多，作者主要覺得是因為澳粵同盟的做法太過極端且極限，整個大會動員投票次數高達 92 次之多，幾乎為一分半鐘就動員一次，加上澳粵同盟是上一屆獲得支持率最高的組織，過高的催票次數容易產生"鐘擺效應"，從而起到反效果。面對上一屆得票率最高的參選組織仍然打出"告急牌"，或許會引發民眾的反感。且澳粵同盟上台演講的人大多數都是同鄉會會長或其他職務的人員，這些人員屬於同一階層的人員，如此受眾面則不會隨着人數的增加而增加，也難以激起其他階層人員的共鳴。

值得注意的是傳新力量，傳新力量是唯一一個沒有進行告急宣傳但競選成功的組織，他們在線上和線下都沒有進行語言上和行為上的告急宣傳。他們的理念是："只要自身做得足夠好，民眾自然會投票，如果自己沒有能力，再怎麼告急民眾也不會投票"。這種理念認為民眾會為自己心目中最有能力的議員投票，而不是聽信所謂的"告急"，這個理念也使傳新力量在本次選舉中成功躋身澳門立法會。看起來，這種方法為選民帶來了不一樣的聲音，由於澳門人民對於政治的冷感，且歷屆都出現過賄選的情況，都體現出有部分選民的意願是"為選而選"而不是"想選而選"，缺乏了自己的對於參選者的判斷。再加上人人都使用"選情告急"的競選手法，"告急"就失去了原本的意義，成為了催票拉票的旗號。傳新力量的不告急行為確實值得大家去思考。

公民監察此次沒有連任，但是通過上述數據分析來看，公民監察在告急晚會中的表現在 7 個組別中也是佼佼者。告急晚會不是影響其落選的因素。在背景上來看，公民監察並沒有其他組織的背景雄厚，並不是一個老牌的澳門社團，沒有相對應的目標人羣，缺失了相對應的民眾基礎，基本盤較為薄弱。其次，其他組別或多或少都有需要爭取的目標羣體，比如說美好家園聯盟爭取婦女及兒童，新希望爭取公務員，而公民監察的服務理念是通過科學的方法解決問題，組織內也都是高學歷、高階層的人員，這類人羣較為稀少，也導致了公民監察很難找到目標羣體，從而導致了落選。

從結果中可以看出，主要候選人演講時間佔比對於結果變量的影響都是不顯著的，從側面也證明了在告急晚會上，主要候選人的演講時間對於獲得的支持率影響不大，或許是因為在早期宣傳過後，民眾已經對各個參選人員都有了一個總體的印象，知道他們參選之後主要的工作方向與能力，所以不論參選者在告急晚會上再怎麼回顧過往的政績，展望未來的工作，說明自己的能力，也很難動搖大部分民眾的選擇。其次是因為背後的組織為澳門老牌的大社團、大公會，參選者又參加了多屆競選，在民眾中已經耳熟能詳。

故本章研究得出的結論為：告急晚會本質上是一種感性的交流會，在非臨近投票日時讓多階層，多年齡段的人員上台分享受到組織幫助的過程並且為組織拉票，能獲得較好的效果。

7.4.2　研究局限與展望

本章研究主要是針對澳門第七屆立法會選舉，對於選民來說，本次澳門立法會選舉的有效票數為歷屆新低，僅為選民總數的 40.77%，眾所周知，選舉的投票率關係到選舉結果的合理性和代表性。選舉的投票率越高，其所選出來的議員的認受性就越高，由其組成的立法會代表性和權力的正當性就越高，反之亦然。所以，選舉率低迷對於分析選民的心理變化以及喜好變化都減少了參考數目，亦影響了立法會選舉的代表性。

希望能有越來越多的選民參與到澳門立法會選舉中，無論是對於澳門的法制發展還是學者對澳門立法會的研究都起到了正向作用。

第 8 章

選舉宣傳物策劃及執行策略

章節簡介

　　從政治營銷的角度，競選候選人及其團隊通過推出合適的選舉宣傳物（港澳地區一般將之稱為"蛇齋餅粽"）吸引選民的關注，並最終收穫更高的得票。他們重要的課題是哪種類型，甚麼價格區間，如何包裝的選舉宣傳物更能獲得選民的青睞？應該依賴傳統媒體還是新媒體進行推廣才能發揮宣傳物更大的效用？通過對澳門回歸後的第二至第五屆立法會選舉的得票情況進行分析，應用 QCA 方法，選取建制派代表組別澳門民聯協進會與泛民派代表組別新澳門學社在選舉中使用的選舉宣傳物作為研究對象。本章研究發現，在澳門立法會選舉中，選舉宣傳物的類別更多樣化，會更適合選民的喜好；宣傳物價格作為條件變量單獨作用時對於結果變量的影響不明顯，而在與其他變量組合後作用比較明顯；出彩的包裝設計可在選民心中樹立起候選人形象，具有時代感的包裝更可以吸引選民的眼球；包裝種類以及網路媒體的種類確實對組別佔有效票百分比起到正向作用；澳門選民特別是"首投族"的政黨認同強度不高，易受傳媒的影響，因此選舉宣傳利用社交媒體會提升候選人及組別的得票率。

8.1 文獻綜述

8.1.1 選舉宣傳物對候選人形象塑造影響相關研究

　　一般認為，在澳門立法會選舉中，選民沒有明顯的意識形態和政黨／組別認同，選舉議題相對來說沒有那麼重要，由於在選舉過程中澳門的候選人個人因素需要更加突出，而選舉宣傳物就對塑造個人形象起着重要作用。

　　競選宣傳物作為選舉工程的重要組成部分，對候選人形象塑造起着重要的作用：首先，選舉宣傳物是候選人形象包裝的主觀產品；其次，選民拿到的選舉宣傳物，其反映的一定是候選人心目中最想呈現在選民面前的"完美形象"，以便讓選民有意識地選擇其心目中印象更好的候選人，最終轉化為候選人更高的支持和得票率；再次，選舉宣傳物的發放過程，和競選廣告播放的平台比如電視、電台、網站、社交媒體等一樣，本身已經是選民了解政治資訊的重要管道；最後，無論是專業生成內容（Professional Generated Content/ PGC）的角度還是使用者生成內容（User Generated Content/ UGC）的角度，專業媒體人和普通選民在分享選舉宣傳物的相關資訊時，必然擴大候選人形象的傳播。在互聯網 2.0 時代，政治選舉就像是大型政治營銷秀，而選舉宣傳物的使用促進了政治娛樂化營銷的進程，吸引選民的眼球，提升對候選人及其形象的關注 [1]。

1　湯乃欣：〈政治娛樂化行銷對首投族的投票行為影響研究〉，碩士論文，復旦大學，2013 年。

8.1.2 選舉宣傳物的政治傳播效應相關研究

除了前文提到的 "5W 模式"，還有一些其他的傳播理論值得注意。Bermingham 的研究中對政治情緒的監測和對選舉結果的預測證實了一個觀點，候選人有三種方式來增加選民對他的好感度：自誇（Acclaims），即展現自我優點；攻勢（Attacks），即對手讓選民認為對手不適合參選；防禦（Defenses），即回應攻勢自己的廣告或訊息，以重建可能流失的信任感[2]。功能理論主張政治傳播訊息的論述主要可分為兩大類別：個人類與政治類。功能論強調政治訊息主要目的就是代價與受益（cost-benefit），認為候選人各項訊息的發佈，都是為了讓自己儘量減少付出的代價，並提升受益的機會，以博取選民的青睞和選票。

關於宣傳物的廣告效應，Hoeffler 的研究證實了模擬和心理模擬式廣告是兩種有效的產品廣告擴散方式，能夠使人們更加容易地了解其宣傳的特性[3]。模擬是一種在給出宣傳品特徵資訊之前，個體基於已有資訊進行深度加工並做出一系列聯想，從而推理構想出宣傳特性的認知過程。這種方式能夠通過增強產品廣告的說服力，間接地正向影響選民對宣傳物的態度。與模擬式廣告不同，心理類比式的擴散方式不依賴於人們對宣傳品特性的推理，而是基於一系列的刺激產生對未來將會發生事件的預想以及模擬性認知的重構。心理

2　A. Bermingham & A. F. Smeaton. "On Using Twitter to Monitor Political Sentiment and Predict Election Results."*Proceedings of the Workshop on Sentiment Analysis where AI meets Psychology* , 2011, pp.2-10.

3　Steve Hoeffler. "The Marketing Advantages of Strong Brands."*The Journal of Brand Management*, vol.10, no.6, 2003, pp.421-445.

類比式的擴散方式可以說明人們結合自身的切實需要（宣傳品屬性—自身效益）對陌生的宣傳品進行認知，最終使人們建立宣傳品功能特點的完整框架以及宣傳品態度[4]。然而這種基於推理的認知遷移往往是不夠準確的，所以準確捕獲個體在認知過程中的資訊深度加工區域，成為宣傳品認知研究的關鍵[5]。此外，個體的注意力與資訊的加工深度也存在正向的關係。

8.1.3 傳統選舉宣傳物對得票率影響相關研究

傳統宣傳物在選舉過程中分發給選民，以獲得他們對候選人的支持或是更高投票率。這場交易的進行與否會對投票結果產生影響嗎？在大多數情況下人們認為如果沒有選舉施捨，候選人的投票率會更低。以農村選舉為例，村長候選人大多數會通過承諾村民，在上任之後會有糧食、食用油分發給村民，或者是答應一票多少錢來獲得選民們的支持，村民在權衡之下會選擇給他們好處最多的候選人作為投票對象。傳統選舉宣傳物對得票率影響的高低，主要還在於選民的態度和意識。對於高收入、高知識層面的選民來說，宣傳物對於其的誘惑力不大。這一類人的選舉方向更傾向於自己意願，或者是結合實際情況和候選人的能力進行投票選舉。對於低收入的家庭來說，傳統選舉宣傳物對其具有一定的誘

4　S. E. Taylor, L. B. Pham, I. D. Rivkin, D. A. Armor. "Harnessing the imagination: Mental simulation, self-regulation and coping."*American Psychologist*, vol.53, no.4, 1998, pp.429-439.

5　Dedre Gentner & Arthur B. Markman "Structure Mappingin Analogy and Similarity."*American Psychologist*, vol.52, no.1, 1997, pp.45-56.

感力。這類選民由於收入較低，在面對現金或實物的誘惑時往往便會選擇分發的官員。從另一方面講，往往低收入家庭的文化水準都不是很高。對於此類選民羣體來說，他們對政治選舉的興趣較少，關心範疇僅限制在家裏的柴米醬醋茶上，因此，通過生活必備品作為選舉宣傳物，候選人較容易得獲得選民支持，擁有更高的投票。

8.1.4 社交媒體宣傳對得票率影響相關研究

McManus 在研究中指出娛樂性資訊更具有感染力，政治相關的新聞屬於民眾較不感興趣的硬性新聞，但在選舉過程中政治人物必須儘可能地吸引羣眾注意，候選人也會開始接觸軟性議題[6]。比如在 2015 年台灣地區領導人的選舉時，候選人朱立倫為了獲得更多年輕人的選票，接受了不少軟性節目的專訪，暢談現代年輕人感性趣的電影、社交網路、美食等話題。到了 Web2.0 時代，候選人不再只是被動地接受新聞媒體的報導，會更主動地通過網路在社交媒體上釋出資訊。在上述案例中，候選人競選時為了獲取羣眾的注意會更傾向於釋出軟性資訊。Harrington 認為生活政治、軟性政治資訊及政治中的私領域都屬於高度娛樂性資訊，指出娛樂性資訊雖然能使民眾將政治資訊與生活經驗連結來理解政治論述，但並不能創造理性論述，更多時候只能使羣眾情緒

---

6   J. H. McManus. *Market-Driven Journalism: Let the Citizen Beware?*. SAGE Publications, Inc, 1994.

激昂以及創造娛樂效果而已 [7]。事實證明，在網路媒體的新時代，人們更願意通過網路了解時事政治，發表自己的政治意見和候選人支持。

8.1.5 澳門政府對於立法會選舉宣傳物的相關法規簡述

在澳門，立法會選舉宣傳物的相關法規可以歸納為四個方面，即有關選舉宣傳物類別多樣性、包裝、價格及選舉宣傳中使用網路及社交媒體的法規。

關於競選宣傳物類別量的規定，《澳門特別行政區立法會選舉法》第六章第 79 條規定：立法會選舉管理委員會須最遲至競選活動開始前第三日指明供張貼海報、圖片、壁報、宣言及告示的特定地點。從該條可知，在法律規定的特定地點，對於宣傳物類別量是有明確規定的。

關於競選活動的特定工具的使用，在《澳門特別行政區立法會選舉法》第六章第 73 條中有如下規定：可自由使用進行競選活動所需的特定工具。從該條可知，只要是在法律允許範圍內，立法會可以自由選取所需的特定工具。

關於競選宣傳物包裝種類的規定，可以參見《澳門特別行政區立法會選舉法》第六章第八十條：自訂定選舉日期的行政命令公佈之日起，禁止直接或間接透過商業廣告的宣傳工具，在社會傳播媒介或其他媒介進行競選宣傳。以及第八十一條：刊登有關競選活動資料的資訊性刊物，在作出有

7　Harrington, Stephen. "The uses of satire: Unorthodox news, cultural chaos and the interrogation of power." *Journalism*,vol.13, 2012, pp.38-52.

關報導時，應採取不帶有歧視的方式處理，使各候選名單能處於平等的位置。從該兩條可知，宣傳物的包裝種類上不能出現與商業掛鈎，官商互惠的內容，更不能出現帶有歧視性的違反法律道德和破壞社會秩序的內容。

目前，澳門政府還未出台與宣傳物價格有關的法律。不過，對於損害宣傳物所應當承擔的賠償責任則是有相關法規。《澳門特別行政區立法會選舉法》第十章第一百五十八條規定：搶劫、盜竊、毀滅或撕毀競選宣傳品，或使之全部或部分失去效用或模糊不清，又或以任何物質遮蓋競選宣傳品者，處最高三年徒刑，或科最高三百六十日罰金。可以看出，澳門政府把宣傳物視作立法會選舉組織的所有財產進行保護，不管宣傳物價格高低與否，公民都應當自覺保護、愛惜宣傳物，否則將受到法律追究。

但是《澳門特別行政區立法會選舉法》第十章第一百五十八條中還提到：如上述宣傳品張貼在行為人本人房屋或店號內而未獲行為人同意，又或上述宣傳品在競選活動開始前已張貼者，則上款所指的事實不受處罰。可見，雖然政府保護宣傳物作為財產的權利，但是如果宣傳物在不恰當的地方出現，這樣的權利是會被剝奪的。

在澳門立法會選舉中關於使用社交媒體的種類規定，主要參見《澳門特別行政區立法會選舉法》第六章第七十三條：按本法律的規定使用張貼宣傳品的專用地方、電台與電視台的廣播時間、公共建築物或場所進行競選活動均屬免費。但同時我們可以參見第六章第八十四條：如候選名單或候選人作出下列任一行為，則中止其廣播使用權：(一) 使用可構成誹謗罪或侮辱罪、侵犯澳門特別行政區政府機關、呼籲擾亂秩序、叛亂，又或煽動仇恨或暴力的言語或影像。

可見，廣播使用權並非無所限制。

綜上所述，澳門關於選舉宣傳物的相關法規體現了四個特點：

1. 選舉宣傳物類別量方面，目前澳門法規比較宣導競選組別使用傳統意義上的平面宣傳物，且對宣傳物的發放地點及類別量有明確的規定。

2. 選舉宣傳物包裝方面，目前澳門法規比較提倡豐富、具有特色的宣傳物包裝，但嚴厲禁止帶有商業色彩或破壞社會秩序的宣傳物包裝。

3. 總體上澳門法規對選舉宣傳物作為財產進行保護，對破壞選舉宣傳物的行為追究刑事法律責任。

4. 在使用網路及社交媒體宣傳方面，澳門政府會提供一些資訊性刊物、電視台的播放等部分免費資源，並且宣導候選人在遵守秩序的情況下積極運用多種類網路、社交平台進行宣傳。

8.2 研究方法

8.2.1 研究假設

本章將結合研究假設和比較研究方法對選舉宣傳物對選民在澳門立法會選舉中投票行為的影響進行分析。

綜合研究現狀和法規簡述兩部分的歸納，我們可以將立法會選舉宣傳的影響因素總結為以下四個方面：宣傳物種類多樣性，宣傳物包裝吸引力，宣傳中使用社交媒體種類多樣性和宣傳物價格。

宣傳物種類多少將影響宣傳角度的不同。各式的宣傳物能夠體現該社團組織的多樣性特色，影響到外界對其印象及認同度。一個組織想在宣傳品方面取得競爭力，一方面應從需求角度審視宣傳物外部多樣化的程度，充分考慮選民的需求趨勢、需求特點及回饋意見。確認和消除選民認為是無用的或表面性的產品功能，力求進行有效的、有用的多樣化宣傳。另一方面，也應了解宣傳品帶來的影響、製造成本、利潤率及組別特色化，進行有針對性的改進。

　　包裝是宣傳組織中顯著的代表符號，又是組織參與宣傳競爭的主體，是一種重要的無形資產。成功的包裝設計，除了需要遵守包裝宣傳的基本原則外，還應着重研究選民心理，並將其融入設計。只有在把握精準，並儘量迎合好選民心理需求的前提下進行相應的包裝設計，才能使該宣傳品從同類宣傳物中脫穎而出，贏得投票者的青睞。

　　社交媒體宣傳是宣傳主體經由宣傳媒介將宣傳內容傳達給宣傳對象的戰略選擇與具體實現的方式[8]。傳統宣傳方式如報紙、宣傳單以及宣傳車等在競選宣傳中的佔比在逐年減小，起到的效果也在逐年降低。而新型社交媒體在非營利組織的宣傳方式已受到高度認可。同時，在宣傳方式起重大影響的現代社會，社交媒體已經成為了一種必不可少競爭策略。

　　合理的宣傳物促銷深度範圍內，宣傳物促銷深度較高時，人們對宣傳物與團隊產生的知覺價值會較高。若宣傳物價格超過選民的內在參考範圍，選民便產生較強認知。此時

8　張慶來：〈地方政府對外宣傳方式方法創新研究〉，《甘肅科技》，第 23 期（2013），頁 94—97、79。

超過的價格越多，選民的對團隊的認知度越明顯。相關研究結果發現，人們會習慣性地在不同組織間比較優勢，當宣傳品價格高過於某一轉捩點時，會引起人們對其組織信任度的提升，所以價格對組織宣傳產生正面影響。

　　基於以上四個方面的分析，我們提出了理論框架如圖8-1所示。

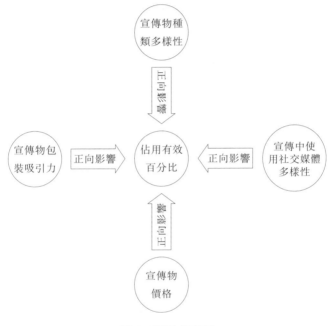

圖 8-1 理論框架圖

　　在本章的理論框架中，宣傳物種類多樣性，宣傳物包裝吸引力，宣傳中使用社交媒體多樣性以及宣傳物價格對於佔有效票百分比均有正向影響。選舉團體通過社交媒體宣傳以及依賴於類別、包裝、價格三大因素的宣傳物宣傳來影響選民，從而最終影響其佔有效票百分比。基於以上分析，我們提出以下四個假設：

H1：澳門立法會選舉宣傳物種類多樣性對組別得票率有正向影響。

H2：澳門立法會選舉宣傳物宣傳包裝吸引力對組別得票率有正向影響。

H3：澳門立法會選舉宣傳中使用社交媒體多樣性對組別得票率有正向影響。

H4：澳門立法會選舉宣傳物價格對組別得票率有正向影響。

8.2.2 數據來源與分析

本章首先通過對 2005 年、2009 年、2013 年和 2017 年選舉資料進行了搜集，主要有以下五個方面：佔有效票百分比，宣傳物種類多樣性，宣傳物包裝吸引力，宣傳中使用社交媒體多樣性，以及宣傳物價格。並運用 QCA 分析法，對資料進行分析。在研究過程中，既進行對兩者在同一年選舉中的橫向比較和分析，又對同一組別在時間跨度上進行縱向比較和分析，從中挖掘該組別立法會隨着時間的變化在競選策略上的變化和趨勢。然後筆者在慧科新聞資料庫中搜集了關於宣傳物的類別和價格方面的資訊，在網路上查閱了《澳門日報》《華僑報》《市民日報》等重要報紙以前關於選舉的各項報導，通過百度、谷歌等搜尋引擎對於與大選相關的資訊進行了查找。將各資料、資訊進行統計分析。

8.3 實證分析

8.3.1 描述性統計分析

一、佔有效票百分比的描述性統計分析

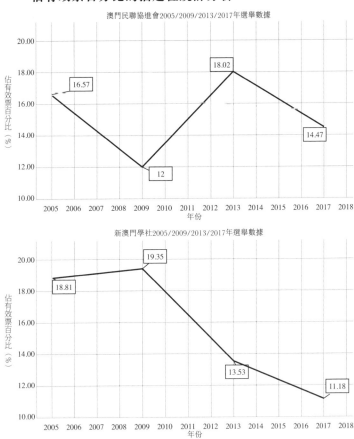

圖 8-2 佔有效票百分比資料圖

表 8-1 立法會佔有效票百分比表

	平均值	中位數	標準差	極差
新澳門學社	15.72	16.17	4.01	8.17
澳門民聯協進會	15.27	15.52	2.62	6.02

　　可以看出，新澳門學社的佔有效票百分比呈逐年下降的趨勢，澳門民聯協進會的佔有效票百分比呈波動趨勢，雖然新澳門學社在 2005 年和 2009 年佔據領先地位，但是澳門民聯協進會在 2013 年和 2017 實現了反超。因此，從總體趨勢而言，新澳門學社的選舉前景較澳門民聯協進會而言處於相對落後的地位。

二、宣傳物種類多樣性的描述性統計分析

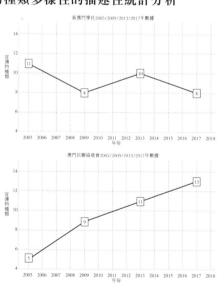

圖 8-3 宣傳物種類多樣性圖

表 8-2 宣傳物種類多樣性資料表

	平均值	中位數	標準差	極差
新澳門學社	9.25	9.00	1.50	3.00
澳門民聯協進會	9.50	10.00	3.42	8.00

　　新澳門學社和澳門民聯協進會雖然在宣傳物種類多樣性的均數和中位數上相差不大，但是澳門民聯協進會整體呈明顯的上升趨勢，在未來的選舉前景上更加有宣傳物種類多樣性方面的優勢，越有可能獲得更多的宣傳受眾。

三、宣傳物包裝吸引力的描述性統計分析

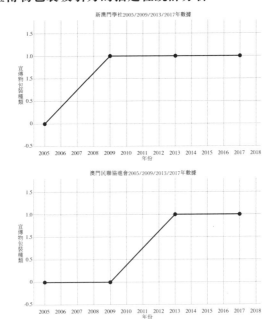

圖 8-4 宣傳物包裝種類統計圖

表 8-3 宣傳物包裝種類統計表

立法會案例類別	總案例個數	競選勝出案例個數	競選勝出案例佔比
宣傳物包裝上印有口號、標語	5	3	60%
宣傳物包裝上未印有口號、標語	3	1	33.3%

　　我們可以看出，在宣傳物包裝上印有口號、標語的選舉團體中，競選勝出案例的佔比為 60%。而在宣傳物包裝未印有口號、標語的案例的同向比較中，競選勝出案例佔比僅為 33.3%。這說明宣傳物包裝上印有口號、標語對於結果變量的正向取值，即佔有效票百分比較高，也就是說，在當年選舉中勝出的必要性高於宣傳物包裝上未印有口號、標語。因此，從該邏輯角度也可以說明宣傳物包裝上印有口號、標語確實可以對結果變量佔有效票百分比起到正向促進的作用。

四、宣傳中使用社交媒體多樣性描述性統計分析

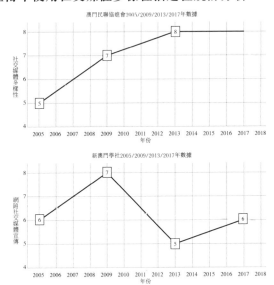

圖 8-5 宣傳中使用社交媒體多樣性統計圖

表 8-4 宣傳中使用社交媒體多樣性資料表

	平均值	中位數	標準差	極差
新澳門學社	6.25	6.00	1.26	3.00
澳門民聯協進會	7.00	7.50	1.41	3.00

我們可以看出，新澳門學社在宣傳中使用社交媒體的多樣性數量總體比澳門民聯協進會低，並且有漸漸減少的趨勢，而澳門民聯協進會在宣傳中使用社交媒體宣傳的多樣性呈逐年穩步上升和保持，我們可以認為，目前澳門民聯協進會在社交媒體多樣性中佔據了相對有利的地位。

五、宣傳物價格之描述性統計分析

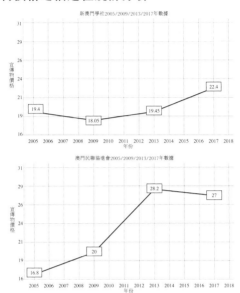

圖 8-6 立法會宣傳物價格圖

表 8-5 宣傳物價格資料表

	平均值	中位數	標準差	極差
新澳門學社	19.83	19.42	1.86	4.00
澳門民聯協進會	23.00	23.50	5.49	11.00

　　我們可以看出，新澳門學社的宣傳物價格呈逐年緩緩上升的趨勢，澳門民聯協進會的宣傳物價格總體上升的趨勢，增長勁頭在 2017 年受到了遏制。整體上，新澳門學社的宣傳物價格比澳門民聯協進會低，並且浮動也更加小，在宣傳物的發行上具有一定的價格優勢。

8.3.2　定性比較分析

表 8-6 吻合度檢驗表

變量	吻合度
宣傳物種類多樣性 (+)	0.80
宣傳物種類多樣性 (-)	0.29
宣傳物價格 (+)	0.50
宣傳物價格 (-)	0.50
宣傳物包裝吸引力 (+)	0.56
宣傳物包裝吸引力 (-)	0.33
宣傳中使用社交媒體多樣性 (+)	1.00
宣傳中使用社交媒體多樣性 (-)	0.00
宣傳物種類多樣性 (+) * 宣傳物包裝吸引力 (+)	1.00
宣傳物種類多樣性 (+) * 宣傳物價格 (-)	1.00
宣傳物種類多樣性 (+) * 宣傳物價格 (-) * 宣傳物包裝吸引力 (+)	1.00

　　對於單個變量而言，僅有宣傳中使用媒體多樣性 (+) 的吻合度大於 0.85，因此可以把宣傳中使用社交媒體多樣性看作佔有效票百分比較高即選舉勝出的充分條件。除此之外，本章還進行了變量組合分析。在各種各樣的組合中，研究發現並提取出了宣傳物種類多樣性豐富和宣傳物包裝吸引力組合，該組合的吻合度為 1.00，大於 0.85。所以我們可以認為，宣傳物種類多樣性豐富和宣傳物包裝吸引力的條件變量組合能夠作為佔有效票百分比較高即選舉勝出的充分條件。

　　研究還顯示，當宣傳物種類多樣性較豐富，宣傳物價格較低廉兩個條件結合後，其變量組合的吻合度也達到了

1.00，大於 0.85。因此可以認為該變量組合同樣也可以作為佔有效票百分比較高即選舉勝出的充分條件。總之，宣傳物種類多樣性雖然沒有達到 0.85，但是也十分接近，該單獨條件變量有一定的充分性，而宣傳物價格和宣傳物包裝吸引力該兩項條件變量，儘管單獨來看充分性不是很顯著，但是經過適當的變量組合，吻合度能夠達到一個非常高的水準，因此宣傳物價格越發低廉和宣傳物包裝印有標語確實對於佔有效票百分的提高有正向作用。

表 8-7 覆蓋度檢驗表

變量	覆蓋度
宣傳物種類多樣性 (+)	0.67
宣傳物種類多樣性 (-)	0.33
宣傳物價格 (+)	0.50
宣傳物價格 (-)	0.50
宣傳物包裝吸引力 (+)	0.83
宣傳物包裝吸引力 (-)	0.17
宣傳中使用社交媒體多樣性 (+)	1.00
宣傳中使用社交媒體多樣性 (-)	0.00

宣傳中使用社交媒體多樣性、宣傳物種類多樣性豐富這兩個條件變量對於結果變量的解釋力最強，宣傳物包裝印有標語的解釋力次之，而宣傳物價格對於結果變量的解釋力並不明顯。

需要說明的是，從表 8-7 中可以看出，社交媒體的多樣性豐富的覆蓋度為 100% 這一現象可以看出，選舉中勝出的組別在宣傳中社交媒體的多樣性十分的豐富。因此各組別宣傳方面應注重社交媒體的種類多元化，建立自己強大的競爭優勢。

以上分析表明，宣傳物種類多樣性、宣傳物包裝吸引力以及宣傳中使用社交媒體多樣性與選舉中佔有效票百分比的聯繫最為緊密，其中條件變量宣傳中使用社交媒體多樣性，在資料集中更是表現為結果變量佔有效票百分比較高的必要充分條件。同時宣傳物包裝印有口號和標語以及宣傳物種類多樣性豐富的組合能夠視為提升得票的充分條件。在必要條件方面，宣傳物種類多樣性豐富對於結果變量佔有效票百分比較高的解釋力非常強。

從描述性統計的圖表中也可以觀察出，澳門民聯協進會的整體發展趨勢是要優於新澳門學社的，而澳門民聯協進會在選舉中社交媒體的多樣性和宣傳物種類多樣性上都呈現了明顯的逐年上升趨勢，驗證了 QCA 分析的觀點，社交媒體的多樣性和宣傳物種類多樣性確實是影響佔有效票百分比的關鍵因素。至於條件變量宣傳物價格它作為單獨變量出現時和結果變量的關係不太明顯，但是與其他變量組合時，即多種宣傳方式並行時，也能夠對佔有效票百分比的提高發揮到正向、積極的促進作用。

8.4 結論與建議

本章通過定性比較分析結果發現，宣傳物種類多樣性，宣傳物包裝吸引力，宣傳中使用社交媒體種類多樣性和宣傳物價格都對選民在立法會選舉投票有正向影響。宣傳物的種類越豐富，越貼近選民喜好，便能夠激起選民的好感，贏得較高得票率。由此可見，現代選民雖然具有自己的特點，但其對於選票的選擇同樣會被外界左右。而宣傳物包裝往往給人直觀的第一印象，同時也是選民最直接的視覺上的感受，它代表着候選人的形象。別致、亮麗的包裝設計比起宣傳物更能吸引選民的注意力。出彩的包裝設計可在選民心中樹立起候選人形象，具有時代感的包裝更可以吸引選民的眼球。當選民認為可以從宣傳品中獲取更高價值回報時，就會獲得優越感，此刻價格因素對他們來說就具有更高的宣傳效果。從 QCA 分析中發現，宣傳物價格作為條件變量單獨作用時對於結果變量的影響不明顯，反而在與其他變量組合後作用比較明顯，同樣也能對於結果變量起到一定的影響作用。除此之外，在宣傳中使用社交媒體會使得選舉宣傳更貼近於現代選民生活。如果宣傳定位新穎，則會獲得選民的支持。其原因可能是澳門選民特別是"首投族"的政治意識普遍尚未明確，政黨認同強度不高，且易受傳媒的影響。因此，選舉宣傳中運用社交媒體的多樣性會提升候選人及組別的得票率。

綜上，在理論上，澳門沒有明顯的意識形態和政黨認同，因此個人因素突出，而個人形象又主要通過宣傳品來架構、塑造和傳播。如果競選組別希望擴大對於選民的宣傳影響，便應該在宣傳中使用社交媒體上投入較多人力和物力，相對適量地減少在傳統宣傳方式上的投入。在宣傳物的內容選擇上，以受眾的心理感受為先導條件，而不是盲目地想宣傳標語和口號，這樣反而使得該宣傳物失去了應有的美學價值和功能價值。同時，競選組別也應該開發一些樣式新穎別具一格的宣傳物，豐富宣傳物種類，提升選民對宣傳物的興趣。

第三部分

選舉後階段

第 9 章

候選人當選議員後的履職表現分析

章節簡介

　　作為澳門立法會政治營銷閉環的重要組成部分，立法會議員的履職狀況不僅影響其個人的職業生涯發展，也影響到整個立法會的高效運轉，甚至整個澳門的政治、經濟和法律發展。所以本章針對澳門第一屆至第六屆立法會議員統計數據，運用多元回歸方法，嘗試分析哪些因素會影響澳門立法會議員的履職表現。經本章研究發現：第一，議員產生方式對澳門立法會議員履職表現有重要影響，其中直選方式產生的立法會議員履職表現最積極。第二，立法會議員的學歷越高，履職表現越積極，但學歷為本科和本科以下的議員差異不明顯。第三，女性立法會議員履職的積極性顯著高於男性議員。第四，立法會議員所屬界別不同對議員履職表現有顯著影響，其中代表勞工界和社會服務及教育界的議員表現明顯優於其他界別議員。第五，在不同屆別的立法會中同一位立法會議員如果產生方式不同履職表現也有所差異。第六，議員是否連任關對議員履職表現影響不顯著。第七，職業與法律相關的議員與其他職業議員的表現相比沒有顯著的差異。

9.1 文獻綜述

9.1.1 履職表現

履職表現是一種負責任的態度和行為的表現。當議員處於某種職位或承擔職位責任時，在執行任務或者處理事務的過程中，必須要竭盡全力且承擔後果和責任。徐金鐘在對履職問題研究中認為議員履職有以下特點：一是法定性，議員要在法律規定的範圍執行代表職務；二是代表性，議員由人民選舉產生，對人民負責，做好人民的代言人；三是被監督性，議員履職狀況應受選民或原選舉單位的監督；四是時間性，議員在任期內執行代表職務；五是職責性，立法會議員集體組成立法機關，集體行使立法權力，依照職權範圍和法定程式形成集體的決議或決定[1]。議員履職的過程，就是為人民服務的過程。法律賦予給立法會議員的並不是權利而是職責。所以對履職表現的研究也是為了選出優秀的議員，培養政治人才促進時代發展。

9.1.2 澳門立法會議員履職表現的研究

葉海波在澳門特別行政區立法會功能發揮的實踐考察中根據其統計數據顯示，澳門特別行政區立法會議員能履行出席會議、參與表決的義務，但在提出議案、質詢政府、發表言論等方面則因其產生方式不同而各異，澳門特別行政區

---

1 徐金鐘：〈地方人大代表履職問題研究 —— 以德州市人大代表為例〉，碩士論文，河北大學，2017 年。

立法會議員絕大多數未積極行使立法和監督政府的職權，致使立法會呈現低活躍度形態，履職表現不佳[2]。蔡永君和何偉鴻指出《澳門特別行政區基本法》賦予立法會議員可對政府工作提出質詢，質詢已成為其代表民意監督行政當局的最活躍方式[3]。澳門立法會議員施家倫在《行政主導制下澳門行政與立法的關係》一文中就將議程前發言和提出質詢的活躍度和履職表現聯繫在一起，指出澳門立法會直選議員議程前發言和提出質詢的活躍度明顯高於間選和委任議員[4]。

9.2 研究方法

9.2.1 研究假設

根據本章設定的目標（即因素會影響澳門立法會議員的履職表現的因素有那些），基於文獻回顧和相關概念界定。提出如下假設：

H1：議員產生方式不同，履職表現不同。

H2：連任議員，履職表現更優。

H3：議員職業與法律相關，履職表現更優。

2　葉海波：〈澳門特別行政區立法會功能發揮的實踐考察〉，《江漢大學學報（社會科學版）》，第 31 卷第 3 期（2014），頁 67—71。

3　蔡永君、何偉鴻：〈澳門特別行政區立法會議員利益表達模式——以書面質詢時間序列為中心的分析〉，《湖北行政學院學報》，第 2 期（2015），頁 48—54。

4　施家倫：〈行政主導制下澳門行政與立法的關係〉，《華南師範大學學報（社會科學版）》，第 6 期（2019），頁 141—148。

H4：同一位議員，由於議員產生方式（委任、間選、直選）不同，履職表現不同。

H5：學歷越高，履職表現越優。

H6：女性議員履職表現更優。

H7：議員所屬領域不同（專業界、工商金融界、社會服務及其教育、文化及體育），會影響履職表現。

9.2.2　數據來源

本章採用定量研究的方法。收集澳門特別行政區第一屆立法會至第六屆立法會每位立法會議員資訊包括：姓名、性別、年紀、學歷、職業、專業、界別、議員產生方式、連任情況、在每屆立法會期限內參加全體會議次數、參加委員會次數、議程前發言次數、提出質詢次數等，目的是為了探索哪些因素會影響澳門立法會議員的履職表現。

本章以參加全體會議數、參加委員會數、議程前發言數和提出質詢數這四種數值來測量議員的履職表現，數值越高表明議員履職表現越優。同時四種數值共同測量立法會的議員履職表現也提高了研究的穩定性。影響澳門立法會議員履職表現的因素有很多，本章具體研究了議員產生方式、性別、學歷、界別、連任、職業這六種因素對澳門立法會議員履職表現的影響。

本章資料來源以下兩個部分：

立法會議員的人口統計學資料，主要來自於澳門相關部門的官方網站，包括澳門特別行政區立法會官站：www.al.gov.mo。以及澳門特別行政區印務局官方網站：www.io.gov.mo。該網站可以查詢所有的《澳門特別行政區公報》，少數資料無法由這兩個網站獲取，則主要通過查閱主流媒體的報導，主流搜索引擎搜索和學術論文作為補充。

立法會議員參加全體會議次數，參加委員會次數，議程前發言次數和提出質詢次數。全部來自澳門特別行政區歷屆立法官方網站工作檔板塊中的《立法會活動報告》。這些報告以會期編撰，首屆立法會第一會期為 1999 年—2000 年。截至目前，已公佈的會期是第一屆立法會第一會期（1999 年—2000 年）到第六屆立法會第四會期（2020 年—2021 年），共 22 份立法會活動報告。

為方便對資料進行統計研究，本章對資料進行了以下處理：

1. 關於第一屆立法會議員參加全體會議次數、參加委員會次數、議程前發言次數和提出質詢次數的數量。由於歷史原因澳門特別行政區第一屆立法會議員任期只有 2 年（1999 年—2001 年），而之後各屆立法會議員任期均為 4 年，且議員是由澳葡立法會議員直接過度而來，與以後立法會議員產生方式差別較大。為使研究更具與代表性，本章在回歸分析研究中將第一屆立法會數據作為無效數據捨棄；在運用描述性統計方法研究分析假設 H4 時無法避免使用第一屆立法會數據，所以對第一屆立法會議員參加全體會議次數、參加委員會次數、議程前發言次數和提出質詢次數做了乘以 2 的數據處理。

2. 部分質詢是由兩名及以上議員聯名一起提出，本章根據自身數據研究需求，在統計時一份由多立法會名議員聯名提出的質詢，認定為每個議員均提出了一次質詢。

3. 關於議員連任的統計，20 年來，澳門立法會議員的任職有個特點，即連任率很高。同時，同一位議員在不同屆期可能擔任由不同選舉方式產生的議員。如馮志強議員在第一屆立法會中擔任直選議員，在第二屆立法會中擔任間選議員，在第三屆立法會中又擔任直選議員，在第四屆立法會中又擔任間選議員，在第五屆立法會中擔任委任議員。結合研究需求，本章對連任做了界定：本屆議員繼續擔任下屆由本屆同種方式產生的議員則認定為連任，繼續擔任下屆由不同種方式產生的議員則認定為不連任。

4. 在對假設 H4 的研究中，由於不同委員會（第一常設委員會、第二常設委員會、第三常設委員會、章程及任期委員會、土地及公共批及事務跟進委員會、公共財正事務跟進委員會、公共行政事務跟進委員會）在每屆立法會中開展的會議次數不同，為了更直觀便捷的統計對因變量做了以下處理：

全體會議出席率＝該議員出席當屆全體大會次數／當屆全體大會召開總次數

委員會出席比例＝該議員出席當屆其他委員會次數／當屆其他委員會召開總次數

議程前發言比例＝當屆該議員議程前發言次數／當屆議程前發言總次數

提出質詢比例＝當屆該議員議提出質詢次數／當屆質詢總次數

9.2.3 变量選擇

針對收集到的數據運用 Jamovi 和 Stata 統計分析軟體進行描述型統計分析和回歸分析。在描述性統計分析中對於引數，本章用頻數分佈結合統計圖和統計表的方式來進行統計分析直觀的展示了每種引數自身內部的分佈情況；對於因變量，本章用集中趨勢結合統計圖和統計表來進行統計分析，直觀地展示了每種因變量的平均數、最大值、最小值和變化趨勢。在回歸分析中，首先運用一元回歸分析研究了六個引數單獨對四個因變量各自的影響，再利用多元回歸分析研究六個引數共同作用先對四個應變量各自的影響。

參考過往關於履職表現的研究成果，本章選取以下變量，來反映不同因素對澳門立法會議員履職積極性的影響。

表 9-1 引數賦值表

序號	引數	賦值
X1	性別	女性議員取值為 0，男性議員取值為 1。
X2	議員產生方式	直選議員取值為 1，間選議員取值為 2，委任議員取值為 3。
X3	連任	下屆連任取值為 1，下屆不連任取值為 0。
X4	職業	職業為律師或任職高校法學院教授取值為 1，其他取值為 0。
X5	學歷	本科以下取值為 0，本科取值為 1，研究生取值為 2。
X6	界別	工商金融界取值為 1，勞工界取值為 2，專業界 3，社會服務及教育界取值為 4，文化及體育界取值為 5。

表 9-2 因變量列舉表

序號	因變量
Y1	參加全體會議次數
Y2	參加委員會次數
Y3	議程前發言次數
Y4	提出質詢次數

9.3 描述性統計分析

本章收集了 10 個變量,其中 6 個為類別變量(均為引數),4 個為數值變量(均為因變量)。根據變量的不同性質,採用不同的方式來進行描述性統計分析。

9.3.1 類別變量的描述性統計分析

對於類別變量,本章用頻數分佈來進行描述性統計分析。以下是對表中 6 項內容的文字性描述與分析。

一、性別

樣本中,男性 125 人,女性 26 人,分別佔總人數的 82.8% 和 17.2%。澳門立法會議員中絕大部分是男性議員。歷屆立法會女性議員佔比如圖 9-1、表 9-3 所示

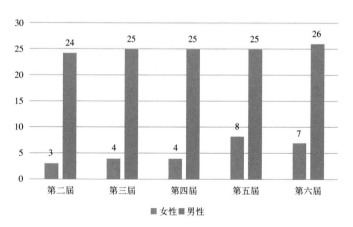

圖 9-1 歷屆議員性別分佈圖

表 9-3 歷屆議員性別佔比表

屆別	女性	男性	女性佔比
第二屆	3	24	11%
第二屆	4	25	14%
第四屆	4	25	14%
第五屆	8	25	24%
第六屆	7	26	21%

可見第四屆立法會女性議員佔比得到了明顯的提升，但總體佔比仍不到 30%。相對女性議員積極的履職表現，女性議員較低的佔比率是澳門立法會的缺陷。澳門立法會女議員中極具代表性的議員當屬關翠杏議員，被傳媒和坊間稱為"關姐"從澳門回歸後的第一屆立法會開始一直連任到第五屆立法會結束，在任期的 19 年時間內其參加全體會議的出席率達 91%，參加委員會 350 次，議程前發言 138 次，提出質詢 193 次，均遠遠超過立法會議員平均水準。

二、學歷

樣本中，本科以下 25 人，本科 69 人，本科以上 57 人，分別佔總人數的 16.6%、45.7% 和 37.7%。澳門立法會議員學歷絕大部分是本科及以上。歷屆議員學歷分佈如圖 9-2、圖 9-3 和表 9-4 所示。

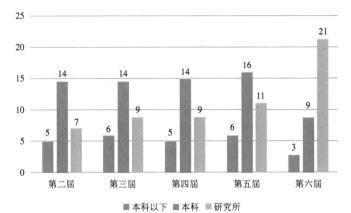

圖 9-2 歷屆議員學歷分佈圖

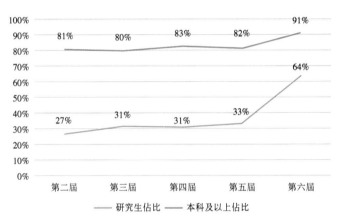

圖 9-3 歷屆議員學歷佔比折線圖

表 9-4 歷屆議員學歷分佈表

屆別	本科以下	本科	研究生	研究生佔比	本科及以上佔比
第二屆	5	14	7	27%	81%
第三屆	6	14	9	31%	80%
第四屆	5	15	9	31%	83%
第五屆	6	16	11	33%	82%
第六屆	3	9	21	64%	91%

　　由圖表可見，澳門回歸後，立法會議員的選舉延續了葡政府對議員學歷高要求的特點。每屆學歷為本科及以上的立法會議員都佔總人數的 80% 以上，第五屆立法會學歷為本科及以上的議員更是高達 91%。隨着時代的發展，教育的普及，澳門立法會對議員學歷的要求也是與時俱進，研究生學歷的議員比例逐步提升，從第一屆的 27% 到第五屆的 64% 已經超過半數以上的議員是研究生學歷，這與澳門特區的精英政治理念不謀而合，預計以後獲取研究生學歷是成為澳門立法會議員的必要條件。

三、職業

　　樣本中，職業與法律不相關的 116 人，職業與法律相關的 35 人，分別佔總人數的 76.8% 和 23.2%。澳門立法會議員中職業與法律直接相關的人數比例並不高。歷屆澳門立法會議員與職業佔比如圖 9-4 和表 9-5 所示。

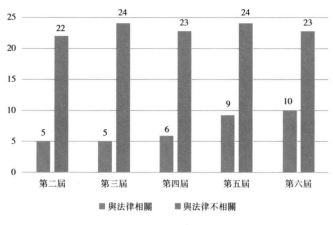

圖 9-4 歷屆議員職業分佈圖

表 9-5 歷屆議員職業分佈表

屆別	職業與法律相關	職業與法律不相關	法律相關性比率
第二屆	5	22	19%
第三屆	5	24	17%
第四屆	6	23	21%
第五屆	9	24	27%
第六屆	10	23	30%

　　由圖表可知澳門立法會議員雖然雖然職業與法律有關的議員佔比不多，但卻呈現出逐年增長的趨勢，直到第五屆立法會，職業與法律有關的議員佔總議員的 30%。職業與法律相關的議員數量的提升，體現了澳門立法會專業化的提高。由懂法的人去立法這樣才能讓立法少走彎路實現法制為民，法制安邦。澳門立法會法制專業化的體現還表現在委任

制議員的補充上，當直選和間選選出的議員不能很好地實現法制專業化時，委任制度就會發揮其作用。在第六屆立法會中當時的澳門特別行政區特首崔世安就委任了陳華強（澳門著名律師、法學博士）和邱庭彪（澳門大學法學院助理院長、中國政法大學法學博士）等幾位專業的法律學者為澳門立法會委任議員，大大提高了議員立法專業化，也體現了委任制議員是對直選議員和間選議員不足的補充。

四、議員產生方式。

　　樣本中，直選議員 64 人，間選議員 52 人，委任議員 35 人。分別佔總人數的 42.4%，34.4% 和 23.2%，此種選舉比例具有很強的澳門特色。目前關於澳門特別行政區立法會議員的選舉方式和選舉制度的研究中主流的思想是，在澳門，行政長官領導的政府居於絕對強勢地位。與香港基本法相比較，澳門基本法賦予行政長官一些獨特的權力，如委任立法會議員，對間選界別的認定和制定並頒佈執行行政法規。任何社團能否成為選民，除了是否符合法定的客觀條件外，還取決於行政長官對其能否代表特定界別和界別歸屬的意見。直選議員、間選議員、委任議員三類議員均能履行出席會議、參與表決的法定義務，但在行使其他權力的積極性上天差地別。比如幾乎所有的質詢都是由直選議員提出，間選議員和委任議員提出質詢的數量微乎其微。議員履行義務和行使權力的現實情況，造成了澳門立法會在特區治理中的弱參與和邊緣地位，這使得澳門立法會必須改革。

　　改革時，應該考慮兩點因素，一是功能發揮，二是議事效率。主流思想認為，澳門立法會的現實表現符合行政主導論這一制度性要求。因此，澳門立法會的改革必然是最大限度地維持現狀。議員人數不易改動，但應該增加直選議員人數，同時減少委任制議員人數，使得其佔總議員人數的二分之一。同時部分間選及委任議員亦屬行政會成員，存在身份矛盾的現象，傾向以低調的方式作利益表達。如前立法會主席曹其真指出，由於被委任為行政會委員的立法會議員在行政會會議上對政府政策的制定和法案提出提前參與介入，因此，這種雙重角色很容易演化為政府在立法會推介政策或法案的保護性力量，致使上述"雙重角色"的議員之間的地位和作用趨同。

五、界別

議員所屬界別的劃分只在間選議員中存在，所以這裏的總人數是指數據中間選議員的人數。工商金融界 27 人佔總人數的 50%，勞工界 9 人佔總人數的 16.7%，專業界 11 人佔總人數的 20.4%，社會服務及教育界 3 人佔總人數的 5.6%，文化及體育界 4 人佔總人數的 7.4%。工商金融界議員佔比高達 50%，明顯多於其他界別，這與澳門獨一無二的經濟環境密不可分。因為澳門政府 85% 的財政收入來自於博彩行業，博彩業的商人憑藉財勢滲入社團，出現在間選中且優勢明顯。不同界別議員在參加全體會議、參加委員會、議程前發言、質詢上的表現如圖 9-5 和圖 9-6 所示：

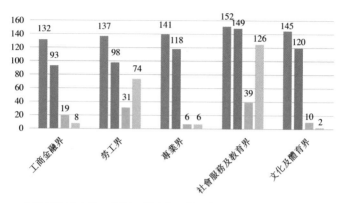

圖 9-5 各界別議員履職表現柱狀圖

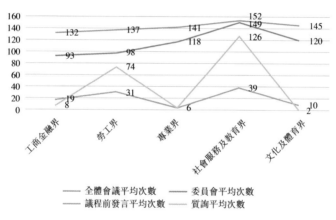

圖 9-6 各界別議員履職表現折線圖

　　不同的界別只出現在澳門立法會間選議員中，間接選舉本質上是法定界別內以社團法人為主體的選舉，是在法定界別內由符合法律規定的法人選民通過提名和委託法人代表投票的方式所進行的選舉。界別是代表一定職業利益和社會利益的社團組合。從柱狀圖可以看出，澳門立法會議員中，勞工界和社會服務及教育界參與全體會議，委員會、議程前發揚、提出質詢的平均次數明顯高於其他三個界別，折線圖更是直觀地展示了峰值均來自社會服務及教育界。而代表人數最多的工商金融界議員履職積極性低的主要原因是其代表的工商金融界是逐利的羣體，他們積極地奪立法會議員的席位根本上是為了影響政府，更大限度的為自己取得利益。所以代表金融工商接的議員只是在涉及工商金融界的事件中表現出積極的一面。

六、連任

　　未連任立法會議員 60 人，連任立法會議員 91 人。分別佔總人數的 39.7% 和 60.3%。可見澳門立法會議員連任比例超過了一半。歷屆立法會議員連任情況如圖 9-7 和表 9-6 所示。

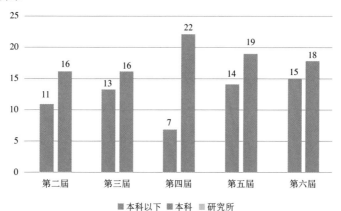

圖 9-7 歷屆議員連任分佈圖

表 9-6 歷屆議員連任情況表

屆別	不連任	連任	連任率
第二屆	11	16	59%
第二屆	13	16	55%
第四屆	7	22	76%
第五屆	14	19	58%
第六屆	15	18	55%

　　由圖表可以清晰地看出，澳門立法會議員連任比率很高，每屆都超過了一半以上的議員會連任下一屆立法會議員。較高的連任率與澳門立法會的選舉制度，澳門精英政治觀念和澳門特別行政區實行行政主導的體制密切相關。從選舉制度方面來看，澳門特別行政區實行單一選區，以多組候選人名單按比例代表制選出立法會選舉的議員，每一合格選民只能對名單投出單獨的一票。間接選舉部分的議員則通過 4 個選舉組別選舉選出，名額分配分別是工商金融界選舉組別四席，勞工界選舉組別兩席，專業界選舉組別兩席，社會服務、文化、教育及體育界選舉組別兩席。每一個具有投票資格的法人最多享有 11 票投票權，其投票權的行使人最多為 11 名，通過在法人領導機關或管理機關具有投票資格的成員中選出，再用改良後的漢狄法計算得票，使得可以獲得議員選舉資格的人數不多，增大了議員連年勝選的概率。從實行行政主導體制方面看，澳門特首處於核心地位。按照基本法的規定，行政長官既是特別行政區政府的首長，負責領導特別行政區政府，又是特別行政區的首長，代表特別行政區。行政長官作為特區和特區政府的"雙首長"，既對特區

負責，又對中央政府負責，是澳門推進"一國兩制"實踐的帶頭人。"雙首長"身份使行政長官在特別行政區實際上具有超越行政、立法和司法三個機關的崇高地位，是特別行政區的權力核心和領導核心。所以委任的 7 名議員，特首也更願意使用已有議員作為自己在立法會的"眼線"。同時再位的立法會議員大多也代表了澳門的精英獲得了澳門人民的認可和支持。這樣才出現了較高的連任率。

9.3.2　數值變量的描述性統計分析

對於數值變量，本章用集中趨勢來進行描述性統計分析（見表 9-7）。以下是對表中 4 項內容的文字性描述與分析。

1. 參加全體會議（次數）。每屆立法會單個立法會議員參加全體會議次數最小值為 28，最大值為 181，平均每個立法會議員參加全體會議 147 次。

2. 參加委員會（次數）。每屆立法會單個立法會議員參委員會次數最小值為 0，最大值為 251，平均每個立法會議員參加委員會 130 次。

3. 議程前發言（次數）。每屆立法會單個立法會議員議程前發言次數最小值為 0，最大值為 92，平均每個立法會議員議程前發言 34.6 次。

4. 質詢（次數）。每屆立法會單個立法會議員提出質詢次數最小值為 0，最大值為 247，平均每個立法會議員提出質詢 75.5 次。

下面以圖表的形式直觀地展現出測量立法會議員履職表現的四個指標：參加全體大會次數、參加委員會次數、議程前發言次數、提出質詢次數的分佈和趨勢。

表 9-7 數值變量統計表

	參加全體會議次數	參加委員會次數	議程前發演次數	提出質詢次數
含量	151	151	151	151
平均數	147	130	34.6	75.5
標準差	31	65.2	25.4	94.3
最小值	28	0	0	0
最大值	181	251	92	247

表 9-8 各屆議員履職表現表

屆別	全體會議次數	委員會次數	議程前發言次數	質詢次數
第二屆	126	262	588	591
第三屆	167	431	1092	1558
第四屆	161	453	964	2292
第五屆	176	562	1101	2731
第六屆	173	688	1309	3000

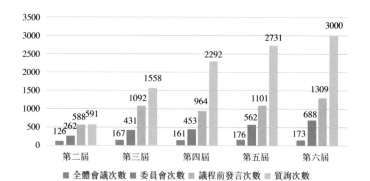

圖 9-8 各屆議員履職表現柱狀圖

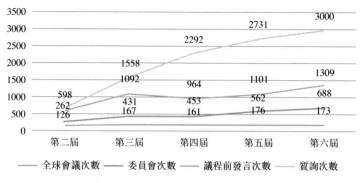

| | 第二屆 | 第三屆 | 第四屆 | 第五屆 | 第六屆 |
全球會議次數 委員會次數 議程前發言次數 質詢次數

圖 9-9 各屆議員履職表現折線圖

由圖表可知歷屆澳門立法會召開的全體會議次數基本
穩定，穩中小幅度增加。委員會次數、議程前發言次數在
第三屆立法會中增長明顯都增長了一倍以上。議員提出質
詢的次數增長顯著，從第二屆的 591 次到第六屆的 3000 次
增長了 5 倍多。折線圖更直觀地反應了無論是全體會議、
委員會還是議程前發言和質詢次數都在不斷增加。這直接
體現了澳門立法會議員總體的履職積極性在不斷提升。議
員履行積極性的提高也和澳門特別行政區法律的不斷完善
息息相關。《澳門特別行政區立法會議事規則》第四條規定
議員的義務如下：出席全體會議及所屬委員會會議；參加
表決；遵守《澳門特別行政區立法會議事規則》所訂的秩序
及紀律，尊重立法會主席及執行委員會的權責；遵守《澳門
特別行政區立法會議事規則》及全體會議的議決。此規定
把出席會議、參加表決和遵紀守法認定為議員的最低義務。
希望澳門立法會可以制定出更好的法律，這些法律在完善
澳門法律體系的同時，可以督促立法會議員的履職積極性，
做到良性的閉環。

9.3.3　描述性統計分析涉及的四個變量

　　對 H4：同一位議員產生方式（委任、間選、直選）不同，履職表現不同。本章採用描述性統計分析，涉及四個變量：

　　全體會議出席率＝該議員出席當屆全體大會次數／當屆全體大會召開總次數

　　委員會參與比例＝該議員出席當屆委員會次數／當屆委員會召開總次數

　　議程前發言比例＝當屆該議員議程前發言次數／當屆議程前發言總次數

　　提出質詢比例＝當屆該議員議提出質詢次數／當屆質詢總次數

　　本章選擇了 8 位議員作為樣本進行分析。

一、馮志強：

表 9-9 馮志強履職表現表

任職狀態	全體會議出席率 %	委員會參與比例 0.000	議程前發言比例 0.000	提出質詢比例 0.000
第一屆直選	89	350	7	0
第二屆間選	94	256	0	2
第三屆直選	80	197	17	0
第四屆間選	78	241	35	0
第五屆委任	89	196	4	0

表 9-10 馮志強履職表現對比表

對比	全體會議出席率 %	委員會參與比例 0.000	議程前發言比例 0.000	提出質詢比例 0.000	履職表現
第二屆間選對比第一屆直選	+5	-94	-7	+2	=
第三屆直選對比第二屆間選	-14	-59	+17	-2	-
第四屆間選對比第三屆直選	-2	+44	+18	0	+
第五屆委任對比第四屆間選	+11	-45	-31	0	-
第五屆委任對比第三屆直選	+9	-1	-13	0	-

　　由表格可知，馮志強議員，從第二屆間選議員到第三屆直選議員羣體大會出席率降低，其他委員會出席率降低，議程前發言比例提高，提出書面及口頭質詢比例降低，履職表現變差。履職表現：間選 > 直選 > 委任。

二、黃顯輝：

表 9-11 黃顯輝履職表現表

任職時間	全體會議出席率 %	委員會參與比例 0.000	議程前發言比例 0.000	提出質詢比例 0.000
第四屆委任	98	318	12	1
第五屆委任	99	288	7	0
第六屆間選	99	388	12	0

表 9-12 黃顯輝履職表現對比表

對比	全體會議出席率 %	委員會參與比例 0.000	議程前發言比例 0.000	提出質詢比例 0.000	履職表現
第六屆間選對比第五屆委任	0	+100	+5	0	+

　　由表格可知，黃顯輝議員在擔任第六屆間選議員時出席委員會的比例和議程前發言比例都比他在擔任第五屆委任議員時高。履職表現：間選 > 委任。

三、唐志堅：

表 9-13 唐志堅履職表現表

任職時間	全體會議出席率 %	委員會參與比例 0.000	議程前發言比例 0.000	提出質詢比例 0.000
第一屆直選	100	268	105	11
第二屆間選	96	232	3	0

表 9-14 唐志堅履職表現對比表

對比	全體會議出席率 %	委員會參與比例 0.000	議程前發言比例 0.000	提出質詢比例 0.000	履職表現
第二屆間選對比第一屆直選	-4	-34	-103	-11	-

　　由表格可知，唐志堅議員在擔任第二屆間選議員時全體

會議出席率、出席委員會的比例、議程前發言比例、提出質詢比例都比他在擔任第一屆直選議員時低。履職表現：直選＞間選。

四、崔世平：

表 9-15 崔世平履職表現表

任職時間	全體會議出席率 %	委員會參與比例 0.000	議程前發言比例 0.000	提出質詢比例 0.000
第三屆委任	83	302	30	8
第四屆委任	94	296	35	7
第五屆間選	95	210	38	10
第六屆間選	90	348	40	11

表 9-16 崔世平履職表對比現表

對比	全體會議出席率 %	委員會參與比例 0.000	議程前發言比例 0.000	提出質詢比例 0.000	履職表現
第五屆間選對比第四屆委任	+1	-86	+3	+3	+
第六屆間選對比第四屆委任	-4	+52	+5	+4	+

由表格可知，崔世平議員在擔任間選議員時議程前發言比例、提出質詢比例都比他在擔任委任議員時高，全體會議出席率、出席委員會的比例在間選和委任中無差異。履職表現：間選＞委任。

五、李靜儀：

表 9-17 李靜儀履職表現表

任職時間	全體會議出席率 %	委員會參與比例 0.000	議程前發言比例 0.000	提出質詢比例 0.000
第五屆間選	100	249	52	79
第六屆直選	100	313	48	68

表 9-18 李靜儀履職表現對比表

對比	全體會議出席率 %	委員會參與比例 0.000	議程前發言比例 0.000	提出質詢比例 0.000	履職表現
第六屆直選對比第五屆間選	0	+64	-4	-11	-

由表格可知，李靜怡議員在擔任第六屆直選議員時全體會議出席率與其在擔任第五屆間選議員時無差別，擔任第六屆直選議員時出席委員會的比例比在擔任第五屆間選議員時低，擔任第六屆直選議員時議程前發言比例、提出質詢比例都比他在擔任第五屆直選議員時高。履職表現：間選 > 直選。

六、張立羣：

表 9-19 張立羣履職表現表

任職時間	全體會議出席率 %	委員會參與比例 0.000	議程前發言比例 0.000	提出質詢比例 0.000
第二屆直選	77	65	3	0
第三屆間選	73	12	3	0
第四屆間選	69	3	0	0
第五屆間選	74	28	0	0
第六屆間選	62	16	0	0

表 9-20 張立羣履職表現對比表

對比	全體會議出席率 %	委員會參與比例 0.000	議程前發言比例 0.000	提出質詢比例 0.000	履職表現
第三屆直選對比第二屆間選	-4	-53	0	0	-

　　由表格可知，張立羣議員在擔任第三屆直選議員時全體會議出席率、參加委員會比例都其在擔任第五屆間選議員時高，在議程前發言比例和提出質詢比例上無差別。履職表現：直選＞間選。

七、賀定一：

表 9-21 賀定一履職表現表

任職時間	全體會議出席率 %	委員會參與比例 0.000	議程前發言比例 0.000	提出質詢比例 0.000
第一屆委任	97	268	90	11
第二屆委任	98	279	15	0
第三屆間選	93	279	29	4

表 9-22 賀定一履職表現對比表

對比	全體會議出席率 %	委員會參與比例 0.000	議程前發言比例 0.000	提出質詢比例 0.000	履職表現
第三屆間選對比第二屆委任	-5	0	+14	+4	+

　　由表格可知，賀定一議員在擔任第三屆間選議員時全體會議出席率比其在擔任第二屆委任議員時低，委員會出席比例和其在擔任第二屆委任議員時相同，議程前發言比例和提出質詢比例比其在擔任第二屆委任議員時高。履職表現：間選 > 委任。

八、李從正:

表 9-23 李從正履職表現表

任職時間	全體會議出席率 %	委員會參與比例 0.000	議程前發言比例 0.000	提出質詢比例 0.000
第三屆間選	98	383	53	4
第四屆直選	96	269	49	41

表 9-24 李從正履職表現對比表

對比	全體會議出席率 %	委員會參與比例 0.000	議程前發言比例 0.000	提出質詢比例 0.000	履職表現
第四屆直選對比第三屆間選	-2	-144	-4	+37	-

由表格可知,李叢正議員在擔任第四屆直選議員時全體會議出席率、委員會出席比例、議程前發言比例都比其在擔任第三屆間選議員時低,提出質詢比例比其在擔任第三屆間選議員時高。履職表現:間選 > 直選

綜上所述,同一位澳門立法會議員由不同選舉方式產生時,履職表現有所差異,代表間選和直選的議員的履職表現都優於代表委任的議員。代表間選和直選議員對比時,履職表現不確定。

9.4 實證分析

除了對 H4 的驗證採用了描述性統計分析方式之外,本章對其餘假設採用實證分析的方式。

9.4.1 一元回歸分析和結果

一、H1：議員產生方式不同，履職表現不同（直選：1、間選：2；委任：3）

表 9-25 數值變量統計表

類型　　預測值	測度	標準誤	t 值	p 值	可決係數
2-1	-35.90	3.50**	10.26	<0.001	0.46
2-3	3.35	4.09	0.82	0.413	0.46
3-1	32.60	3.98**	3.98	<0.001	0.46

** 為 p<0.01，* 為 p<0.05

　　間選議員參與全體會議的次數顯著（p<0.05）低於直選議員和委任議員，委任議員和直選議員參與全體會議的次數無顯著性差異。三種方式產生的議員參與全體會議的平均次數分別為：直選議員 161 次、間選議員 153 次、委任議員 159 次。在參與全體會議中履職表現體現為：直選＞間選；委任＞間選。

表 9-26 參加其他委員會次數的回歸分析結果（一）

類型　　預測值	測度	標準誤	t 值	p 值	可決係數
類型					
2-1	-136.00	11.43**	-11.9	<0.001	0.58
2-3	22.63	13.30	12.21	0.091	0.58
3-1	-158.37	12.98**	-12.2	<0.001	0.58

** 為 p<0.01，* 為 p<0.05

間選議員參與其他委員會的次數顯著（p<0.05）低於直選議員和委任議員；委任議員和直選議員參與其他委員會的次數無顯著性差異。三種方式產生的議員參與其他委員會的平均次數分別為：直選議員 150 次、間選議員 114 次、委任議員 143 次。在參與其他會議中履職表現體現為：直選 > 間選；委任 > 間選。

表 9-27 議程前發言次數的回歸分析結果（一）

類型 ＼ 預測值	測度	標準誤	t 值	p 值	可決係數
全體會議	2.12	5.17	0.41	0.683	0.001
其他委員會	8.97	10.86	0.826	0.41	0.005
議程前發言	5.62	4.21	1.34	0.183	0.01
質詢	16.7	15.7	1.06	0.280	0.008

** 為 p<0.01，* 為 p<0.05

　　間選議員議程前發言的次數顯著（p<0.05）低於直選議員；委任議員議程前發言的次數顯著（p<0.05）低於直選議員；委任議員和間選議員議程前發言次數無顯著性差異。三種方式產生的議員議程前發言的平均次數分別為：直選議員 55 次、間選議員 19 次、委任議員 22 次。在議程前發言中履職表現體現為：直選 > 間選；直選 > 委任。

表 9-28 提出質詢次數的回歸分析結果（一）

類型＼預測值	測度	標準誤	t 值	p 值	可決係數
全體會議	4.28	6.1	0.7	0.484	0.003
其他委員會	15.6	12.86	1.22	0.226	0.01
議程前發言	-14.1	4.88**	-2.88	0.005	0.06
質詢	-2.25	18.45	-0.12	0.903	1.04E-04

** 為 $p<0.01$，* 為 $p<0.05$

　　間選議員議發表質詢的次數顯著（$p<0.05$）低於直選議員；委任議員議發表質詢的次數顯著（$p<0.05$）低於直選議員；委任議員和間選議員發表質詢次數無顯著性差異。三種方式產生的議員發表質詢的平均次數分別為：直選議員 161 次、間選議員 25 次、委任議員 2 次。在議程前發言中履職表現體現為：直選＞間選；直選＞委任。因此假設成立。

二、H2：連任議員，履職表現更優。（下屆連任：1、下屆不連任：0）

　　為排除議員產生方式不同對實驗數據的影響，現對本實驗中的"連任"做以下解釋：本屆議員繼續擔任下屆由本屆同種方式產生的議員則認定為連任，繼續擔任下屆由不同種方式產生的議員則認定為不連任。（如：本屆議員 a 是直選議員，下屆議員 a 繼續擔任直選議員，則議員 a 屬於連任議員。其他情況均屬於不連任議員）

表 9-29 連任對履職表現影響的回歸分析結果（一）

預測值　類型	測度	標準誤	t 值	p 值	可決係數
全體會議	2.12	5.17	0.41	0.863	0.001
其他委員會	8.97	10.86	0.826	0.41	0.005
議程前發言	5.62	4.21	1.34	0.183	0.01
質詢	16.7	15.7	1.06	0.280	0.008

** 為 p<0.01，* 為 p<0.05

是否為連任議員在"全體會議、其他委員會、議程前發言、質詢"上的表現是都是不顯著的。連任議員和不連任議員參加全體會議的平均次數分別為：連任議員 148 次，不連任議員 146 次；連任議員和不連任議員參加其他委員會的平均次數分別為：連任議員 134 次，不連任議員 125 次；連任議員和不連任議員議程前發言的平均次數分別為：連任議員 37 次，不連任議員 31 次；連任議員和不連任議員提出質詢的平均次數分別為：連任議員 82 次，不連任議員 65 次。因此假設不成立。

三、H3：議員職業與法律相關，履職表現越積極（與法律不相關：0、相關：1）

表 9-30 職業對履職表現影響的回歸分析結果（一）

類型 ＼ 預測值	測度	標準誤	t 值	p 值	可決係數
全體會議	4.28	6.1	0.7	0.484	0.003
其他委員會	15.6	12.86	1.22	0.226	0.01
議程前發言	-14.1	4.88**	-2.88	0.005	0.06
質詢	-2.25	18.45	-0.12	0.903	1.04E-04

** 為 $p<0.01$，* 為 $p<0.05$

　　法律相關性在"全體會議、其他委員會、質詢"上的表現是不顯著的，在議程前發言中的表現是顯著的（$p<0.05$）。與法律相關的議員和與法律不相關的議員的議程前發言的平均數分別為 24 次和 38 次，與法律相關議員比與法律不相關議員低 58.3%。因此，假設不成立。

四、H5：學歷越高，履職表現更優。（本科以下：0、本科：1、研究生：2）

表 9-31 參加全體會議次數的回歸分析結果（二）

預測值 類型	測度	標準誤	t 值	p 值	可決係數
全體會議	0.92	7.29	0.126	0.900	0.05
其他委員會	13.81	5.65**	2.44	0.16	0.05
議程前發言	14.73	7.38*	1.995	0.048	0.05
質詢	0.92	7.29	0.126	0.900	0.05

** 為 $p<0.01$，* 為 $p<0.05$

學歷為研究生的議員參與全體會議的次數顯著（$p<0.05$）高於學歷為本科和本科以下的議員；學歷為本科的議員和學歷為本科以下的議員參與全體會議的次數無顯著性差異。三種學歷的議員參與全體會議的平均次數分別為：本科以下 141 次、本科 142 次、研究生 156 次。在參與全體會議中履職表現體現為：研究生 > 本科；研究生 > 本科以下。

表 9-32 參加委員會次數的回歸分析結果（二）

預測值 學歷	測度	標準誤	t 值	p 值	可決係數
1-0	21.2	14.5	1.46	0.146	0.16
2-1	45.6	11.24**	4.05	<0.001	0.16
2-0	66.7	14.7*	4.54	<0.001	0.16

** 為 $p<0.01$，* 為 $p<0.05$

學歷為研究生的議員參加其他委員會的次數顯著
（p<0.05）高於學歷為本科和本科以下的議員；學歷為本科
的議員和學歷為本科以下的議員參加其他委員會的次數無
顯著性差異。三種學歷的議員參與全體會議的平均次數分別
為：本科以下 95 次、本科 116 次、研究生 162 次。在參與
全體會議中履職表現體現為：研究生 > 本科；研究生 > 本
科以下。

表 9-33 議程前發言次數的回歸分析結果（二）

學歷＼預測值	測度	標準誤	t 值	p 值	可決係數
1-0	-1.36	6.11	-0.223	0.824	0.01
2-1	5.76	4.73	1.219	0.842	0.01
2-0	4.4	6.18	0.712	0.477	0.01

** 為 p<0.01，* 為 p<0.05

學歷為研究生、本科和本科以下的三種議員議程前發言
的次數無顯著性差異。三種學歷的議員議程前發言的平均次
數分別為：本科以下 33 次、本科 32 次、研究生 37 次。

表 9-34 提出質詢次數的回歸分析結果（二）

學歷＼預測值	測度	標準誤	t 值	p 值	可決係數
1-0	12.3	22.4	0.549	0.584	0.02
2-1	17.5	17.4	1.008	0.315	0.02
2-0	29.8	22.7	1.313	0.191	0.02

** 為 p<0.01，* 為 p<0.05

學歷為研究生、本科和本科以下的三種議員提出質詢的次數無顯著性差異。三種學歷的議員議程前發言的平均次數分別為：本科以下 60 次、本科 72 次、研究生 90 次。綜上，假設成立。

五、H6：女性議員履職表現更積極（女性：0、男性：1）

表 9-35 性別對履職表現的回歸分析結果（一）

預測值 學歷	測度	標準誤	t 值	p 值	可決係數
全體會議	13.19	6.62*	2.1	0.037	0.03
其他委員會	35.5	13.84*	2.56	0.011	0.04
議程前發言	24.2	5.13**	4.72	<0.001	0.13
質詢	65.8	19.55**	3.37	<0.001	0.07

** 為 p<0.01，* 為 p<0.05

　　性別在"羣體會議、其他委員會、議程前發言、質詢"上的表現都是顯著的（p<0.05）。女性議員參加羣體大會、其他委員會、議程前發言、質詢的次數都顯著（p<0.05）高於男性議員。女性議員和男性議員參加全體會議的平均次數分別為 159 次和 145 次，女性議員比男性議員高 9.7%；女性議員和男性議員參加其他委員會的平均次數分別為 159 次和 124 次，女性議員比男性議員高 28.2%；女性議員和男性議員議程前發言的平均次數分別為 55 次和 30 次，女性議員比男性議員高 83.3%；女性議員和男性議員提出質詢的平均次數分別為 129 次和 63 次，女性議員比男性議員高 104.8%。因此，假設成立。

六、H7：所屬領域（工商金融界：1、勞工界：2、專業界：3、社會服務及教育界：4、文化及體育界：5），影響履職表現。

表 9-36 參加全體會議次數的回歸分析結果（三）

預測值 界別	測度	標準誤	t 值	p 值	可決係數
5-4	-6.75	31.4	-0.215	0.83	0.02
4-3	10.64	26.7	0.398	0.692	0.02
5-3	3.89	24	0.162	0.872	0.02
3-2	4.25	18.4	0.23	0.819	0.02
4-2	14.89	27.4	0.544	0.589	0.02
5-2	8.14	24.7	0.33	0.743	0.02
2-1	5.56	15.8	0.352	0.727	0.02
3-1	9.81	14.68	0.668	0.507	0.02
4-1	20.44	24.98	0.818	0.417	0.02
5-1	13.69	21.99	0.623	0.536	0.02

** 為 p<0.01，* 為 p<0.05

　　分別代表工商金融界、勞工界、專業界、社會服務及教育界、文化及體育界的議員在參加全體會議次數上無顯著性差異。

表 9-37 參加委員會次數的回歸分析結果（三）

界別 \ 預測值	測度	標準誤	t 值	p 值	可決係數
5-4	-28.9	59.6	-0.485	0.63	0.04
4-3	30.3	50.9	0.5958	0.554	0.04
5-3	1.39	45.6	0.0304	0.976	0.04
3-2	19.92	35.1	0.568	0.573	0.04
4-2	50.22	52.1	0.965	0.339	0.04
5-2	21.31	46.9	0.454	0.652	0.04
2-1	5.93	30.1	0.197	0.845	0.04
3-1	25.85	27.9	0.925	0.359	0.04
4-1	56.45	47.5	1.182	0.243	0.04
5-1	27.23	41.8	0.651	0.518	0.04

** 為 $p<0.01$，* 為 $p<0.05$

　　分別代表工商金融界、勞工界、專業界、社會服務及教育界、文化及體育界的議員在參加委員會次數上無顯著性差異。

表 9-38 議程前發言次數的回歸分析結果（三）

界別 \ 預測值	測度	標準誤	t 值	p 值	可決係數
1-2	-12.11	7.12	-1.701	0.095	0.2
5-2	-20.72	11.12	-1.864	0.068	0.2
5-1	-8.61	9.91	-0.869	0.389	0.2

預測值 界別	測度	標準誤	t 值	p 值	可決係數
1-3	12.75	6.62	1.926	0.06	0.2
2-3	24.6	8.32**	2.989	0.004	0.2
5-3	4.14	10.8	0.383	0.703	0.2
1-4	-20.22	11.3	-1.796	0.079	0.2
2-4	-8.11	12.3	0.658	0.514	0.2
3-4	-32.97	12.1**	-2.736	0.009	0.2
5-4	-28.83	14.1*	-2.04	0.047	0.2

** 為 $p<0.01$，* 為 $p<0.05$

工商金融界、勞工界、專業界、社會服務及教育界、文化及體育界的議員議程前發言的平均次數分別為：工商金融界 19 次、勞工界 31 次、專業界 6 次、社會服務及教育界 39 次、文化及體育界 11 次。代表勞工界的議員議程前發言的次數顯著（$p<0.05$）高於代表專業界的議員，代表勞工界的議員議程前發言的平均次數是代表專業界的議員的 5.1倍；代表社會服務及教育界的議員議程前發言的次數顯著（$p<0.05$）高於代表專業界和文化及體育界的議員，代表社會服務及教育界的議員議程前發言的平均次數是代表專業界的 6.5 倍，是文化及體育界的 3.5 倍；除此以外不同界別在議程前發言次數上無顯著性差異。履職表現：勞工界 > 專業界；社會服務及教育界 > 專業界

表 9-39 提出質詢次數的回歸分析結果（三）

界別 \ 預測值	測度	標準誤	t 值	p 值	可決係數
5-4	-124.6	31.3**	-3.98	<.001	0.45
4-3	119.97	26.7**	4.497	<.001	0.45
5-3	-4.61	23.9	-0.193	0.848	0.45
3-2	-68.2	18.4**	-3.7	<.001	0.45
4-2	51.8	27.3	1.9	0.064	0.45
5-2	-72.8	24.6**	-2.96	0.005	0.45
2-1	66.3	15.76**	4.206	<0.001	0.45
3-1	-1.9	14.65	-0.129	0.898	0.45
4-1	118.07	24.92**	4.737	<0.001	0.45
5-1	-6.51	21.94	-0.297	0.768	0.45

** 為 p<0.01，* 為 p<0.05

　　議員發表質詢的平均次數分別為：工商金融界 8 次、勞工界 74 次、專業界 6 次、社會服務及教育界 126 次、文化及體育界 2 次。代表社會服務及教育界的議員提出質詢的次數顯著（p<0.05）高於代表文化及體育界的議員，代表社會服務及教育的議員提出質詢的平均次數是代表文化及體育界的議員的 63 倍；代表社會服務及教育的議員提出質詢的次數顯著高於代表專業界的議員，代表社會服務及教育的界議員提出質詢的平均次數是代表專業界的議員的 21 倍；代表勞工界的議員提出質詢的次數顯著高於代表專業界的議員，代表勞工界的議員提出質詢的平均次數是代表專業界的議員的 12.3 倍；代表勞工界的議員提出質詢的次數顯著

高於代表文化及體育界的議員，代表勞工界的議員提出質詢的平均次數是代表文化及體育界的議員的 37 倍；代表勞工界的議員提出質詢的次數顯著高於代表工商金融界的議員，代表勞工界的議員提出質詢的平均次數是代表工商金融界的議員的 9.3 倍；代表社會服務及教育界的議員提出質詢的次數顯著高於代表工商金融界的議員，代表社會服務及教育的議員提出質詢的平均次數是代表工商金融界的議員的 15.8 倍。

履職表現：社會服務及教育界 > 文化及體育界；社會服務及教育界 > 專業界；社會服務及教育界 > 工商金融界；勞工界 > 專業界；勞工界 > 文化及體育界；勞工界 > 工商金融界。綜上，假設成立。

9.4.2 多元回歸分析和結果

上文用一元回歸分析的方法研究了六個引數 (x1：性別、x2：議員產生方式、x3：連任、x4：職業、x5：學歷、x6：界別) 單獨對四個因變量 (y1：參加全體會議次數、y2：參加委員會次數、y3：議程前發言次數、y4：提出質詢次數) 各自的影響。由於"x6：界別"這一引數只在間選議員中體現，所以本節多元回歸分析中首將對數據進行兩次回歸分析，先將研究在 x1、x2、x3、x4、x5 共同作用下對 y1、y2、y3、y4 各自的影響；再單獨對有界別區分的議員進行研究 x1、x2、x3、x4、x5、x6 共同作用下對 y1、y2、y3、y4 的各自影響。為保證多元回歸的準確性，在進行回歸分析前對數據做了檢測處理整理成表 (相關性表：研究所有變量的皮爾遜相關係數對應的顯著性；模型摘要表：顯示引數的整體解釋程度；ANOVA 表：顯示多元回歸模型的顯著性；係數表：顯示共線性統計；殘差統計表：顯示預測值、殘差、標準預測值、標準殘差的最小值、最大值、平均值、標準偏差和個案數），進行了多元回歸分析。

表 9-40 多元回歸描述性統計表

變量	觀測值	平均數	標準差	最小值	最大值	偏態量	峯度
x1：性別	151	0.828	0.379	0	1	-1.737	4.016
x2：議員產生方式	151	0.808	0.789	0	2	0.352	1.695
x3：連任	151	0.603	0.491	0	1	-0.42	1.176
x4：職業	151	0.232	0.423	0	1	1.271	2.616
x5：學歷	151	1.212	0.708	0	2	-0.325	2.03
x6：界別	151	0.728	1.238	0	5	1.859	5.77
y1：參加全體會議次數	151	147.258	30.99	28	181	-1.951	7.149
y2：參加委員會次數	151	130.358	65.228	0	251	-.3	2.522
y3：議程前發言次數	151	34.556	25.368	0	92	0.188	2.081
y4：提出質詢次數	151	75.49	94.27	0	247	0.743	1.775

表 9-41 自相關性檢驗表

變數	(1)	(2)	(3)	(4)	(5)	(6)
(1) x1：性別	1.000					
(2) x2：議員產生方式	0.290	1.000				

變數	（1）	（2）	（3）	（4）	（5）	（6）
（3）x3：連任	-0.012	-0.112	1.000			
（4）x4：職業	0.001	0.154	0.061	1.000		
（5）x5：學歷	-0.062	0.133	0.052	0.302	1.000	
（6）x6：界別	0.113	0.131	0.128	0.108	0.226	1.000

經檢驗所有的引數之間的相關係數全部小於 0.8，且 VIF 值全部小於 8，引數之間不存在多重共線性。

一、全體議員的多元回歸分析

表 9-42 多元回歸分析結果（一）

	（1） y1：參加全體會議次數	（2） y2：參加委員會次數	（3） y3：議程前發言次數	（4） y4：提出質詢次數
x1：性別	-10.4528	-25.4565*	-13.9998***	-10.0436
	(6.8881)	(13.5018)	(4.5006)	(14.9748)
x2：議員產生方式	-3.6809	-8.8356	-15.2044***	-85.1281***
	(3.3803)	(6.626)	(2.2086)	(7.3488)
x3：連任	0.6633	4.4575	2.9386	-1.3348
	(5.1108)	(10.0179)	(3.3393)	(11.1108)
x4：職業	0.9875	-0.1397	-13.3057***	11.2758
	(6.207)	(12.1667)	(4.0555)	(13.494)
x5：學歷	8.5287**	35.9013***	6.8806***	26.3444***
	(3.7136)	(7.2793)	(2.4264)	(8.0734)

	(1) y1：參加全 體會議次數	(2) y2：參加委 員會次數	(3) y3：議程前 發言次數	(4) y4：提出質 詢次數
截距	147.9205***	112.4062***	51.4042***	118.8468***
	(8.0859)	(15.8497)	(5.2832)	(17.5788)
觀測值	151	151	151	151
調整後的 R 平方	0.0702	0.1936	0.4077	0.5251

*** 為 $p<0.01$，** 為 $p<0.05$，* 為 $p<0.1$

　　由回歸分析數據可得以下多元線性回歸模型：

　　模型一：此模型中性別、議員產生方式、連任、法律相關性、學歷、這五種因素可以解釋影響澳門立法會議員參加全體次數因素的 7.02%。在此模型中學歷對立法會議員參加全體會議次數影響是顯著的（$p<0.05$），學歷與參加全體會議次數成正比學歷越高的議員參加全體會議次數越多。性別、議員產生方式、連任、法律相關性對立法會議員參加全體會議次數影響不顯著。

　　模型二：此模型中性別、議員產生方式、連任、法律相關性、學歷、這五種因素可以解釋影響澳門立法會議員參加委員會次數因素的 19.36%。在此模型中學歷對立法會議員參加委員會次數影響是顯著的（$p<0.05$），學歷與參加委員會次數成正比學歷越高的議員參加委員會的次數越多。性別、議員產生方式、連任、法律相關性對立法會議員參加委員會次數影響不顯著。

　　模型三：此模型中性別、議員產生方式、連任、職業、學歷、這五種因素可以解釋影響澳門立法會議員參委員會次數因素的 40.77%。在此模型中性別、議員產生方式、職業、學歷對立法會議員議程前發言次數影響是顯著的（p<0.05），性別與議程前發言次數成負相關，女性議員議程前發言次數更多；議員產生方式與議程前發言次數成正相關，直選議員提出質詢次數最多，委任制議員提出次數最少；職業與議程前發言次數成負相關，職業與法律相關的立法會議員議程前發言的次數反而比與法律不相關的議員少；學歷與議程前發言次數成正相關，學歷越高的議員議程前發言次數越多。只有連任對立法會議員議程前發言次數影響不顯著。

模型四：此模型中性別、議員產生方式、連任、法律相關性、學歷、這五種因素可以解釋影響澳門立法會議員提出質詢次數因素的 52.51%。在此模型中議員產生方式和學歷對立法會議員議程前發言次數影響是顯著的（p<0.05），議員產生方式與提出質詢次數成正比，直選議員提出質詢次數最多，委任制議員議提出質詢次數最少；學歷也與提出質詢次數成正比，學歷越高的立法會議員提出質詢次數越多。性別、連任、職業對立法會議員提出質詢次數影響不顯著。

二、對有界別區分的議員的多元回歸分析

表 9-43 多元回歸分析結果（二）

	(1) y1：參加全體 會議次數	(2) y2：參加委員 會次數	(3) y3：議程前發 言次數	(4) y4：提出質詢 次數
x1：性別	-22.2118 (22.0502)	-44.4907 (37.2531)	-30.5139*** (8.2344)	-125.9173*** (20.3356)

	(1) y1：參加全體 會議次數	(2) y2：參加委員 會次數	(3) y3：議程前發 言次數	(4) y4：提出質詢 次數
x2：議員產生方式	-12.5288 (32.1589)	-84.5715 (54.3314)	-11.2708 (12.0094)	6.6293 (29.6583)
x3：連任	2.1785 (12.2842)	33.5424 (20.7537)	-.5467 (4.5874)	-19.9063* (11.329)
x4：職業	2.3806 (14.1024)	-5.1456 (23.8256)	-8.2603 (5.2664)	-.557 (13.0059)
x5：學歷	19.0472* (10.9274)	66.4728*** (18.4614)	18.4655*** (4.0807)	19.2715* (10.0777)
x6：界別	-1.2639 (5.0838)	-6.4854 (8.589)	-6.0489*** (1.8985)	-1.9984 (4.6885)
截距	144.2118*** (35.6188)	126.4907** (60.1768)	43.0139*** (13.3015)	126.4173*** (32.8492)
觀測值	54	54	54	54
調整後的 R 平方	.1296	.3267	.5208	.5791

*** 為 p<0.01，** 為 p<0.05，* 為 p<0.1

　　由於只有間選議員存在界別的區分，所以此模型只研究存在界別區分的議員，且只探究界別在性別、議員產生方式、連任、職業、學歷這五中因素同時也存在的條件下對存在界別區分的議員的履職表現的影響。由回歸分析數據可得，議員的界別只對議程前發言次數有顯著的影響（p<0.05），對參加全體會議次數、參加委員會次數和提出質詢次數的影響都不顯著。結合一元回歸分析可得代表專業專業界的議員發言次數最少，代表社會服務及教育界的議員議程前發言次數最多。

9.5 結論

根據前文的分析，本章假設結果如下：

表 9-44 研究假設結果

假設	檢驗結果
H1：議員產生方式不同，履職表現不同。	成立
H2：連任議員，履職表現更優。	不成立
H3：議員職業與法律相關，履職表現更優。	不成立
H4：同一位議員，由於議員產生方式 (委任、間選、直選) 不同，履職表現不同。	成立
H5：學歷越高，履職表現越優。	成立
H6：女性議員履職表現更優。	成立
H7：議員所屬領域不同 (專業界、工商金融界、社會服務及其教育、文化及體育)，會影響履職表現。	成立

分析可知，在不同方式產生的立法會議員中直選議員和委任議員在參加羣體會議、委員會次數上的履職表現比間選議員更積極；直選議員在議程前發言、提出質詢次數上的履職表現比間選議員和委任議員更積極。澳門立法會直選議員作為澳門立法會議員的中流砥柱，由全澳人民直接選舉產生，最大程度地做到了源於人民，為人民服務。直選議員的工作表現不負眾望，在參加全體會議、委員會、議程前發言和提出質詢上的履職積極性都明顯高於間選議員和委任制議員。直選議員是澳門立法會的核心力量，不僅體現在直選議員人數最多上，直選議員也用實際工作態度和成果向澳門人民交出了一份滿意的答卷。澳門特區現行間選和委任

體制，客觀上有利於行政當局特別是行政長官對選舉產生影響，因為由間選和委任產生的議員，可能較多情況下會因種種原因形成對特區政府的建制性支持，從而自覺自為地削減了立法會對特區政府應有的制約與監督效力，進而最終可能引致行政當局獨大的問題。

立法會議員是否連任對參加全體會議和委員會次數上以及議程前發言次數上的履職表現無顯著影響。綜述上所述澳門立法會議員是否連任，對其履職積表現無明顯影響。

立法會議員職業是否與法律相關對參加全體會議和委員會次數以及提出質詢次數上的履職表現無顯著影響。出乎意料的是研究法發現，澳門立法會議員職業與法律的相關度和履職表現呈現負相關的關係，職業與法律相關的立法會議員履職表現反而比職業與法律不相關的議員差。這一點值得深思。

本章對假設 H4 "同一位議員產生方式（委任、間選、直選）不同，履職表現不同" 進行了描述性的統計分析，將這類議員 "全體會議出席率、委員會參與比例、議程前發言提比例、質詢提出比例" 作為衡量議員履職積極性的標準，在衡量時這 4 個因數各佔履職積極性衡量的 25%。統計分析結果為：同一位議員由不同選舉方式產生（直選、間選、委任）時，履職積極性有所差異，在代表間選和直選議員時的履職積極性都高於其代表委任議員。在分別代表間選和直選議員時，履職積極性不確定。同一位議員在不同屆別立法會中，由於其產生方式不同，議員履職表現也不同。議員在作為直選議員和間選議員時履職表現都比其作為委任議員時更積極。

學歷為研究生比學歷為本科及以下的立法會議員在參

加全體會議和委員會次數上的履職表現更積極。立法會議員學歷對在議程前發言次數和提出質詢次數上的履職積極性無顯著影響。澳門立法會議員學歷越高履職表現也越積極，學歷為研究生以上的議員更積極的參加全體大會和委員會積極的在會中發表自己的意見和建議，為建設更好的澳門出謀劃策。

女性立法會議員在參加全體會議和委員會，議程前發言和提出質詢的次數上的履職表現均比男性議員更積極。澳門立法會議員中雖然女性議員佔比少，但巾幗不讓鬚眉，女性議員在參加全體會議，委員會，議程前發言和提出質詢上的履職積極性都明顯高於男性議員議員。尤其在提出質詢的次數上，女性議員是男性議員的 2 倍多，且女性議員的學歷也普遍高於男性議員。

立法會議員界別對在參加全體會議和委員會次數上的履職積極性無顯著影響。而不同界別立法會議員履職積極性在議程前發言上的表現為：社會服務及教育界 > 文化及體育界；社會服務及教育界 > 專業界；社會服務及教育界 > 工商金融界；勞工界 > 專業界；勞工界 > 文化及體育界；勞工界 > 工商金融界。

責任編輯　毛宇軒
裝幀設計　涂　慧
排　　版　高向明
印　　務　龍寶祺

回歸後的澳門政治營銷理論與實務

作　　者　徐勁飛

出　　版　太平書局
　　　　　商務印書館（香港）有限公司
　　　　　香港筲箕灣耀興道 3 號東滙廣場 8 樓
　　　　　http://www.commercialpress.com.hk

發　　行　香港聯合書刊物流有限公司
　　　　　香港新界荃灣德士古道 220-248 號荃灣工業中心 16 樓

印　　刷　寶華數碼印刷有限公司
　　　　　香港柴灣吉勝街勝景工業大廈 4 樓 A 室

版　　次　2023 年 7 月第 1 版第 1 次印刷
　　　　　© 2023 商務印書館・太平書局
　　　　　ISBN 978 962 32 9371 6
　　　　　Printed in Hong Kong